CADERNO DE REVISÃO

MATEMÁTICA

ENSINO MÉDIO

ORGANIZADORA EDIÇÕES SM
Obra coletiva concebida, desenvolvida
e produzida por Edições SM.

São Paulo,
1ª edição 2015

***Ser Protagonista BOX* Matemática – Caderno de Revisão**
© Edições SM Ltda.
Todos os direitos reservados

Direção editorial	Juliane Matsubara Barroso
Gerência editorial	Roberta Lombardi Martins
Gerência de processos editoriais	Marisa Iniesta Martin
Coordenação de área	Ana Paula Souza Nani
Colaboração	Carlos Nely Clementino de Oliveira
Coordenação de edição	Ana Paula Landi, Cláudia Carvalho Neves
Edição	Marcelo Augusto Barbosa Medeiros
Assistência administrativa editorial	Alzira Aparecida Bertholim Meana, Camila Cunha, Flavia Casellato, Silvana Siqueira
Preparação e revisão	Cláudia Rodrigues do Espírito Santo (Coord.), Ana Paula Ribeiro Migiyama, Angélica Lau P. Soares, Eliane Santoro, Fernanda Oliveira Souza, Izilda de Oliveira Pereira, Nancy Helena Dias, Rosinei Aparecida Rodrigues Araujo, Sandra Regina Fernandes, Valéria Cristina Borsanelli, Marco Aurélio Feltran (apoio de equipe)
Coordenação de *design*	Erika Tiemi Yamauchi Asato
Coordenação de Arte	Ulisses Pires
Projeto gráfico	Erika Tiemi Yamauchi Asato
Capa	Megalo Design
Edição de Arte	Felipe Repiso, Melissa Steiner Rocha Antunes
Editoração eletrônica	Equipe SM, Setup Bureau
Iconografia	Josiane Laurentino (Coord.), Priscila Ferraz, Tatiana Lubarino Ferreira
Tratamento de imagem	Marcelo Casaro
Fabricação	Alexander Maeda
Impressão	Ricargraf

Dados Internacionais de Catalogação na Publicação (CIP)
(Câmara Brasileira do Livro, SP, Brasil)

Ser protagonista : matemática : revisão : ensino médio, volume único / obra coletiva concebida, desenvolvida e produzida por Edições SM. —
1. ed. — São Paulo : Edições SM, 2014. —
(Coleção ser protagonista)

Bibliografia.
ISBN 978-85-418-1053-1 (aluno)
ISBN 978-85-418-1054-8 (professor)

1. Matemática (Ensino médio) I. Série.

14-00658   CDD-510.7

Índices para catálogo sistemático:
1. Matemática : Ensino médio 510.7

1ª edição, 2014
4ª impressão, 2019

 Edições SM Ltda.
Rua Tenente Lycurgo Lopes da Cruz, 55
Água Branca 05036-120 São Paulo SP Brasil
Tel. 11 2111-7400
edicoessm@grupo-sm.com
www.edicoessm.com.br

Apresentação

Este livro, complementar à coleção *Ser Protagonista*, traz o conteúdo resumido dos principais tópicos que constituem o programa curricular do Ensino Médio.

Ele foi organizado sob a forma de temas seguidos de atividades, o que possibilita você fazer uma revisão criteriosa do que aprendeu e, ao mesmo tempo, avaliar seu domínio sobre os assuntos por meio da realização de uma série de exercícios de vestibular selecionada com precisão para cada tema.

Edições SM

CONHEÇA SEU LIVRO

O *Ser Protagonista* **Revisão** retoma os conteúdos da disciplina e propõe a resolução de questões dos principais vestibulares do país.

Cada tema apresenta uma síntese dos principais conteúdos e conceitos estudados, proporcionando uma revisão do que foi estudado durante os três anos do Ensino Médio.

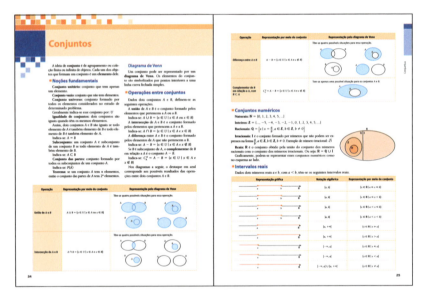

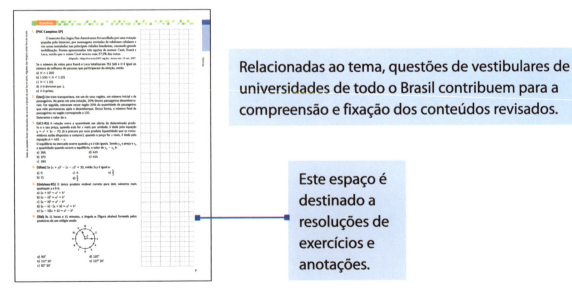

Relacionadas ao tema, questões de vestibulares de universidades de todo o Brasil contribuem para a compreensão e fixação dos conteúdos revisados.

Este espaço é destinado a resoluções de exercícios e anotações.

SUMÁRIO

- Revisão 6
- Conjuntos 24
- Introdução às funções 30
- Função afim 35
- Função quadrática 40
- Função modular 44
- Função exponencial e função logarítmica 46
- Noções de estatística e Matemática financeira 54
- Progressões 64
- Trigonometria no triângulo retângulo 70
- Circunferência trigonométrica 74
- Funções trigonométricas 80
- Relações e transformações trigonométricas 84
- Matriz 88
- Determinante 92
- Sistema linear 94
- Áreas de figuras planas 100
- Geometria espacial de posição 104
- Sólidos 110
- Medidas de posição e de dispersão 124
- Análise combinatória 128
- Probabilidade 132
- Geometria analítica 136
- Circunferência 142
- Cônicas 148
- Números complexos 154
- Polinômios e equações polinomiais 158
- Introdução ao cálculo 166
- Gabarito 171

Revisão

Números e operações

Razão

A **razão** entre dois números a e b, com b diferente de zero, é a comparação desses números pelo quociente de a por b.

A razão entre dois números a e b é indicada por:

$$\frac{a}{b} \text{ ou } a{:}b \text{ (lê-se: razão de } a \text{ para } b\text{)}$$

Proporção

Proporção é a igualdade entre duas razões.

Se duas razões $\frac{a}{b}$ e $\frac{c}{d}$ são iguais, então elas formam uma proporção:

$$\frac{a}{b} = \frac{c}{d}$$

Duas grandezas são **diretamente proporcionais** quando, ao multiplicar uma delas por um número, a outra fica multiplicada por esse número.

Duas grandezas são **inversamente proporcionais** quando, ao multiplicar uma delas por um número, a outra fica dividida por esse número.

Regra de três

Sendo desconhecido apenas um termo de uma proporção, a **regra de três** pode ser utilizada para determiná-lo.

- **Simples**:
$$\frac{12}{72} = \frac{25}{x} \Rightarrow 12x = 72 \cdot 25 = 1\,800 \Rightarrow$$
$$\Rightarrow x = \frac{1\,800}{12} = 150$$

- **Composta**:
$$\frac{4}{x} = \frac{20}{48} \cdot \frac{16}{10} \Rightarrow \frac{4}{x} = \frac{2}{3} \Rightarrow 2x = 12 \Rightarrow$$
$$\Rightarrow x = 6$$

Potenciação

Se a é um número real e n é um número natural, então a **potência** a^n é:

$$a^1 = a$$
$$a^0 = 1, \text{ com } a \neq 0$$
$$a^n = \underbrace{a \cdot a \cdot a \cdot \ldots \cdot a}_{n\,fatores}, n \geqslant 2$$
$$a^{-n} = \frac{1}{a^n}, a \neq 0$$

Álgebra

Produtos notáveis

Quadrado da soma de dois termos	$(a + b)^2 = a^2 + 2ab + b^2$
Quadrado da diferença de dois termos	$(a - b)^2 = a^2 - 2ab + b^2$
Produto da soma pela diferença de dois termos	$(a + b) \cdot (a - b) = a^2 - b^2$
Cubo da soma de dois termos	$(a + b)^3 = a^3 + 3a^2b + 3ab^2 + b^3$
Cubo da diferença de dois termos	$(a - b)^3 = a^3 - 3a^2b + 3ab^2 - b^3$
Soma de cubos	$a^3 + b^3 = (a + b) \cdot (a^2 - ab + b^2)$
Diferença de cubos	$a^3 - b^3 = (a - b) \cdot (a^2 + ab + b^2)$

Equações

Uma equação é do **1º grau com uma incógnita** quando pode ser escrita na forma $ax + b = 0$, em que x é a incógnita real e a e b são números reais (os coeficientes), com a diferente de 0.

Uma equação do 1º grau com uma incógnita $ax + b = 0$ admite uma única solução real da seguinte forma:

$$x = -\frac{b}{a}$$

Uma equação é do **2º grau com uma incógnita** quando pode ser escrita na forma $ax^2 + bx + c = 0$, em que x é a incógnita real e a, b e c são números reais (os coeficientes), com a diferente de 0.

Uma equação do 2º grau com uma incógnita $ax^2 + bx + c = 0$ admite até duas soluções reais da seguinte forma:

$$x = \frac{-b \pm \sqrt{b^2 - 4ac}}{2a}$$

Questões

1. (PUC-Campinas-SP)

O mascote dos Jogos Pan-Americanos foi escolhido por uma votação popular pela Internet, por mensagens enviadas de telefones celulares e em urnas instaladas nas principais cidades brasileiras, causando grande mobilização. Foram apresentadas três opções de nomes: Cauê, Kuará e Luca, sendo que o nome Cauê venceu com 37,9% dos votos.

Adaptado: <http://www.rio2007.org.br>. Acesso em: 14 out. 2007.

Se o número de votos para Kuará e Luca totalizaram 761 346 e N é igual ao número de milhares de pessoas que participaram da eleição, então:
a) $N > 1\,200$
b) $1\,100 < N < 1\,225$
c) $N < 1\,215$
d) N é divisível por 3.
e) N é primo.

2. (Uerj) Um trem transportava, em um de seus vagões, um número inicial n de passageiros. Ao parar em uma estação, 20% desses passageiros desembarcaram. Em seguida, entraram nesse vagão 20% da quantidade de passageiros que nele permaneceu após o desembarque. Dessa forma, o número final de passageiros no vagão corresponde a 120.

Determine o valor de n.

3. (UCS-RS) A relação entre a quantidade em oferta de determinado produto e o seu preço, quando este for x reais por unidade, é dada pela equação $q = x^2 + 3x - 70$. Já a procura por esse produto (quantidade que os consumidores estão dispostos a comprar), quando o preço for x reais, é dada pela equação $d = 410 - x$.

O equilíbrio no mercado ocorre quando q e d são iguais. Sendo y_0 o preço e x_0 a quantidade quando ocorre o equilíbrio, o valor de $y_0 - x_0$ é:
a) 366
b) 370
c) 390
d) 410
e) 414

4. (Ufam) Se $(x + y)^2 - (x - y)^2 = 30$, então $2xy$ é igual a:
a) 0
b) 15
c) 6
d) $\dfrac{5}{2}$
e) $\dfrac{5}{3}$

5. (Unisinos-RS) O único produto notável correto para dois números reais quaisquer a e b é:
a) $(a + b)^2 = a^2 + b^2$
b) $(a - b)^2 = a^2 + b^2$
c) $(a - b)^2 = a^2 - b^2$
d) $(a - b) \cdot (a + b) = a^2 + b^2$
e) $(a - b)(a + b) = a^2 - b^2$

6. (Ifal) Às 11 horas e 15 minutos, o ângulo α (figura abaixo) formado pelos ponteiros de um relógio mede:

a) 90°
b) 112° 30'
c) 82° 30'
d) 120°
e) 127° 30'

7. **(Ufam)** Uma empresa distribuirá cestas básicas para seus funcionários. Se cada funcionário receber 10 cestas, sobrarão 36 delas; se cada um receber 12 cestas faltarão 10.
A quantidade de funcionários desta empresa é:
a) 22
b) 23
c) 120
d) 260
e) 266

8. **(Uern)** Uma livraria recebeu caixas cúbicas contendo duas pilhas de livros cada, que preenchem totalmente o espaço no seu interior. Se o total de caixas é igual a 45 e cada livro possui 12 cm de largura e 3 cm de espessura, então o total de livros recebidos é:
a) 540
b) 450
c) 810
d) 720

9. **(Ifal)** O valor da expressão
$$Q = \frac{\frac{1}{100} \times (0,001)^2 \times 0,0001 \times 1\,000}{100 \times 0,00001}$$ é igual a:
a) $Q = 10^{-7}$
b) $Q = 10^6$
c) $Q = 10^7$
d) $Q = 10^{-8}$
e) $Q = 10^{-6}$

10. **(Obmep)** André partiu de Pirajuba, foi até Quixajuba e voltou sem parar, com velocidade constante. Simultaneamente, e pela mesma estrada, Júlio partiu de Quixajuba, foi até Pirajuba e voltou, também sem parar e com velocidade constante. Eles se encontraram pela primeira vez a 70 km de Quixajuba e uma segunda vez a 40 km de Pirajuba, quando ambos voltavam para sua cidade de origem.
Quantos quilômetros tem a estrada de Quixajuba a Pirajuba?
a) 120
b) 145
c) 150
d) 170
e) 180

11. **(Obmep)** João vai de bicicleta ao encontro de sua namorada Maria. Para chegar na hora marcada, ele deve sair às 8 horas e pedalar a 10 km/h ou sair às 9 horas e pedalar a 15 km/h.
A que horas é o encontro dos namorados?
a) 10 h
b) 10 h 30 min
c) 11 h
d) 11 h 30 min
e) 12 h

12. **(PUC-GO)**

A nossa pequena e faminta heroína [...], ao repousar, tem um maravilhoso sonho em que passeia por um grande e rico pomar, repleto de árvores frutíferas. Então ela encontra 27 montes idênticos (mesma quantidade) de mangas. Após devorar 7 mangas, o restante foi dividido igualmente entre ela e seus 10 primos.

Assinale a alternativa que indica corretamente qual a quantidade de mangas que cada pessoa recebeu nessa partilha, se considerarmos uma quantidade mínima de frutas nos montes.
a) 46 mangas
b) 19 mangas
c) 73 mangas
d) 30 mangas

13. **(Urca-CE)** Um operário levou 15 dias de 8 horas para fazer 2 000 peças de roupa. Quantos dias de 6 horas levará para fazer 1 500 peças de uma outra roupa que apresenta uma dificuldade igual ao dobro da primeira?
a) 20 dias
b) 30 dias
c) 18 dias
d) 25 dias
e) 15 dias

14. **(Unisinos-RS)** Num determinado processo seletivo, em que as questões são de múltipla escolha, cada acerto vale 3 pontos, e, a cada erro, o candidato perde 1 ponto. Supondo que essa prova tenha 40 questões e que determinado candidato fez 72 pontos, quantas questões ele acertou?
a) 24
b) 26
c) 28
d) 30
e) 32

15. **(PUC-Campinas-SP)** Em certo município, uma cooperativa dedica-se à fabricação da rapadura. Cada barra desse doce pesa 250 g e é vendida ao preço unitário de R$ 1,95. As barras são acondicionadas em caixas, cada qual com 40 unidades, e transportadas em um veículo que leva 200 caixas por viagem. Nessas condições, é verdade que:
a) o peso de cada caixa é 12 kg.
b) cada caixa é vendida por R$ 85,00.
c) o preço de 1 tonelada desse doce é R$ 7 600,00.
d) em duas viagens são transportadas 4 toneladas de doces.
e) o total arrecadado com a venda de todos os doces transportados em três viagens é R$ 54 800,00.

16. **(Urca-CE)** As ações de uma determinada empresa têm valores iguais e estão divididas da seguinte forma: $\frac{2}{3}$ pertencem ao sócio A, $\frac{1}{6}$, ao sócio B, e o restante, no valor de R$ 1 400 000,00, pertence aos demais sócios.
Qual o valor de todas as ações juntas desta empresa?
a) R$ 1 680 000,00
b) R$ 1 166 666,67
c) R$ 8 400 000,00
d) R$ 2 100 000,00
e) R$ 7 000 000,00

17. **(FGV-SP)** Acredita-se que na Copa do Mundo de Futebol em 2014, no Brasil, a proporção média de pagantes, nos jogos do Brasil, entre brasileiros e estrangeiros, será de 6 para 4, respectivamente. Nos jogos da Copa em que o Brasil não irá jogar, a proporção média entre brasileiros e estrangeiros esperada é de 7 para 5, respectivamente. Admita que o público médio nos jogos do Brasil seja de 60 mil pagantes, e nos demais jogos, de 48 mil.
Se, ao final da Copa, o Brasil tiver participado de 7 jogos, de um total de 64 jogos do torneio, a proporção média de pagantes brasileiros em relação aos estrangeiros no total de jogos da Copa será, respectivamente, de 154 para:
a) 126
b) 121
c) 118
d) 112
e) 109

18. (EPCAr-MG) Um aluno da EPCAr possui um relógio que adianta $\frac{2}{3}$ do minuto a cada 12 horas. Às 11 horas e 58 minutos (horário de Brasília) do dia 10/03/07, verifica-se que ele está adiantado 8 minutos. Considerando que não há diferença de fuso horário entre o relógio do aluno e o horário de Brasília, marque a alternativa correta.

a) Às 23 horas e 58 minutos (horário de Brasília), do dia 05/03/2007, o relógio do aluno marcava 23 horas, 58 minutos e 40 segundos.

b) Para um compromisso às 12 horas (horário de Brasília), do dia 06/03/2007, sem se atrasar nem adiantar, o aluno deveria descontar 1 minuto e 40 segundos da hora marcada em seu relógio.

c) No dia 07/03/2007, às 12 horas (horário de Brasília), o relógio do aluno marcava 12 horas e 2 minutos.

d) A última vez em que o aluno acertou o relógio foi às 11 horas e 58 minutos do dia 04/03/2007.

19. (FGV-SP) As duas raízes da equação $x^2 - 63x + k = 0$ na incógnita x são números inteiros e primos. O total de valores distintos que k pode assumir é:

a) 4

b) 3

c) 2

d) 1

e) 0

20. (EPCAr-MG) Um eletricista é contratado para fazer um serviço por R\$ 4 200,00. Ele gastou no serviço 6 dias a mais do que supôs e verificou ter ganhado por dia R\$ 80,00 a menos do que planejou inicialmente.

Com base nisso, é correto afirmar que o eletricista:

a) concluiu o serviço em mais de 25 dias.

b) ganhou por dia menos de R\$ 200,00.

c) teria ganho mais de R\$ 200,00 por dia se não tivesse gasto mais 6 dias para concluir o trabalho.

d) teria concluído o serviço em menos de 15 dias se não tivesse gasto mais de 6 dias de trabalho.

21. (Unimontes-MG) Numa fazenda, um grupo de 15 trabalhadores colheu 360 sacas de café em 6 horas. No dia seguinte, mais 6 trabalhadores juntaram-se ao grupo e terminaram a colheita, totalizando 420 sacas no dia.

Quanto tempo a menos eles trabalharam em relação ao dia anterior?

a) 1 h 20 min   b) 5 h   c) 2 h   d) 1 h

22. (UFSCar-SP) No dia do aniversário dos seus dois filhos gêmeos, Jairo e Lúcia foram almoçar em um restaurante com as crianças e o terceiro filho caçula do casal, nascido há mais de 12 meses.

O restaurante cobrou R\$ 49,50 pelo casal e R\$ 4,55 por cada ano completo de idade das três crianças. Se o total da conta foi de R\$ 95,00, a idade do filho caçula do casal, em anos, é igual a:

a) 5   b) 4   c) 3   d) 2   e) 1

23. (Unimep-SP) Se ao triplo de um número não nulo adicionarmos o quadrado desse mesmo número, obteremos o mesmo número.

Esse número é:

a) 5   b) −4   c) 3   d) −2   e) 1

24. (PUC-SP) Felício e Jandira pretendem viajar e foram a uma casa de câmbio, onde receberam as seguintes informações: com os 3 060 reais de que dispunha, Felício poderia comprar 1 500 dólares e, com os 3 250 reais de Jandira, seria possível comprar 1 250 euros.

Com base nessas informações, é correto afirmar que, nesse dia, a cotação do euro em relação ao dólar era de:

a) 1,2745   b) 1,2736   c) 1,2625   d) 1,1274   e) 1,1235

25. (FGV-SP) Sejam dois números reais positivos tais que a diferença, a soma e o produto deles são proporcionais, respectivamente, a 1, 7 e 24.

O produto desses números é:
a) 6   b) 12   c) 24   d) 48   e) 96

26. (UEM-PR) Uma pequena empresa possui em sua linha de produção 4 funcionários que, em conjunto, produzem 800 peças a cada 5 dias (uma semana útil). Sabendo que quaisquer dois funcionários produzem, todos os dias, o mesmo número de peças, assinale a(s) alternativa(s) correta(s).

[A resposta será a soma dos números associados às alternativas corretas.]
- 01. A produção semanal de cada funcionário é de 200 peças.
- 02. Para conseguir atender a uma encomenda de 1 600 peças, em um prazo de 2 dias, será necessário contratar mais 12 funcionários.
- 04. Em 4 semanas de trabalho, 2 funcionários produzem 2 000 peças.
- 08. Se cada funcionário ganha um bônus salarial de 10 centavos de real por peça produzida, em um mês em que trabalhou 22 dias, o bônus é de 88 reais.
- 16. Se a jornada de trabalho é de 8 horas, é necessário que cada um trabalhe mais 90 minutos por dia, a fim de produzir 1 000 peças em uma semana útil.

27. (PUC-SP) Uma máquina demora 27 segundos para produzir uma peça. O tempo necessário para produzir 150 peças é:
a) 1 hora, 7 minutos e 3 segundos.
b) 1 hora, 7 minutos e 30 segundos.
c) 1 hora, 57 minutos e 30 segundos.
d) 1 hora, 30 minutos e 7 segundos.
e) 1 hora, 34 minutos e 3 segundos.

28. (UEFS-BA)

A água faz parte do patrimônio do planeta. Cada continente, cada povo, cada nação, cada religião, cada cidade, cada cidadão é plenamente responsável aos olhos de todos.

De acordo com a Organização das Nações Unidas, cada pessoa necessita de 3,3 m³ de água por mês para atender às necessidades de consumo e higiene. Gastar mais do que isso por dia é jogar dinheiro fora e desperdiçar nossos recursos naturais. No entanto, no Brasil, o consumo por pessoa chega a mais de 200 litros/dia.

(CARTILHA..., 2010).

De acordo com o texto, para se adequar ao que a ONU recomenda, cada brasileiro, em média, deve economizar, por mês, um volume de água, em m³, pelo menos, igual a:
a) 2,4   b) 2,5   c) 2,6   d) 2,7   e) 2,8

Geometria – grandezas e medidas

Ângulos

Classificação

Ângulo nulo	Ângulo raso	Ângulo reto
Ângulo cujos lados são semirretas coincidentes.	Ângulo cujos lados são semirretas opostas.	Ângulo que corresponde à metade de um ângulo raso.
O ângulo nulo mede 0°.	O ângulo raso mede 180°.	O ângulo reto mede 90°.

Ângulo agudo	Ângulo obtuso
Ângulo menor do que o ângulo reto e maior do que o ângulo nulo.	Ângulo menor do que o ângulo raso e maior do que o ângulo reto.
A medida de um ângulo agudo é maior do que 0° e menor do que 90°.	A medida de um ângulo obtuso é maior do que 90° e menor do que 180°.

Ângulos adjacentes

Dois ângulos são **adjacentes** quando têm um lado comum, e as regiões convexas determinadas por esses ângulos não têm outros pontos comuns além dos pertencentes a esse lado.

Ângulos congruentes

Dois ângulos são **congruentes** quando têm medidas iguais.

Bissetriz

A **bissetriz** de um ângulo é a semirreta com origem no vértice do ângulo, que forma com os lados desse ângulo dois ângulos adjacentes congruentes.

A bissetriz de um ângulo o divide em dois ângulos adjacentes congruentes.

Ângulos complementares e ângulos suplementares

Dois ângulos são **complementares** quando a soma de suas medidas é 90°.
Dois ângulos são **suplementares** quando a soma de suas medidas é 180°.

Ângulos formados por duas retas paralelas e uma transversal

Ângulos correspondentes formados por duas retas paralelas e uma transversal são **congruentes.**

Sendo r e s duas retas paralelas e t uma reta transversal a essas retas, os ângulos correspondentes formados por essas retas são congruentes.

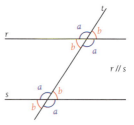

Polígonos

Polígono é a figura plana formada por uma linha poligonal fechada e simples.

Quantidade de diagonais

Considerando um polígono de n lados, a quantidade d de diagonais é dada por:

$$d = \frac{n \cdot (n-3)}{2}$$

Triângulos

Triângulo é um polígono de três lados.

Classificação quanto aos lados

Equilátero	Isósceles	Escaleno
Um triângulo equilátero tem os três lados com medidas iguais e os três ângulos internos congruentes.	Um triângulo isósceles tem dois lados com medidas iguais e os dois ângulos internos formados entre cada um desses lados e a base são congruentes.	Um triângulo escaleno tem os três lados com medidas diferentes e os três ângulos internos com medidas diferentes.

Classificação quanto aos ângulos

Acutângulo	Retângulo	Obtusângulo
Um triângulo acutângulo tem os três ângulos internos agudos (suas medidas são menores do que 90°).	Um triângulo retângulo tem um ângulo interno reto (sua medida é 90°).	Um triângulo obtusângulo tem um ângulo interno obtuso (sua medida é maior do que 90°).

Condição de existência

Em todo triângulo, a medida de qualquer lado é menor do que a soma das medidas dos outros dois lados.

Soma das medidas dos ângulos internos

A soma das medidas dos ângulos internos de um triângulo é 180°.

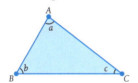

$$a + b + c = 180°$$

Relações entre as medidas dos ângulos internos e externos

A medida de cada ângulo externo de um triângulo é igual à soma das medidas dos dois ângulos internos não adjacentes a ele.

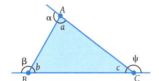

$$\alpha = c + b$$
$$\beta = c + a$$
$$\psi = a + b$$

Elementos

Mediana	Bissetriz interna	Altura
A **mediana** de um triângulo é o segmento cujas extremidades são um de seus vértices e o ponto médio do lado oposto a esse vértice.	A **bissetriz interna** de um triângulo é o segmento cujas extremidades são um de seus vértices e um ponto do lado oposto a esse vértice, de modo que esse segmento seja bissetriz do ângulo interno desse vértice.	A **altura** de um triângulo é o segmento cujas extremidades são um de seus vértices e um ponto na reta que contém o lado oposto a esse vértice, de modo que esse segmento forma um ângulo reto com essa reta.

Quadriláteros

Quadrilátero é um polígono de quatro lados.

Paralelogramo
O paralelogramo é um quadrilátero que tem ambos os pares de lados opostos contidos em retas paralelas. 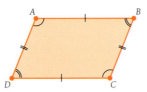 **Propriedades** • Os ângulos opostos de um paralelogramo são congruentes. • Os ângulos não opostos de um paralelogramo são suplementares. • Os lados opostos de um paralelogramo são congruentes. • As diagonais de um paralelogramo intersectam-se em seus pontos médios.
Retângulo
O retângulo é um paralelogramo cujos quatro ângulos internos são retos. 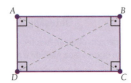 **Propriedade** • As diagonais de um retângulo são congruentes.
Losango
O losango é um paralelogramo cujos quatro lados são congruentes. 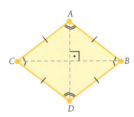 **Propriedade** • As diagonais de um losango são perpendiculares entre si e bissetrizes dos ângulos internos.
Quadrado
O quadrado é um paralelogramo cujos quatro ângulos internos são retos e os quatro lados são congruentes. **Propriedade** • As diagonais de um quadrado são congruentes, perpendiculares entre si e coincidem com as bissetrizes dos ângulos internos.

Soma das medidas dos ângulos internos

A soma das medidas dos ângulos internos de um quadrilátero é 360°.

Polígonos regulares

Um polígono é denominado **regular** se todos os seus lados são congruentes e todos os seus ângulos também são congruentes.

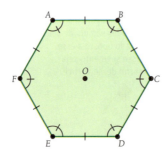

Soma dos ângulos internos de um polígono

Considerando um polígono de n lados, a soma S_i das medidas dos ângulos internos é dada por:

$$S_i = (n - 2) \cdot 180°$$

Ângulo interno de um polígono regular

A medida a_i do ângulo interno de um polígono regular de n lados é dada por:

$$a_i = \frac{(n - 2) \cdot 180°}{n}$$

Soma dos ângulos externos de um polígono

Considerando um polígono de n lados, a soma S_e das medidas dos ângulos externos é dada por:

$$S_e = 360°$$

Ângulo externo de um polígono regular

A medida a_e do ângulo externo de um polígono regular de n lados é dada por:

$$a_e = \frac{360°}{n}$$

Circunferência

Uma **circunferência** de centro O e raio r é a figura formada por todos os pontos do plano que distam r do ponto O.

Comprimento

Dada uma circunferência de raio r, seu comprimento C é dado por: $\quad C = 2\pi r$

Relações métricas

Relação entre cordas	Relação entre secantes	Relação entre secante e tangente
As cordas AB e CD se intersectam no ponto P.	Os segmentos PA e PC são secantes à circunferência.	O segmento PC é secante à circunferência e o segmento PA é tangente à circunferência no ponto A.
$PA \cdot PB = PC \cdot PD$	$PA \cdot PB = PC \cdot PD$	$(PA)^2 = PB \cdot PC$

Ângulo central

Ângulo central de uma circunferência é qualquer ângulo cujo vértice é o centro dessa circunferência e cujos lados contêm raios dela.

Ângulo inscrito

Ângulo inscrito em uma circunferência é qualquer ângulo cujo vértice pertence à circunferência e cujos lados são secantes a ela.

Relação entre ângulo central e ângulo inscrito

Um ângulo central de uma circunferência mede o dobro do ângulo inscrito associado ao mesmo arco.

Polígonos inscritos em uma circunferência

Hexágono regular

Seja l a medida do lado de um hexágono regular, r o raio da circunferência circunscrita a ele e a a apótema do hexágono.

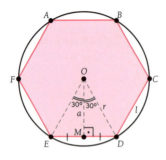

$$l = r \qquad a = \frac{r\sqrt{3}}{2}$$

Quadrado

Seja l a medida do lado de um quadrado, r o raio da circunferência circunscrita a ele e a a apótema do quadrado.

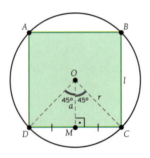

$$l = r\sqrt{2} \qquad a = \frac{r\sqrt{2}}{2}$$

Triângulo equilátero

Seja l a medida do lado de um triângulo equilátero, r o raio da circunferência circunscrita a ele e a a apótema do triângulo.

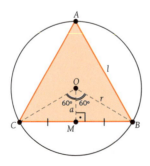

$$l = r\sqrt{3} \qquad a = \frac{r}{2}$$

Polígonos semelhantes

Dois **polígonos são semelhantes** se os ângulos internos de vértices correspondentes são congruentes e se as medidas dos lados correspondentes são proporcionais.
- Lados correspondentes de polígonos semelhantes também são chamados de lados **homólogos**.
- A razão entre as medidas de dois lados correspondentes de polígonos semelhantes é a **razão de semelhança** e é comumente indicada pela letra k.

Semelhança de triângulos

Para identificar se dois triângulos são semelhantes, não é necessário verificar se todos seus ângulos internos correspondentes são congruentes e se as medidas de todos seus lados correspondentes são proporcionais. Para dois triângulos, têm-se os seguintes **casos de semelhança**.

A.A.

Se dois ângulos internos de um triângulo são congruentes a dois ângulos internos correspondentes de outro triângulo, então esses triângulos são semelhantes.

L.L.L.

Se as medidas dos lados de um triângulo são proporcionais às medidas dos lados correspondentes de outro triângulo, então esses triângulos são semelhantes.

L.A.L.

Se dois lados de um triângulo são proporcionais a dois lados de outro triângulo e os ângulos internos formados por esses lados são congruentes, então esses triângulos são semelhantes.

Relações métricas no triângulo retângulo

Seja ABC um triângulo retângulo em A e sejam a, b e c as medidas da hipotenusa BC e dos catetos AC e AB, como mostra a figura a seguir.

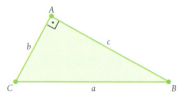

Traçando a altura relativa à hipotenusa, identificam-se dois outros triângulos retângulos e algumas medidas:

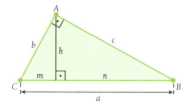

h: medida da altura relativa à hipotenusa
m: medida da projeção do cateto AC sobre a hipotenusa
n: medida da projeção do cateto AB sobre a hipotenusa
Podem-se escrever algumas relações entre essas medidas.
- $b^2 = m \cdot a$ $c^2 = n \cdot a$
- $h^2 = m \cdot n$
- $b \cdot c = a \cdot h$
- $a^2 = b^2 + c^2$

Questões

29. (Urca-CE) Sejam r e s retas paralelas. A medida do ângulo d é 30° e a medida do ângulo c é 45°.

A medida de $b - a$ é:
a) 30°   b) 45°   c) 60°   d) 25°   e) 15°

30. (Unifor-CE) Ao se colocar V para indicar verdadeiro e F para indicar falso para as afirmações:
I. Um quadrilátero que tem as diagonais com comprimentos iguais é um retângulo.
II. Todo losango tem as diagonais com comprimentos iguais.
III. As diagonais de um paralelogramo cortam-se mutuamente ao meio.
A sequência correta, de cima para baixo, é:
a) V – V – V   c) F – V – V   e) F – F – F
b) V – F – V   d) F – F – V

31. (Unimontes-MG) Os lados de um triângulo obtusângulo medem 3, 4 e x. Podemos afirmar que:
a) $5 < x < 7$
b) $1 < x < 7$
c) $1 < x < 7$ ou $5 < x < 7$
d) $x = 5$ ou $x = 7$

32. (Ifal) Analise cada afirmação a seguir.
I. Um triângulo isósceles pode ser um triângulo retângulo.
II. Um triângulo escaleno é sempre um triângulo obtusângulo.
III. Um triângulo isósceles é sempre acutângulo.
Está correto que:
a) as afirmações I e II são falsas.
b) as afirmações I e III são falsas.
c) as afirmações II e III são falsas.
d) todas as afirmações são falsas.
e) todas as afirmações são verdadeiras.

33. (Ifal) As medidas dos ângulos internos de um quadrilátero são indicadas por: $x + 15°$, $3x$, $2x + 35°$ e $x + 10°$
O ângulo que tem medida igual ao valor de x é classificado como um ângulo:
a) raso.
b) reto.
c) obtuso.
d) agudo.
e) meia-volta.

34. (Ifal) Num polígono regular convexo, a diferença entre cada ângulo interno e o externo adjacente é de 168°; então o polígono tem:
a) 12 lados.
b) 15 lados.
c) 60 lados.
d) 18 lados.
e) 24 lados.

35. (Unimontes-MG) Na figura abaixo, temos uma circunferência inscrita no triângulo ABC, retângulo em A.

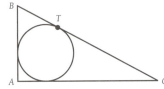

Se $BT = 9$ cm e $CT = 12$ cm, a área do triângulo ABC é:
a) 162 cm²   b) 108 cm²   c) 216 cm²   d) 135 cm²

36. (Obmep) Duas folhas de papel, uma retangular e outra quadrada, foram cortadas em quadradinhos de 1 cm de lado. Nos dois casos obteve-se o mesmo número de quadradinhos. O lado da folha quadrada media 5 cm a menos que um dos lados da folha retangular.

Qual era o perímetro da folha retangular?

a) 48 cm
b) 68 cm
c) 72 cm
d) 82 cm
e) 100 cm

37. (Obmep) A figura mostra um retângulo de área 42 cm² com os pontos médios dos lados em destaque.

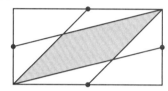

Qual é a área, em cm², da região cinza?

a) 8
b) 10
c) 12
d) 14
e) 16

38. (Ifal) A planta abaixo mostra as medidas, em metros (m), do telhado de um restaurante.

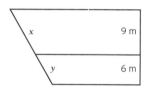

Sabendo-se que as laterais do telhado são paralelas e que $x + y = 20$, os valores de x e y são, respectivamente,

a) 11 m e 9 m
b) 13 m e 7 m
c) 7 m e 13 m
d) 12 m e 8 m
e) 8 m e 12 m

39. (Obmep) Na figura, $AEFD$ é um retângulo, $ABCD$ é um quadrado cujo lado mede 1 cm e os segmentos BF e DE são perpendiculares.

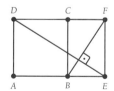

Qual é a medida, em centímetros, do segmento AE?

a) $\sqrt{2}$

b) $\frac{\sqrt{3}}{2}$

c) 2

d) $\frac{8}{5}$

e) $\frac{1 + \sqrt{5}}{2}$

40. (UFMG) Uma folha de papel quadrada ABCD, que mede 12 cm de lado, é dobrada na reta r, como mostrado nesta figura.

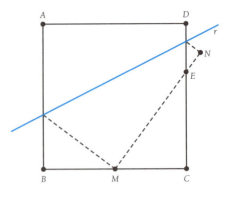

Feita essa dobra, o ponto D sobrepõe-se ao ponto N, e o ponto A, ao ponto médio M, do lado BC.

É correto afirmar que, nessas condições, o segmento CE mede:

a) 7,2 cm
b) 7,5 cm
c) 8,0 cm
d) 9,0 cm

41. (Unimontes-MG) Na figura abaixo, o lado do quadrado ABCD mede x.

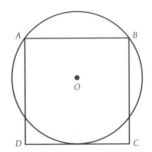

O raio do círculo de centro O, que contém os vértices A e B e é tangente ao lado CD, mede:

a) $\frac{5x}{4}$
b) $\frac{8x}{5}$
c) $\frac{5x}{8}$
d) $\frac{3x}{4}$

42. (UFG-GO) Pretende-se decorar uma parede retangular com quadrados pretos e brancos, formando um padrão quadriculado semelhante ao de um tabuleiro de xadrez e preenchendo toda a parede de maneira exata (sem sobrar espaços ou cortar quadrados). A figura a seguir ilustra uma parte desse padrão quadriculado.

Considerando-se que a parede mede 8,80 m por 5,50 m, o número mínimo de quadrados que se pode colocar na parede é:

a) 40
b) 55
c) 70
d) 95
e) 110

43. (Obmep) Márcia cortou quatro tiras retangulares de mesma largura, cada uma de um dos lados de uma folha de papel medindo 30 cm por 40 cm. O pedaço de papel que sobrou tem 68% da área da folha original. Qual é a largura das tiras?

a) 1 cm
b) 2 cm
c) 3 cm
d) 4 cm
e) 5 cm

44. (UFMT) A figura abaixo representa, esquematicamente, a raia mais interna (número 1) de uma pista de atletismo composta de 7 raias. Os segmentos de reta AB e CD são paralelos e de mesma medida e os arcos AC e BD são semicircunferências.

Admita que as raias, todas com a mesma forma geométrica, são numeradas de 1 a 7, da mais interna para a mais externa, possuindo cada uma 1 m de largura; que a raia 1 tem 400 m de comprimento.
Nessas condições, o comprimento da raia 7 excede o da raia 1 em:
Considere $\pi = 3,14$.
a) 37,68 m
c) 31,40 m
e) 28,26 m
b) 43,96 m
d) 25,12 m

45. (FGV-SP) Uma bobina cilíndrica de papel possui raio interno igual a 4 cm e raio externo igual a 8 cm. A espessura do papel é 0,2 mm.

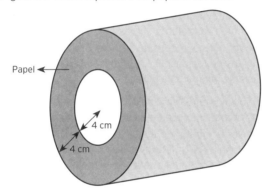

Adotando nos cálculos $\pi = 3$, o papel da bobina, quando completamente desenrolado, corresponde a um retângulo cuja maior dimensão, em metros, é aproximadamente igual a:
a) 20
b) 30
c) 50
d) 70
e) 90

46. (Ifal) O $\triangle ABC$ tem perímetro 120 m e é semelhante ao $\triangle MNO$, de modo que o lado $\overline{MN} = 6$ m, o lado $\overline{NO} = 8$ m e o lado $\overline{OM} = 10$ m.
As medidas dos lados do $\triangle ABC$ são:
a) 50 m, 40 m e 30 m
d) 70 m, 30 m e 20 m
b) 60 m, 40 m e 20 m
e) 55 m, 40 m e 25 m
c) 55 m, 35 m e 30 m

47. (UFRN) Numa projeção de filme, o projetor foi colocado a 12 m de distância da tela. Isto fez com que aparecesse a imagem de um homem com 3 m de altura. Numa sala menor, a projeção resultou na imagem de um homem com apenas 2 m de altura.
Nessa nova sala, a distância do projetor em relação à tela era de:
a) 18 m
b) 8 m
c) 36 m
d) 9 m

48. (Unicamp-SP) Um artesão precisa recortar um retângulo de couro com 10 cm × 2,5 cm. Os dois retalhos de couro disponíveis para a obtenção dessa tira são mostrados nas figuras a seguir.

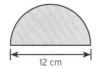
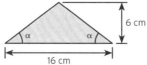

a) O retalho semicircular pode ser usado para a obtenção da tira? Justifique.
b) O retalho triangular pode ser usado para a obtenção da tira? Justifique.

49. (Fuvest-SP) Em uma mesa de bilhar, coloca-se uma bola branca na posição B e uma bola vermelha na posição V, conforme o esquema a seguir.

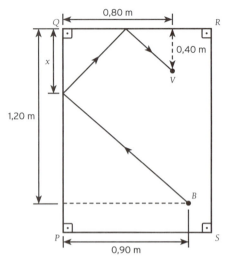

Deve-se jogar a bola branca de modo que ela siga a trajetória indicada na figura e atinja a bola vermelha.

Assumindo que, em cada colisão da bola branca com uma das bordas da mesa, os ângulos de incidência e de reflexão são iguais, a que distância x do vértice Q deve-se jogar a bola branca?

50. (Unesp) Uma bola de tênis é sacada de uma altura de 21 dm, com alta velocidade inicial e passa rente à rede, a uma altura de 9 dm.

Desprezando-se os efeitos do atrito da bola com o ar e do seu movimento parabólico, considere a trajetória descrita pela bola como sendo retilínea e contida num plano ortogonal à rede. Se a bola foi sacada a uma distância de 120 dm da rede, a que distância da mesma, em metros, ela atingirá o outro lado da quadra?

51. (Fuvest-SP) Na figura, o triângulo ABC é retângulo com catetos $BC = 3$ e $AB = 4$. Além disso, o ponto D pertence ao cateto $\overline{AB}$, o ponto E pertence ao cateto $\overline{BC}$ e o ponto F pertence à hipotenusa $\overline{AC}$, de tal forma que $DECF$ seja um paralelogramo.

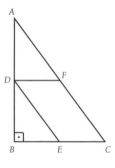

Se $DE = \frac{3}{2}$, então a área do paralelogramo $DECF$ vale:

a) $\frac{63}{25}$ c) $\frac{58}{25}$ e) $\frac{11}{5}$

b) $\frac{12}{5}$ d) $\frac{56}{25}$

52. (Unesp) Para que alguém, com o olho normal, possa distinguir um ponto separado de outro, é necessário que as imagens desses pontos, que são projetadas em sua retina, estejam separadas uma da outra a uma distância de 0,005 mm.

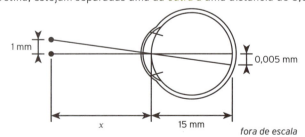

fora de escala

Adotando-se um modelo muito simplificado do olho humano no qual ele possa ser considerado uma esfera cujo diâmetro médio é igual a 15 mm, calcule a maior distância x, em metros, que dois pontos luminosos, distantes 1 mm um do outro, podem estar do observador, para que este os perceba separados.

53. (UFSCar-SP) O triângulo ABE e o quadrado $ABCD$ estão em planos perpendiculares, conforme indica a figura.

Se $EA = 3$ e $AB = 5$, então ED é igual a:

a) $\sqrt{24}$
b) 5
c) $3\sqrt{3}$
d) $4\sqrt{2}$
e) $\sqrt{34}$

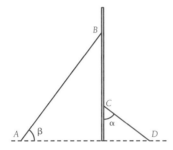

54. (Unioeste-PR) Um tubo é fixado verticalmente em uma superfície plana e, para sustentá-lo, alguns fios são presos a ele e esticados até o chão. Dois destes fios estão em lados opostos, conforme ilustra a figura a seguir. Um deles está fixado ao tubo no ponto B e o outro está fixado no ponto C.

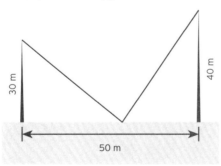

O fio CD mede 5 metros, está fixado no chão a 4 metros do tubo (ponto D) e o ângulo que faz com o tubo tem medida α. O fio AB está fixado no chão a 7 metros do tubo (ponto A) e faz com o chão um ângulo de medida β. Sabendo-se que $\alpha = \beta$, pode-se concluir que o fio AB mede:

a) $\dfrac{35}{4}$ m
b) $\dfrac{35}{3}$ m
c) $\dfrac{28}{3}$ m
d) $\dfrac{28}{5}$ m
e) 9 m

55. (UCB-DF) Na figura, veem-se representados dois postes: um com 30 m de altura e outro cuja altura é 40 m. Os centros das bases dos postes estão afastados um do outro em, exatamente, 50 m.

Os dois postes foram colocados em uma posição perfeitamente perpendicular ao solo, suposto plano. Para que eles se mantivessem nessa posição, foram usados dois cabos de comprimentos iguais. Uma extremidade de cada um dos cabos foi atada ao ponto mais alto de cada um dos postes, e a outra extremidade deles foi fixada em um ponto que pertence à reta que contém os centros das bases dos postes. Os dois cabos foram, portanto, fixados em um mesmo ponto no solo.

Com base nessas informações, calcule, em metros, a distância desse ponto até o centro da base do poste menor [...], desprezando, se houver, a parte decimal do resultado final.

Conjuntos

A ideia de **conjunto** é de agrupamento ou coleção finita ou infinita de objetos. Cada um dos objetos que formam um conjunto é um **elemento** dele.

Noções fundamentais

Conjunto unitário: conjunto que tem apenas um elemento.

Conjunto vazio: conjunto que não tem elementos.

Conjunto universo: conjunto formado por todos os elementos considerados no estudo de determinado problema.

Geralmente indica-se esse conjunto por: U

Igualdade de conjuntos: dois conjuntos são iguais quando têm os mesmos elementos.

Assim, dois conjuntos A e B são iguais se todo elemento de A é também elemento de B e todo elemento de B é também elemento de A.

Indica-se: $A = B$

Subconjunto: um conjunto A é subconjunto de um conjunto B se todo elemento de A é também elemento de B.

Indica-se: $A \subset B$

Conjunto das partes: conjunto formado por todos os subconjuntos de um conjunto A.

Indica-se: $P(A)$

Teorema: se um conjunto A tem n elementos, então o conjunto das partes de A tem 2^n elementos.

Diagrama de Venn

Um conjunto pode ser representado por um **diagrama de Venn**. Os elementos do conjunto são simbolizados por pontos interiores a uma linha curva fechada simples.

Operações entre conjuntos

Dados dois conjuntos A e B, definem-se as seguintes operações.

A **união** de A e B é o conjunto formado pelos elementos que pertencem a A ou a B.

Indica-se: $A \cup B = \{x \in U \mid x \in A \text{ ou } x \in B\}$

A **intersecção** de A e B é o conjunto formado pelos elementos que pertencem a A e a B.

Indica-se: $A \cap B = \{x \in U \mid x \in A \text{ e } x \in B\}$

A **diferença** entre A e B é o conjunto formado pelos elementos de A que não pertencem a B.

Indica-se: $A - B = \{x \in U \mid x \in A \text{ e } x \notin B\}$

Se B é subconjunto de A, o **complementar** de B em relação a A é o conjunto $A - B$.

Indica-se: $C_A^B = A - B = \{x \in U \mid x \in A \text{ e } x \notin B\}$

Nos diagramas a seguir, o destaque em azul corresponde aos possíveis resultados das operações entre dois conjuntos A e B.

Operação	Representação por meio de conjunto	Representação pelo diagrama de Venn
União de A e B	$A \cup B = \{x \in U \mid x \in A \text{ ou } x \in B\}$	Têm-se quatro possíveis situações para essa operação.
Intersecção de A e B	$A \cap B = \{x \in U \mid x \in A \text{ e } x \in B\}$	Têm-se quatro possíveis situações para essa operação.

Operação	Representação por meio de conjunto	Representação pelo diagrama de Venn
Diferença entre A e B	$A - B = \{x \in U \mid x \in A \text{ e } x \notin B\}$	Têm-se quatro possíveis situações para essa operação.
Complementar de B em relação a A, com $B \subset A$	$C_A^B = A - B = \{x \in U \mid x \in A \text{ e } x \notin B\}$	Tem-se apenas uma possível situação para os conjuntos A e B.

Conjuntos numéricos

Naturais: $\mathbb{N} = \{0, 1, 2, 3, 4, 5, ...\}$

Inteiros: $\mathbb{Z} = \{..., -5, -4, -3, -2, -1, 0, 1, 2, 3, 4, 5, ...\}$

Racionais: $\mathbb{Q} = \left\{x \mid x = \dfrac{a}{b}, a \in \mathbb{Z}, b \in \mathbb{Z}, b \neq 0\right\}$

Irracionais: $\mathbb{I}$ é o conjunto formado por números que não podem ser expressos na forma $\dfrac{a}{b}, a \in \mathbb{Z}, b \in \mathbb{Z}, b \neq 0$. Exemplo de número irracional: $\sqrt{5}$

Reais: $\mathbb{R}$ é o conjunto obtido pela união do conjunto dos números racionais com o conjunto dos números irracionais. Ou seja: $\mathbb{R} = \mathbb{Q} \cup \mathbb{I}$

Graficamente, podem-se representar esses conjuntos numéricos como no esquema ao lado.

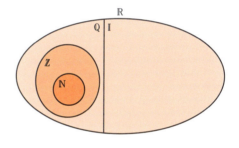

Intervalos reais

Dados dois números reais a e b, com $a < b$, têm-se os seguintes intervalos reais.

Representação gráfica	Notação algébrica	Representação por meio de conjunto
	$[a, b]$	$\{x \in \mathbb{R} \mid a \leq x \leq b\}$
	$[a, b[$	$\{x \in \mathbb{R} \mid a \leq x < b\}$
	$]a, b]$	$\{x \in \mathbb{R} \mid a < x \leq b\}$
	$]a, b[$	$\{x \in \mathbb{R} \mid a < x < b\}$
	$[a, +\infty[$	$\{x \in \mathbb{R} \mid x \geq a\}$
	$]a, +\infty[$	$\{x \in \mathbb{R} \mid x > a\}$
	$]-\infty, a]$	$\{x \in \mathbb{R} \mid x \leq a\}$
	$]-\infty, a[$	$\{x \in \mathbb{R} \mid x < a\}$
	$]-\infty, a[\cup]a, +\infty[$	$\{x \in \mathbb{R} \mid x \neq a\}$

Questões

1. (PUC-RJ) Sejam x e y números tais que os conjuntos $\{1, 4, 5\}$ e $\{x, y, 1\}$ sejam iguais. Então, podemos afirmar que:

a) $x = 4$ e $y = 5$

b) $x \neq 4$

c) $y \neq 4$

d) $x + y = 9$

e) $x < y$

2. (Ifal) Na última eleição para prefeitura de uma cidade, registrou-se o seguinte resultado:

- o candidato A recebeu 60% dos votos;
- o candidato B recebeu 25% dos votos;
- 2 400 votos foram brancos ou nulos;
- somente os candidatos A e B disputaram a eleição.

Quantos eleitores votam nesse pleito?

a) 16 000

b) 13 600

c) 9 600

d) 18 200

e) 24 000

3. (UEPG-PR) Sejam A, B e C conjuntos finitos. O número de elementos de $A \cap B$ é 37, o número de elementos de $B \cap C$ é 33 e o número de elementos de $A \cap B \cap C$ é 25. Encontre o número de elementos de $B \cap (A \cup C)$ e assinale a alternativa correta.

a) 70

b) 58

c) 20

d) 48

e) 45

4. (Unimontes-MG) Num curral há vacas e bois. Se há 30 vacas, 21 animais magros, 13 bois não magros e 4 vacas magras, então, o número de bois magros é [...]:

a) 17

b) 26

c) 13

d) 15

5. (Uern) Na 3ª série do Ensino Médio de um colégio há 110 alunos matriculados em cursos de Inglês e/ou Espanhol. Sabe-se que:

- $\frac{1}{4}$ dos alunos matriculados em Inglês está também matriculado em Espanhol;

- $\frac{2}{5}$ dos matriculados em Espanhol estão também matriculados em Inglês.

O número de alunos matriculados nesses dois cursos é:

a) 10

b) 15

c) 20

d) 25

6. (ITA-SP) Seja U um conjunto não vazio com n elementos, $n \geqslant 1$. Seja S um subconjunto de $P(U)$ com a seguinte propriedade:

Se $A, B \in S$, então $A \subset B$ ou $B \subset A$.

Então, o número máximo de elementos que S pode ter é:

a) 2^{n-1}

b) $\frac{n}{2}$, se n for par, e $\frac{(n+1)}{2}$ se n for ímpar

c) $n + 1$

d) $2^n - 1$

e) $2^{n-1} + 1$

7. (UEL-PR) Num dado momento, três canais de TV tinham, em sua programação, novelas em seus horários nobres: a novela A no canal A, a novela B no canal B e a novela C no canal C. Numa pesquisa com 3 000 pessoas, perguntou-se quais novelas agradavam. A tabela a seguir indica o número de telespectadores que designaram as novelas como agradáveis.

Novelas	Número de telespectadores
A	1 450
B	1 150
C	900
A e B	350
A e C	400
B e C	300
A, B e C	100

Quantos telespectadores entrevistados não acham agradável nenhuma das três novelas?

a) 300 telespectadores

b) 370 telespectadores

c) 450 telespectadores

d) 470 telespectadores

e) 500 telespectadores

8. (FGV-SP) Uma pesquisa de mercado sobre determinado eletrodoméstico mostrou que:

- 37% dos entrevistados preferem a marca X;
- 40% preferem a marca Y;
- 30% preferem a marca Z;
- 25% preferem X e Y;
- 8% preferem Y e Z;
- 3% preferem X e Z;
- 1% prefere as três marcas.

Considerando que há os que não preferem nenhuma das três marcas, a porcentagem dos que não preferem nem X nem Y é:

a) 20%

b) 23%

c) 30%

d) 42%

e) 48%

9. (ITA-SP) Sejam X, Y, Z, W subconjuntos de $\mathbb{N}$ tais que:

- $(X - Y) \cap Z = \{1, 2, 3, 4\}$
- $Y = \{5, 6\}$
- $Z \cap Y = \varnothing$
- $W \cap (X - Z) = \{7, 8\}$
- $X \cap W \cap Z = \{2, 4\}$

Então o conjunto $\{[X \cap (Z \cup W)] - [W \cap (Y \cup Z)]\}$ é igual a:

a) $\{1, 2, 3, 4, 5\}$

b) $\{1, 2, 3, 4, 7\}$

c) $\{1, 3, 7, 8\}$

d) $\{1, 3\}$

e) $\{7, 8\}$

10. (UPE) Dados A e B conjuntos, a operação de diferença simétrica $(\cdot)$ é definida por $A \cdot B = A \cup B - A \cap B$. Se $A = \{1, \{1\}, \varnothing, a\}$ e $B = \{1, 2, \{\varnothing\}, a, b\}$, então o conjunto $A \cdot B$ é igual a:

a) $\{1, \{1\}, \varnothing \{\varnothing\}, 2, a, b\}$

b) $\{1, a\}$

c) $\{\{1\}, \{\varnothing\}, 2, b\}$

d) $\{\{1\}, \varnothing, \{\varnothing\}, 2, b\}$

e) $\varnothing$

11. (PUC-PR) Com o objetivo de melhorar a produtividade das lavouras, um grupo de 600 produtores de uma determinada região resolveu investir no aumento da produção de alimentos nos próximos anos:
- 350 deles investiram em avanços na área de biotecnologia;
- 210, em uso correto de produtos para a proteção de plantas;
- 90, em ambos (avanços na área de biotecnologia e uso correto de produtos para a proteção de plantas).

Com base nas informações acima, considere as seguintes afirmativas:
I. 260 produtores investiram apenas em avanços na área de biotecnologia.
II. 120 produtores investiram apenas em uso correto de produtos para a proteção de plantas.
III. 470 produtores investiram em avanços na área de biotecnologia ou uso correto de produtos para a proteção de plantas.
IV. 130 produtores não fizeram nenhum dos dois investimentos.

Estão corretas as afirmativas:
a) I, II e III, apenas
b) II e IV, apenas
c) I e II, apenas
d) I, II, III e IV
e) I e III, apenas

12. (Uesc-BA) Ao se aproximar a data de realização de certo concurso, uma escola que se dedica a preparar candidatos a cargos públicos deu três aulas de revisão intensiva para seus alunos.
- Do total T de alunos, sabe-se que 80 compareceram à primeira aula, 85, à segunda e 65 compareceram à terceira aula de revisão.
- Dos alunos que assistiram à primeira aula, 36 não retornaram para as duas aulas seguintes, 15 retornaram apenas para a segunda e 20 compareceram às três aulas.
- Dos alunos que não estavam presentes na primeira aula, 30 compareceram à segunda e à terceira aulas.

Com base nessas informações, se $\frac{1}{3}$ do total de alunos não compareceu às aulas de revisão, então o valor de T é:
a) 165 b) 191 c) 204 d) 230 e) 345

13. (Uece) Se x e y são números reais que satisfazem, respectivamente, às desigualdades $2 \leq x \leq 15$ e $3 \leq y \leq 18$, então todos os números da forma $\frac{x}{y}$ possíveis pertencem ao intervalo:
a) $[5, 9]$
b) $\left[\frac{2}{3}, \frac{5}{6}\right]$
c) $\left[\frac{3}{2}, 6\right]$
d) $\left[\frac{1}{9}, 5\right]$

14. (Unir-RO) Sendo $H = \{X$ tal que X é inteiro e $-3 \leq X \leq 6\}$ e $M = \{X$ tal que X é racional e $X \geq -4\}$, assinale a alternativa verdadeira.
a) O conjunto M é um subconjunto do conjunto H.
b) O conjunto H é um subconjunto do conjunto M.
c) O valor zero não pertence ao conjunto M.
d) A interseção entre os conjuntos M e H é vazia.
e) O conjunto H possui uma quantidade infinita de elementos.

15. (Urca-CE) Seja $\mathbb{N} = \{0, 1, 2, ...\}$ o conjunto dos números naturais. Sobre a subtração de números naturais é incorreto afirmar:
a) A subtração de dois números naturais $a - b$ só existe quando $b < a$.
b) Para todo $a \in \mathbb{N}$, $a - a = 0$.
c) A subtração é associativa.
d) Se a, b e c são números naturais tais que $0 < c < b < a$, então $0 < b - c < a - c < a$.
e) $a + b = c + d$ se, e somente se, $a - c = d - b$ para todo $a, b, c, d \in \mathbb{N}$.

16. (EPCAr-MG) Supondo x e y números reais tais que $x^2 \neq y^2$ e $y \neq 2x$, a expressão $\sqrt{\dfrac{\dfrac{2x}{x+y} - \dfrac{y}{y-x} + \dfrac{y^2}{y^2-x^2}}{(x+y)^{-1} + x(x^2-y^2)^{-1}}}$ sempre poderá ser calculada em $\mathbb{R}$ se, e somente se,

a) $x \geq 0$ e $y \geq 0$.
b) $x > 0$ e y é qualquer.
c) x é qualquer e $y \geq 0$.
d) $x \geq 0$ e y é qualquer.

17. (EPCAr-MG) Considere as alternativas abaixo e marque a correta.

a) Se α e β são números irracionais, então $\dfrac{\alpha}{\beta}$ é, necessariamente, irracional.

b) Se a e b são números naturais não nulos, $M(a)$ é o conjunto dos múltiplos naturais de a e $M(b)$ é o conjunto dos múltiplos naturais de b, então $M(b) \supset M(a)$ se, e somente se, a é divisor de b.

c) Se $\alpha = \dfrac{1}{3-\sqrt{3}} - \dfrac{1}{3+\sqrt{3}}$, então

$\alpha \in ([\mathbb{R} - \mathbb{Q}] \cap [\mathbb{Z} \cup \mathbb{Q}])$.

d) Se A é o conjunto dos divisores naturais de 12, B é o conjunto dos divisores naturais de 24 e C é o conjunto dos múltiplos positivos de 6 menores que 30, então $A - (B \cap C) = A - C$.

18. (UEM-PR) Assinale o que for correto.
[A resposta será a soma dos números associados às alternativas corretas.]

01. $2\left(\dfrac{1}{2} - \dfrac{1}{3}\right) = \dfrac{1}{3}$

02. $\dfrac{3}{2} > \sqrt{2}$

04. $\dfrac{1}{90} = 0{,}01010101\ldots$

08. $\dfrac{15}{4}, \dfrac{7}{3}$ e $\sqrt[3]{80}$ pertencem ao intervalo real $[2, 4]$.

16. A multiplicação de quaisquer dois números irracionais resulta sempre em um número irracional.

19. (UFF-RJ) O número $\pi - \sqrt{2}$ pertence ao intervalo:

a) $\left[1, \dfrac{3}{2}\right]$
b) $\left(\dfrac{1}{2}, 1\right]$
c) $\left[\dfrac{3}{2}, 1\right]$
d) $(-1, 1)$
e) $\left[-\dfrac{3}{2}, 0\right)$

20. (UEPG-PR) Considere os conjuntos:
$A = \{X \in \mathbb{N} \mid X \text{ é ímpar}\}$
$B = \{X \in \mathbb{N} \mid X \leq 4\}$
$C = \{X \in \mathbb{Z} \mid -3 < X < 4\}$

Assinale a alternativa correta, onde o conjunto X, tal que $X \subset C$ e $C - X = A \cap B$, é:

a) $\{-1, 0, 2\}$
b) $\{-1, 0, 1, 2\}$
c) $\{0, 1, 2\}$
d) $\{-2, -1, 0, 2\}$
e) $\{-2, -1, 0, 1, 2\}$

Introdução às funções

Função

Sejam A e B dois conjuntos não vazios.

A **função** f de A em B (notação: $f: A \to B$) é a regra que associa cada elemento de A a um único elemento de B. Nesse caso, o **domínio** da função é o conjunto A; $D(f) = A$ e seu **contradomínio** é o conjunto B; $CD(f) = B$.

O **conjunto imagem** de f é formado por todas as imagens obtidas pela aplicação de f aos elementos de seu domínio. Mas nem sempre o contradomínio de uma função é igual ao conjunto imagem dela.

A **taxa média de variação** de uma função f é o quociente $\dfrac{f(x_1) - f(x_0)}{x_1 - x_0}$, em que $x_1 \neq x_0$.

Representação gráfica

O **gráfico de uma função** f é o conjunto dos pares ordenados (x, y) em que x pertence ao domínio de f e $y = f(x)$.

Pode-se representar esse conjunto em um plano cartesiano, e, para simplificar a linguagem, é comum chamar essa representação de **gráfico da função**.

Funções injetora, sobrejetora e bijetora

Seja f uma função de A em B.

A função f é **injetora** se, quaisquer que sejam $x_1 \in A$ e $x_2 \in A$, tem-se $f(x_1) \neq f(x_2)$.

Dito de outro modo: a função f de A em B é injetiva se elementos distintos de A têm imagens distintas em B.

Observação

Um modo de verificar se uma função f é **injetora** consiste em verificar se $f(a) = f(b)$ implica em $a = b$. Se sim, então a função f é injetora.

A função f é **sobrejetora** se, para todo $y \in B$, existe um $x \in A$, tal que $f(x) = y$.

Dito de outro modo: a função f de A em B é sobrejetora se todo elemento de B é imagem de algum elemento de A, segundo f.

A função f é **bijetora** se, e somente se, f é injetora e sobrejetora.

Funções par e ímpar

Seja f uma função de A em B.

A função f é **par** se, e somente se, $f(x) = f(-x)$.

Dito de outro modo: a função f de A em B é par se, e somente se, elementos simétricos do domínio da função, isto é, x e $-x$, têm imagens iguais segundo f, ou seja:

$$f(x) = f(-x).$$

A função f é **ímpar** se, e somente se, $f(x) = -f(-x)$.

Dito de outro modo: a função f de A em B é ímpar se, e somente se, elementos simétricos do domínio da função, isto é, x e $-x$ têm imagens iguais segundo f, ou seja:

$$f(x) = -f(-x).$$

Também pode ser escrito dessa forma:

$$-f(x) = f(-x)$$

Observação

O gráfico de uma função par apresenta simetria axial, pois é simétrico em relação ao eixo y. Já o gráfico de uma função ímpar apresenta simetria central, pois é simétrico em relação à origem do sistema de coordenadas cartesianas.

Função composta

Seja f uma função de A em B e g uma função de B em C.

A **função composta** de f e g é a função $f \circ g$ definida por $(f \circ g)(x) = f(g(x))$.

Ou seja: aplica-se a x a função g, o que resulta em $g(x)$. Depois, aplica-se a $g(x)$ a função f, resultando em $f(g(x))$. A função $f \circ g$ tem domínio A e contradomínio C.

Função inversa

Seja f uma função bijetora de A em B.

A **função inversa** de f é a função f^{-1} tal que, se $f(a) = b$, então:

$$f^{-1}(b) = a.$$

Representação gráfica

O gráfico de uma função é simétrico ao gráfico da sua inversa em relação à reta que representa a função identidade $i(x) = x$.

Questões

1. **(Fuvest-SP)** Considere a função $f(x) = 1 - \dfrac{4x}{(x+1)^2}$, a qual está definida para $x \neq -1$. Então, para todo $x \neq 1$ e $x \neq -1$, o produto $f(x)f(-x)$ é igual a:
   a) -1
   b) 1
   c) $x + 1$
   d) $x^2 + 1$
   e) $(x-1)^2$

2. **(UFRJ)** Considere o programa representado pelo seguinte fluxograma:

   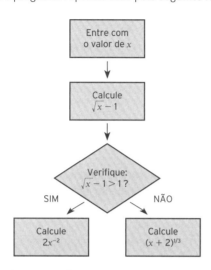

   a) Determine os valores reais de x para os quais é possível executar esse programa.
   b) Aplique o programa para $x = 0$, $x = 4$ e $x = 9$.

3. **(Unesp)** Segundo a Teoria da Relatividade de Einstein, se um astronauta viajar em uma nave espacial muito rapidamente em relação a um referencial na Terra, o tempo passará mais devagar para o astronauta do que para as pessoas que ficaram na Terra. Suponha que um pai astronauta, com 30 anos de idade, viaje numa nave espacial, numa velocidade constante, até o planeta recém-descoberto GL581C, e deixe na Terra seu filho com 10 anos de idade. O tempo t decorrido na Terra (para o filho) e o tempo T decorrido para o astronauta, em função da velocidade v dessa viagem (ida e volta, relativamente ao referencial da Terra e desprezando-se aceleração e desaceleração), são dados respectivamente pelas equações $t = \dfrac{40c}{v}$ e $T = \dfrac{40c}{v}\sqrt{1 - \left(\dfrac{v}{c}\right)^2}$, onde c é uma constante que indica a velocidade da luz no vácuo e t e T são medidos em anos.

   Determine, em função de c, a que velocidade o pai deveria viajar de modo que, quando retornasse à Terra, ele e seu filho estivessem com a mesma idade.

4. **(Unesp)** Uma função de variável real satisfaz a condição $f(x+2) = 2f(x) + f(1)$, qualquer que seja a variável x.
   Sabendo-se que $f(3) = 6$, determine o valor de:
   a) $f(1)$
   b) $f(5)$

5. **(Mackenzie-SP)** Considere a função f tal que para todo x real tem-se $f(x+2) = 3f(x) + 2^x$.
   Se $f(-3) = \dfrac{1}{4}$ e $f(-1) = a$, então o valor de a^2 é:
   a) $\dfrac{25}{36}$
   b) $\dfrac{36}{49}$
   c) $\dfrac{64}{100}$
   d) $\dfrac{16}{81}$
   e) $\dfrac{49}{64}$

Texto para as questões 6 e 7.

(FGV-SP) Para determinado produto, o número de unidades vendidas está relacionado com a quantia gasta em propaganda, de tal modo que, para x milhares de reais investidos em propaganda, a receita R é dada por: $R(x) = 50 - \dfrac{50}{x+5}$ milhares de reais

6. Pode-se dizer então que a receita, ainda que nenhuma quantia seja investida em propaganda, será igual a:
 a) R$ 40 000,00
 b) R$ 50 000,00
 c) R$ 0,00
 d) R$ 10 000,00
 e) R$ 100 000,00

7. Pode-se afirmar também que:
 a) a receita cresce proporcionalmente ao aumento da quantia gasta em propaganda.
 b) quanto maior o investimento em propaganda, menor será a receita.
 c) por maior que seja o investimento em propaganda, a receita não ultrapassará R$ 40 000,00.
 d) quanto menor o investimento em propaganda, maior será a receita.
 e) por maior que seja o investimento em propaganda, a receita não ultrapassará R$ 50 000,00.

8. (Unesp) Os professores de Matemática e Educação Física de uma escola organizaram um campeonato de damas entre os alunos.

Pelas regras do campeonato, cada colocação admitia apenas um ocupante. Para premiar os três primeiros colocados, a direção da escola comprou 310 chocolates, que foram divididos entre os 1º, 2º e 3º colocados no campeonato, em quantidades inversamente proporcionais aos números 2, 3 e 5, respectivamente.

As quantidades de chocolates recebidas pelos alunos premiados, em ordem crescente de colocação no campeonato, foram:
 a) 155, 93 e 62
 b) 155, 95 e 60
 c) 150, 100 e 60
 d) 150, 103 e 57
 e) 150, 105 e 55

9. (Unicamp-SP) Considere três modelos de televisores de tela plana, cujas dimensões aproximadas são fornecidas na tabela a seguir, acompanhadas dos preços dos aparelhos.

Modelo	Largura (cm)	Altura (cm)	Preço (R$)
23"	50	30	750,00
32"	70	40	1 400,00
40"	90	50	2 250,00

Com base na tabela, pode-se afirmar que o preço por unidade de área da tela:
 a) aumenta à medida que as dimensões dos aparelhos aumentam.
 b) permanece constante do primeiro para o segundo modelo, e aumenta do segundo para o terceiro.
 c) aumenta do primeiro para o segundo modelo, e permanece constante do segundo para o terceiro.
 d) permanece constante.

10. (FGV-SP) Uma partícula desloca-se em movimento retilíneo uniforme a 20 mm/s. Mantendo-se constante essa velocidade, ela percorrerá 1 km em:
a) $6 \cdot 10^3$ minutos
b) $8 \cdot 10^3$ minutos
c) $5 \cdot 10^4$ segundos
d) $5 \cdot 10^5$ segundos
e) $5 \cdot 10^6$ segundos

11. (Unesp)

No Brasil, desde junho de 2008, se for constatada uma concentração de álcool no sangue acima de 0,6 g/L, o motorista é detido e processado criminalmente.

<www.planalto.gov.br/ccivil_03/Ato2007-2010/2008/ Decreto/D6488.htm>. Adaptado.

Determine o número máximo de latas de cerveja que um motorista pode ingerir, antes de dirigir, para não ser processado criminalmente caso seja submetido ao teste.

Dados:
- o volume médio de sangue no corpo de um homem adulto é 7,0 litros;
- uma lata de cerveja de 350 mL contém 16 mL de álcool;
- 14% do volume de álcool ingerido por um homem adulto vão para a corrente sanguínea;
- a densidade do álcool contido em cervejas é de 0,8 g/mL.

Observação: Os resultados de todas as operações devem ser aproximados por duas casas decimais.

a) 1
b) 2
c) 3
d) 4
e) 5

12. (Fuvest-SP) O Índice de Massa Corporal (IMC) é o número obtido pela divisão da massa de um indivíduo adulto, em quilogramas, pelo quadrado da altura, medida em metros. É uma referência adotada pela Organização Mundial da Saúde para classificar um indivíduo adulto, com relação ao seu peso e altura, conforme a tabela a seguir.

IMC	Classificação
até 18,4	abaixo do peso
de 18,5 a 24,9	peso normal
de 25,0 a 29,9	sobrepeso
de 30,0 a 34,9	obesidade grau 1
de 35,0 a 39,9	obesidade grau 2
a partir de 40,0	obesidade grau 3

Levando em conta esses dados, considere as seguintes afirmações:

I. Um indivíduo adulto de 1,70 m e 100 kg apresenta obesidade grau 1.
II. Uma das estratégias para diminuir a obesidade na população é aumentar a altura média de seus indivíduos por meio de atividades físicas orientadas para adultos.
III. Uma nova classificação que considere obesos somente indivíduos com IMC maior que 40 pode diminuir os problemas de saúde pública.

Está correto o que se afirma somente em:
a) I
b) II
c) III
d) I e II
e) I e III

13. (Unifesp) Uma função $f: \mathbb{R} \to \mathbb{R}$ diz-se par quando $f(-x) = f(x)$ para todo $x \in \mathbb{R}$, e ímpar quando $f(-x) = -f(x)$, para todo $x \in \mathbb{R}$.

a) Quais, dentre os gráficos exibidos, melhor representa funções pares ou funções ímpares? Justifique sua resposta.

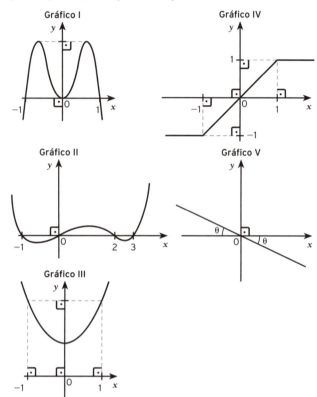

b) Dê dois exemplos de funções $y = f(x)$ e $y = g(x)$, sendo uma par e outra ímpar, e exiba os seus gráficos.

14. (ITA-SP) Considere os conjuntos $S = \{0, 2, 4, 6\}$, $T = \{1, 3, 5\}$ e $U = \{0, 1\}$ e as afirmações:

I. $\{0\} \in S$ e $S \cap U \neq \varnothing$
II. $\{2\} \subset (S - U)$ e $S \cap T \cap U = \{0, 1\}$
III. Existe uma função $f: S \to T$ injetiva.
IV. Nenhuma função $g: T \to S$ é sobrejetiva.

Então, é(são) verdadeira(s):

a) apenas I
b) apenas IV
c) apenas I e IV
d) apenas II e III
e) apenas III e IV

15. (UFC-CE) O coeficiente b da função quadrática $f: \mathbb{R} \to \mathbb{R}$, $f(x) = x^2 + bx + 1$, que satisfaz a condição $f(f(-1)) = 3$, é igual a:

a) -3
b) -1
c) 0
d) 1
e) 3

16. (Fuvest-SP) Sejam $f(x) = 2x - 9$ e $g(x) = x^2 + 5x + 3$. A soma dos valores absolutos das raízes da equação $f(g(x)) = g(x)$ é igual a:

a) 4
b) 5
c) 6
d) 7
e) 8

17. (EPCAr-MG) Considere o conjunto $A = \{0, 1, 2, 3\}$ e a função $f: A \to A$ tal que $f(3) = 1$ e $f(x) = x + 1$, se $x \neq 3$. A soma dos valores de x para os quais $(f \circ f \circ f)(x) = 3$ é:

a) 2
b) 3
c) 4
d) 5

Função afim

Função afim é toda função $f: \mathbb{R} \to \mathbb{R}$ da forma $f(x) = ax + b$, em que a e b são números reais.

Casos particulares

Valor dos coeficientes a e b	Lei da função	Nomenclatura
$a \neq 0$ e $b = 0$	$f(x) = ax$	função **linear**
$a = 0$	$f(x) = b$	função **constante**
$a = 1$ e $b = 0$	$f(x) = x$	função **identidade**

Representação gráfica de uma função afim

O **gráfico** de uma função afim é uma reta. A tabela abaixo mostra as possibilidades desse gráfico, dependendo dos sinais dos coeficientes a e b.

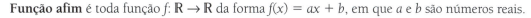

O **zero** da função afim é o valor de x que anula $y = ax + b$, ou seja, é a raiz da equação $ax + b = 0$.

$$ax + b = 0 \Leftrightarrow \boxed{x = -\frac{b}{a}}$$

Observando o gráfico de uma função afim, têm-se:
- o coeficiente a indica a inclinação da reta em relação ao eixo x;
- o coeficiente b indica o ponto em que a reta corta o eixo y;
- o zero da função indica o ponto em que a reta corta o eixo x.

Estudo do sinal de uma função afim

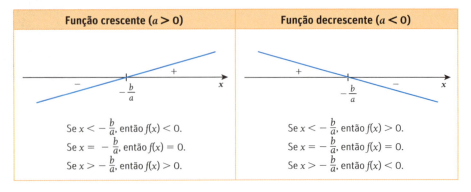

Inequação do 1º grau

Sendo f e g duas funções afins, uma **inequação do 1º grau** é qualquer sentença da forma:
- $f(x) > g(x)$;
- $f(x) < g(x)$;
- $f(x) \geq g(x)$;
- $f(x) \leq g(x)$.

O estudo do sinal de uma função afim é útil para resolver graficamente uma inequação do 1º grau.

Inequação simultânea

Sendo f, g e h três funções afins, uma **inequação simultânea** é qualquer sentença da forma $f(x) < g(x) < h(x)$.

Cada um dos sinais de uma inequação simultânea pode ser $<$, $\leq$, $>$ ou $\geq$.

Inequação produto

Sendo f e g duas funções afins, uma **inequação produto** é qualquer sentença da forma:
- $f(x) \cdot g(x) > 0$;
- $f(x) \cdot g(x) \geq 0$;
- $f(x) \cdot g(x) < 0$;
- $f(x) \cdot g(x) \leq 0$.

Inequação quociente

Sendo f e g duas funções afins, uma **inequação quociente** é qualquer sentença da forma:
- $\dfrac{f(x)}{g(x)} > 0$;
- $\dfrac{f(x)}{g(x)} \geq 0$;
- $\dfrac{f(x)}{g(x)} < 0$;
- $\dfrac{f(x)}{g(x)} \leq 0$.

A resolução de uma inequação quociente é feita de modo análogo ao de uma inequação produto.
   I. Faz-se o estudo do sinal de f e do sinal de g.
   II. Monta-se o quadro de resolução, tomando-se o cuidado de observar que o denominador da fração não pode ser igual a zero. Determina-se, então, o conjunto solução obtido.

Questões

1. **(UFRJ)** Um ponto P desloca-se sobre uma reta numerada, e sua posição (em metros) em relação à origem é dada, em função do tempo t (em segundos), por $P(t) = 2(1 - t) + 8t$.

   a) Determine a posição do ponto P no instante inicial ($t = 0$).
   b) Determine a medida do segmento de reta correspondente ao conjunto dos pontos obtidos pela variação de t no intervalo $\left[0, \frac{3}{2}\right]$.

2. **(UCS-RS)** As funções definidas por $f(x) = ax + b$ e $g(x) = cx + d$, cujos gráficos estão em parte representados na figura abaixo, são modelos matemáticos que podem ser usados para determinar, respectivamente, a oferta e a procura de determinado produto.

   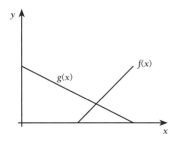

   De acordo com os gráficos, os sinais de a, b, c e d são tais que:
   a) $a \cdot c < 0$ e $b \cdot d > 0$
   b) $a \cdot b > 0$ e $c \cdot d > 0$
   c) $a \cdot b > 0$ e $c \cdot d < 0$
   d) $a \cdot c > 0$ e $b \cdot d < 0$
   e) $a \cdot b < 0$ e $c \cdot d < 0$

3. **(FGV-RJ)** Uma pequena empresa fabrica camisas de um único modelo e as vende por R$ 80,00 a unidade. Devido ao aluguel e a outras despesas fixas que não dependem da quantidade produzida, a empresa tem um custo fixo anual de R$ 96 000,00. Além do custo fixo, a empresa tem que arcar com custos que dependem da quantidade produzida, chamados custos variáveis, tais como matéria-prima, por exemplo; o custo variável por camisa é R$ 40,00.

   Em 2009, a empresa lucrou R$ 60 000,00. Para dobrar o lucro em 2010, em relação ao lucro de 2009, a quantidade vendida em 2010 terá de ser x% maior que a de 2009. O valor mais próximo de x é:
   a) 120   b) 100   c) 80   d) 60   e) 40

4. **(Unicamp-SP)** Em uma determinada região do planeta, a temperatura média anual subiu de 13,35 °C em 1995 para 13,8 °C em 2010. Seguindo a tendência de aumento linear observada entre 1995 e 2010, a temperatura média em 2012 deverá ser de:
   a) 13,83 °C   b) 13,86 °C   c) 13,92 °C   d) 13,89 °C

5. **(Unama-PA)** As funções reais $f(x) = x + 3$ e $g(x) = 5 - x$ estão representadas no gráfico abaixo.

   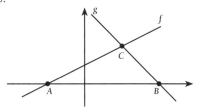

   Assim sendo, a área do triângulo ABC, em cm², mede:
   a) 4
   b) 12
   c) 16
   d) 24

6. (UFG-GO) O gráfico apresentado a seguir mostra como o comprimento, L, de uma barra metálica varia em função da temperatura, θ.

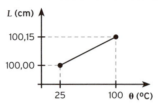

Um recipiente feito desse mesmo metal, inicialmente à temperatura ambiente de 25 °C, é aquecido. Para que o volume do recipiente aumente 0,3%, a variação de temperatura necessária, em graus Celsius, é de:

a) 1,5
b) 37,5
c) 50
d) 75
e) 150

7. (UFMG) Elenice possui um carro flex, isto é, que funciona com uma mistura de gasolina e etanol no tanque em qualquer proporção. O tanque desse veículo comporta 50 L e o rendimento médio dele pode ser auferido no gráfico abaixo, formado por segmentos de reta.

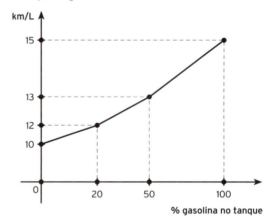

Nesse gráfico estão indicados:
- no eixo horizontal, a proporção de gasolina presente no tanque;
- no eixo vertical, o rendimento do carro, em km/L.

Elenice vai fazer uma viagem, de ida e volta, nesse carro, da cidade A para a cidade B, que distam, uma da outra, 600 km.

a) Elenice sai de A com o tanque cheio apenas de gasolina. Determine quanto de gasolina ainda vai restar no tanque, quando ela chegar a B.
b) Ao chegar na cidade B, Elenice completa o tanque do carro com etanol. Na volta para A, a 300 km de B, ela resolve parar e completar o tanque, novamente com etanol. Determine quanto de etanol ela precisou colocar no tanque nessa parada.
c) Determine quanto ainda restava de combustível no tanque, quando Elenice chegou a A, na volta.

8. (Unifacs-BA) X e Y partem, no mesmo instante, dos pontos P e Q, respectivamente, e andam em linha reta, um em direção ao outro. Ao se encontrarem, X continua a caminhar no mesmo sentido, mas Y retorna ao seu ponto de partida, chegando 8 minutos antes de X.

Sabendo-se que ambos caminham a velocidades constantes e que a velocidade de X é $\frac{2}{3}$ da velocidade de Y, pode-se afirmar que o tempo gasto, do início da caminhada até se encontrarem, foi igual a:

a) 12 minutos
b) 13 minutos
c) 14 minutos
d) 15 minutos
e) 16 minutos

9. (Uerj) Em um determinado dia, duas velas foram acesas: a vela A às 15 horas e a vela B, 2 cm menor, às 16 horas. Às 17 horas desse mesmo dia, ambas tinham a mesma altura.

Observe o gráfico que representa as alturas de cada uma das velas em função do tempo a partir do qual a vela A foi acesa. Calcule a altura de cada uma das velas antes de serem acesas.

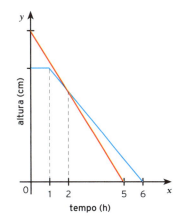

10. (UEA-AM) A tabela fornece os valores da função g para os valores correspondentes de t. A função g é definida em $\mathbb{R}$ e expressa por $g(t) = at + b$, onde a e b são números reais.

t	−1	0	1
g(t)	4	2	0

Desse modo, pode-se concluir que:
a) $g(t) = -\frac{1}{2}t + 1$
b) $g(t) = \frac{1}{2}t + 1$
c) $g(t) = -t + 1$
d) $g(t) = -t + 2$
e) $g(t) = -2t + 2$

11. (Unicamp-SP) Uma lâmpada incandescente de 100 W custa R$ 2,00. Já uma lâmpada fluorescente de 24 W, que é capaz de iluminar tão bem quanto a lâmpada incandescente de 100 W, custa R$ 13,40. Responda às questões a seguir, lembrando que, em uma hora, uma lâmpada de 100 W consome uma quantidade de energia equivalente a 100 Wh, ou 0,1 kWh. Em seus cálculos, considere que 1 kWh de energia custa R$ 0,50.

a) Levando em conta apenas o consumo de energia, ou seja, desprezando o custo de aquisição da lâmpada, determine quanto custa manter uma lâmpada incandescente de 100 W acesa por 750 horas. Faça o mesmo cálculo para uma lâmpada fluorescente de 24 W.

b) Para iluminar toda a sua casa, João comprou e instalou apenas lâmpadas fluorescentes de 24 W. Fernando, por sua vez, comprou e instalou somente lâmpadas incandescentes de 100 W para iluminar sua casa. Considerando o custo de compra de cada lâmpada e seu consumo de energia, determine em quantos dias Fernando terá gasto mais com iluminação que João. Suponha que cada lâmpada fica acesa 3 horas por dia. Suponha, também, que as casas possuem o mesmo número de lâmpadas.

12. (UFSCar-SP) O gráfico esboçado representa o peso médio, em quilogramas, de um animal de determinada espécie em função do tempo de vida t, em meses.

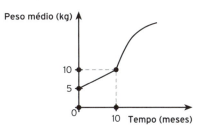

a) Para $0 \leq t \leq 10$ o gráfico é um segmento de reta. Determine a expressão da função cujo gráfico é esse segmento de reta e calcule o peso médio do animal com 6 meses de vida.

b) Para $t \geq 10$ meses a expressão da função que representa o peso médio do animal, em quilogramas, é $P(t) = \dfrac{120t - 1\,000}{t + 10}$.

Determine o intervalo de tempo t para o qual $10 < P(t) < 70$.

Função quadrática

Função quadrática é toda função $f: \mathbb{R} \to \mathbb{R}$ da forma $f(x) = ax^2 + bx + c$, em que a, b e c são números reais e $a \neq 0$.

Os números a, b e c são as **constantes** da função.

Os **zeros** de uma função quadrática são os valores de x que anulam $f(x)$. Graficamente, os zeros de uma função quadrática são as abscissas dos pontos, em que o gráfico dessa função corta o eixo x. Se existirem esses zeros, serão dados por $x_1 = \dfrac{-b + \sqrt{\Delta}}{2a}$ e $x_2 = \dfrac{-b - \sqrt{\Delta}}{2a}$, em que $\Delta = b^2 - 4ac$.

O valor Δ é o **discriminante** da função quadrática, pois conhecendo seu valor é possível concluir quantos zeros a função tem.
- Se $\Delta > 0$, então a função tem dois zeros reais distintos.
- Se $\Delta = 0$, então a função tem um zero real duplo.
- Se $\Delta < 0$, então a função não tem zeros reais.

Representação gráfica de uma função quadrática

O **gráfico** de uma função quadrática é uma curva denominada **parábola**.

Elementos

A figura ao lado mostra a parábola, em azul, que representa a função dada por $y = x^2 - 2x - 1$.
- Concavidade da parábola: para cima
- Intersecção da parábola com o eixo x (zeros da função): x_1 e x_2
- Eixo de simetria da parábola: reta $x = 1$
- Coordenadas do vértice da parábola: $\left(-\dfrac{b}{2a}, -\dfrac{\Delta}{4a}\right)$
- Intersecção da parábola com o eixo y: $(0, c)$

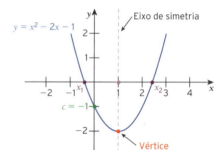

Estudo do sinal de uma função quadrática

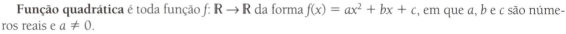

	$\Delta > 0$ Dois zeros reais distintos	$\Delta = 0$ Um zero real duplo	$\Delta < 0$ Nenhum zero real
$a > 0$ Concavidade para cima	Se $x < x_1$ ou $x > x_2$, então $f(x) > 0$. Se $x = x_1$ ou $x = x_2$, então $f(x) = 0$. Se $x_1 < x < x_2$, então $f(x) < 0$.	Se $x = x_1$, então $f(x) = 0$. Se $x \neq x_1$, então $f(x) > 0$.	Se $x \in \mathbb{R}$, então $f(x) > 0$.
$a < 0$ Concavidade para baixo	Se $x < x_1$ ou $x > x_2$, então $f(x) < 0$. Se $x = x_1$ ou $x = x_2$, então $f(x) = 0$. Se $x_1 < x < x_2$, então $f(x) > 0$.	Se $x = x_1$, então $f(x) = 0$. Se $x \neq x_1$, então $f(x) < 0$.	Se $x \in \mathbb{R}$, então $f(x) < 0$.

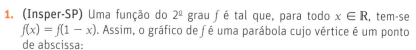

Questões

1. (Insper-SP) Uma função do 2º grau f é tal que, para todo $x \in \mathbb{R}$, tem-se $f(x) = f(1 - x)$. Assim, o gráfico de f é uma parábola cujo vértice é um ponto de abscissa:

a) $\frac{1}{4}$ b) $\frac{1}{2}$ c) 1 d) 2 e) 4

2. (UEL-PR) O óxido de potássio, K_2O, é um nutriente usado para melhorar a produção em lavouras de cana-de-açúcar. Em determinada região, foram testadas três dosagens diferentes do nutriente e, neste caso, a relação entre a produção de cana e a dosagem do nutriente se deu conforme mostra a tabela a seguir.

Dose do nutriente (kg/hectare)	Produção de cana-de-açúcar (toneladas/hectare)
0	42
70	56
140	61

Considerando que a produção de cana-de-açúcar por hectare em função da dose de nutriente pode ser descrita por uma função do tipo $y(x) = ax^2 + bx + c$, determine a quantidade de nutriente por hectare que maximiza a produção de cana-de-açúcar por hectare. [...]

3. (FGV-SP) Um número real x, $10 \leq x \leq 110$ é tal que $(x - 10)\%$ da diferença entre 14 e x, nessa ordem, é igual ao número real y.

Nessas condições, o valor máximo que y pode assumir é:

a) $\frac{1}{20}$

b) $\frac{1}{21}$

c) $\frac{1}{24}$

d) $\frac{1}{25}$

e) $\frac{1}{27}$

4. (Mackenzie-SP) Na figura, estão representados os gráficos das funções $f(x) = x^2 - 2x - 3$ e $g(x) = 3x + 11$.

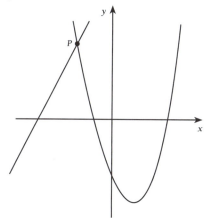

A soma da abscissa do ponto P com o valor mínimo de $f(x)$ é:

a) 1,5 b) −5 c) −2 d) −6 e) 0,5

5. (PUC-SP) Suponha que no século XVI, $(n - 23)$ anos antes do ano n^2, Leonardo da Vinci pintou o famoso quadro Mona Lisa.

Se Leonardo nasceu em 1452 e morreu em 1519, então quantos anos ele tinha ao pintar esse quadro?

a) 59 b) 56 c) 55 d) 53 e) 51

6. (Fuvest-SP) Para cada número real m, considere a função quadrática $f(x) = x^2 + mx + 2$. [...]
   a) Determine, em função de m, as coordenadas do vértice da parábola de equação $y = f(x)$.
   b) Determine os valores de $m \in \mathbb{R}$ para os quais a imagem de f contém o conjunto $\{y \in \mathbb{R} : y \geq 1\}$.
   c) Determine o valor de m para o qual a imagem de f é igual ao conjunto $\{y \in \mathbb{R} : y \geq 1\}$ e, além disso, f é crescente no conjunto $\{x \in \mathbb{R} : x \geq 0\}$.
   d) Encontre, para a função determinada pelo valor de m do item **c** e para cada $y \geq 2$, o único valor de $x \geq 0$ tal que $f(x) = y$.

7. (FGV-SP) A função quadrática $f(x) = 16x - x^2$ definida no domínio dado pelo intervalo $[0, 7]$ tem imagem máxima igual a:
   a) 64
   b) 63,5
   c) 63
   d) 62,5
   e) 62

8. (Unicamp-SP) Durante um torneio paraolímpico de arremesso de peso, um atleta teve seu arremesso filmado. Com base na gravação, descobriu-se a altura (y) do peso em função de sua distância horizontal (x), medida em relação ao ponto de lançamento. Alguns valores da distância e da altura são fornecidos na tabela a seguir.

Distância (m)	Altura (m)
1	2,0
2	2,7
3	3,2

Seja $y(x) = ax^2 + bx + c$ a função que descreve a trajetória (parabólica) do peso,
   a) determine os valores de a, b e c.
   b) calcule a distância total alcançada pelo peso nesse arremesso.

9. (EPCAr-MG) Um cabo de suspensão de uma ponte tem a forma de uma parábola, e seu ponto mais baixo está a 2,0 m acima do piso da ponte. A distância do piso da ponte em relação à superfície da baía é de 83,7 m. O cabo passa sobre as torres de sustentação, distantes 1 200,0 m entre si, numa altura de 265,7 m acima da baía e é ligado ao piso da ponte por hastes rígidas perpendiculares a ela.

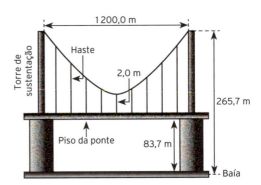

O comprimento de cada uma das hastes que ligam o cabo à ponte, distantes 50,0 m do centro da ponte é, em metros, igual a:
   a) 1,25
   b) 3,00
   c) 3,25
   d) 3,50

10. (Unimontes-MG) Um mergulhador quer resgatar a caixa preta de um avião que caiu em um rio. Como havia um pouco de correnteza, a trajetória descrita pelo mergulhador foi como na figura abaixo.

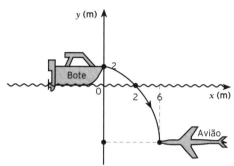

Sabendo-se que a distância, na horizontal, do bote de resgate ao local onde está a caixa é de 6 m e que a trajetória do mergulhador é descrita pela função dada por $f(x) = -\frac{1}{4}x^2 - \frac{1}{2}x + 2$, a profundidade que o mergulhador terá de alcançar será:
a) 9 m
b) 12 m
c) 10 m
d) 11 m

11. (Uern) Seja uma função do 2º grau $y = ax^2 + bx + c$, cujo gráfico está representado a seguir.

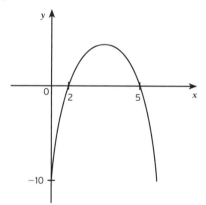

A soma dos coeficientes dessa função é:
a) -2
b) -3
c) -4
d) -6

12. (UEM-PR) O pregão da bolsa de valores de São Paulo se inicia às 10 h e é encerrado às 17 h. Supondo que em um dia de pregão o índice Ibovespa (em pontos) obedeceu à função $I(t) = -200t^2 + 800t + 68\,000$, em que t representa horas decorridas a partir da abertura do pregão, é correto afirmar que:
[A resposta será a soma dos números associados às alternativas corretas.]
01. o pregão se encerrou com queda entre 3% e 4%.
02. a diferença entre o valor máximo do índice no dia e o valor inicial foi maior do que 1% sobre o índice inicial.
04. às 14 h o índice Ibovespa ficou igual ao índice da abertura do pregão.
08. ao meio-dia o índice atingiu seu valor máximo.
16. o valor mínimo do índice ao longo do pregão foi de 65 000 pontos.

13. (Fatec-SP) Seja f a função quadrática, de $\mathbb{R}$ em $\mathbb{R}$, definida por $f(x) = (k+3) \cdot (x^2 + 1) + 4x$, na qual k é uma constante real.
Logo, $f(x) > 0$, para todo x real, se, e somente se:
a) $k > -3$
b) $k > -1$
c) $-3 < k < 1$
d) $k < 1$ ou $k > 5$
e) $k < -5$ ou $k > -1$

Função modular

Função definida por mais de uma sentença

Uma função f pode ser definida por várias sentenças, cada uma delas relativa a um intervalo do domínio da função f.

Exemplo

A função dada por $f(x) = \begin{cases} -x, \text{ se } x \leq -1 \\ x^2, \text{ se } -1 < x < 1 \\ x, \text{ se } x \geq 1 \end{cases}$

é definida pela sentença $-x$ para $x \leq -1$, pela sentença x^2 para $-1 < x < 1$ e pela sentença x para $x \geq 1$. Ao lado, tem-se a representação gráfica dessa função.

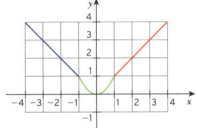

Módulo de um número real

O **valor absoluto**, ou **módulo**, de um número real x é igual a x, se x é positivo ou nulo; ou é igual a $-x$, se x é negativo.

Denota-se o valor absoluto de x por $|x|$. Então: $|x| = \begin{cases} x, \text{ se } x \geq 0 \\ -x, \text{ se } x < 0 \end{cases}$

Observações

- Para todo número real x, tem-se $|x|^2 = x^2$.
- Sendo a um número real não negativo, como $\sqrt{a}$ indica a raiz quadrada positiva de a, pode-se provar que $\sqrt{x^2} = |x|$.

Função modular

Função modular é uma função que associa cada número real de seu domínio ao módulo desse número.

Denota-se uma função modular f por $f: \mathbb{R} \to \mathbb{R}$, tal que: $f(x) = |x|$ ou $f(x) = \begin{cases} x, \text{ se } x \geq 0 \\ -x, \text{ se } x < 0 \end{cases}$

Representação gráfica

A seguir tem-se a representação gráfica de $f(x) = |x| \Leftrightarrow$

$\Leftrightarrow f(x) = \begin{cases} x, \text{ se } x \geq 0 \\ -x, \text{ se } x < 0 \end{cases}$

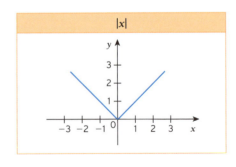

Equação e inequação modular

Sendo f e g duas funções e k um número real positivo, têm-se:

	Equação modular	Inequação modular
Definição	Equação modular é uma equação que apresenta a incógnita entre módulos.	Inequação modular é uma inequação que apresenta a incógnita entre módulos.
Propriedades	I. $\|f(x)\| = k \; (k > 0) \Leftrightarrow f(x) = k$ ou $f(x) = -k$ II. $\|f(x)\| = \|g(x)\| \Leftrightarrow f(x) = g(x)$ ou $f(x) = -g(x)$	I. $\|f(x)\| < k \Leftrightarrow -k < f(x) < k$ II. $\|f(x)\| > k \Leftrightarrow f(x) < -k$ ou $f(x) > k$
Observações	▪ $\|f(x)\| = k \; (k < 0) \Rightarrow S = \emptyset$ ▪ $\|f(x)\| = 0 \Leftrightarrow f(x) = 0$	▪ $\|f(x)\| < 0 \Rightarrow S = \emptyset$ ▪ $\|f(x)\| \geq 0 \Leftrightarrow S = \mathbb{R}$

Questões

1. (Unimontes-MG) Considere uma função $f: \mathbb{R} \to \mathbb{R}$, cujo gráfico está esboçado abaixo.

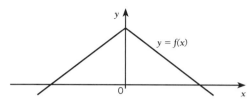

Então, o esboço do gráfico da função $g: \mathbb{R} \to \mathbb{R}$, definida por $g(x) = |f(x)|$, é:

a)
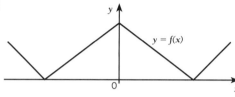

b)
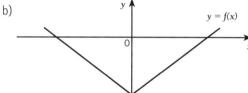

c)
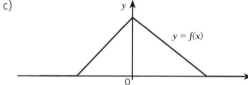

d)
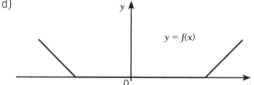

2. (ITA-SP) O produto das raízes reais da equação $|x^2 - 3x + 2| = |2x - 3|$ é igual a:

a) -5 b) -1 c) 1 d) 2 e) 5

3. (UTFPR) Considere a função f de $\mathbb{R}$ em $\mathbb{R}$ definida por $f(x) = |x + 1|$. O valor de x tal que $f(x + 1) = f(x - 1)$ é:

a) -2 b) -1 c) 0 d) 1 e) 2

4. (Ufam) O conjunto solução de $|3x - 5| \geq 2x - 2$ é o conjunto:

a) $\left(-\infty, \dfrac{7}{5}\right] \cup [3, +\infty)$ c) $\left(-\infty, \dfrac{7}{5}\right)$ e) $\left(\dfrac{7}{5}, 3\right)$

b) $\left(\infty, -3\right] \cup \left[\dfrac{7}{5}, +\infty\right)$ d) $(3, +\infty)$

5. (CN-RJ) No conjunto dos números reais, o conjunto solução da equação $\sqrt[4]{(2x + 1)^4} = 3x + 2$:

a) é vazio.
b) é unitário.
c) possui dois elementos.
d) possui três elementos.
e) possui quatro elementos.

Função exponencial e função logarítmica

Potenciação

Seja a um número real não nulo e n um número natural, ambos não nulos simultaneamente, a **potência** a^n de base a e expoente n é definida por:

$$a^n \begin{cases} 1, \text{ se } n = 0 \\ a, \text{ se } n = 1 \\ \underbrace{a \cdot a \cdot a \cdots a}_{n \text{ vezes}}, \text{ se } n \geq 2 \end{cases}$$

Essa definição pode ser estendida para $n \in \mathbb{R}$, tomando-se $a > 0$.

Propriedades

Sendo $a > 0$, $a \in \mathbb{R}$, $b \in \mathbb{R}$, $m \in \mathbb{R}$ e $n \in \mathbb{R}$, têm-se:

I. $a^m \cdot a^n = a^{m+n}$

II. $\dfrac{a^m}{a^n} = a^{m-n}$

III. $(a^m)^n = a^{m \cdot n}$

IV. $(a \cdot b)^n = a^n \cdot b^n$

V. $\left(\dfrac{a}{b}\right)^n = \dfrac{a^n}{b^n}$, $b \neq 0$

VI. $\sqrt[n]{a^m} = a^{\frac{m}{n}}$

VII. $a^{-n} = \dfrac{1}{a^n}$

Função exponencial

Seja a um número real positivo e diferente de 1.
A **função exponencial** de base a é toda função $f: \mathbb{R} \to \mathbb{R}_+$ da forma $f(x) = a^x$.

Representação gráfica

A tabela abaixo mostra as possibilidades do gráfico de uma função exponencial, dependendo do sinal do **coeficiente** a.

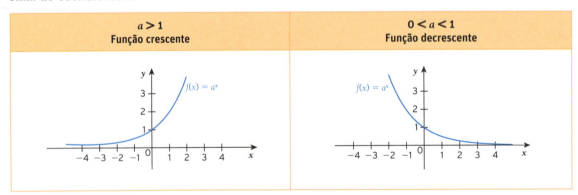

Equação e inequação exponencial

Sendo f e g duas funções e a um número real positivo e diferente de 1, têm-se:

	Equação exponencial	Inequação exponencial
Definição	Equação exponencial é uma equação que apresenta a incógnita no expoente.	Inequação exponencial é uma inequação que apresenta a incógnita no expoente.
Propriedade	$a^{f(x)} = a^{g(x)} \Leftrightarrow f(x) = g(x)$	Para $a > 1$: $a^{f(x)} > a^{g(x)} \Leftrightarrow f(x) > g(x)$ Para $0 < a < 1$: $a^{f(x)} > a^{g(x)} \Leftrightarrow f(x) < g(x)$

Logaritmo

Sejam a e b dois números reais positivos, com a diferente de 1.
O **logaritmo** de a na base b é o número real x, tal que b elevado a x resulta a.
Denota-se o logaritmo de a na base b por $\log_b a$; a é o **logaritmando**:
$\log_b a = x \Leftrightarrow b^x = a$.

Consequências da definição	Propriedades operatórias
I. $\log_b 1 = 0$ II. $\log_b b = 1$ III. $\log_b b^n = n$ IV. $b^{\log_b a} = a$ V. $\log_b x = \log_b y \Leftrightarrow x = y$	I. $\log_b(x \cdot y) = \log_b x + \log_b y$ II. $\log_b\left(\dfrac{x}{y}\right) = \log_b x - \log_b y$ III. $\log_b x^n = n \cdot \log_b x$ IV. $\log_b a = \dfrac{\log_c a}{\log_c b}$ V. $\log_{b^n} a = \dfrac{1}{n} \cdot \log_b a$

Logaritmo natural

O **logaritmo natural** é todo logaritmo cuja base é o número irracional e.

O número irracional e é obtido pela potência $\left(1 + \dfrac{1}{n}\right)^n$ quando n aumenta indefinidamente; seu valor se aproxima de 2,718 281 828 459.

Função logarítmica

Seja b um número real positivo e diferente de 1.
A **função logarítmica** de base b é toda função $f: \mathbb{R}_+ \to \mathbb{R}$ da forma $f(x) = \log_b x$.

Representação gráfica

A tabela mostra as possibilidades do gráfico de uma função logarítmica, dependendo do sinal da base b.

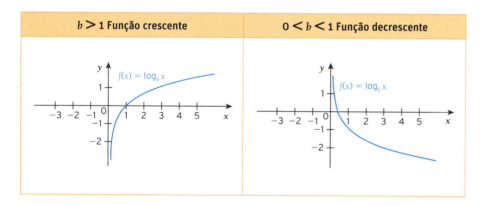

Equação e inequação logarítmica

Sendo f e g duas funções e b um número real positivo e diferente de 1, satisfeitas as condições para a existência dos logaritmos abaixo, têm-se:

	Equação logarítmica	Inequação logarítmica
Definição	Equação logarítmica é uma equação que apresenta a incógnita no logaritmando ou na base de um logaritmo.	Inequação logarítmica é uma inequação que apresenta a incógnita no logaritmando ou na base de um logaritmo.
Propriedade	$\log_b f(x) = \log_b g(x) \Leftrightarrow f(x) = g(x)$	Para $b > 1$: $\log_b f(x) > \log_b g(x) \Leftrightarrow f(x) > g(x)$ Para $0 < b < 1$: $\log_b f(x) > \log_b g(x) \Leftrightarrow f(x) < g(x)$

Questões

1. **(Fuvest-SP)** Seja $f(x) = a + 2^{bx + c}$, em que a, b e c são números reais. A imagem de f é a semirreta $]-1, \infty[$ e o gráfico de f intercepta os eixos coordenados nos pontos $(1, 0)$ e $\left(0, -\dfrac{3}{4}\right)$. Então, o produto abc vale:

   a) 4   c) 0   e) -4
   b) 2   d) -2

2. **(UFF-RJ)** O gráfico da função exponencial f, definida por $f(x) = k \cdot a^x$, foi construído utilizando-se o programa de geometria dinâmica gratuito GeoGebra (http://www.geogebra.org), conforme mostra a figura abaixo:

   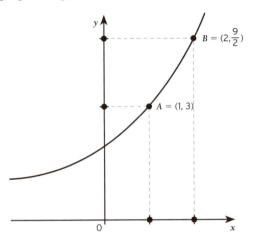

   Sabe-se que os pontos A e B, indicados na figura, pertencem ao gráfico de f. Determine:

   a) Os valores das constantes a e k.
   b) $f(0)$ e $f(3)$

3. **(Unicamp-SP)** Em uma xícara que já contém certa quantidade de açúcar, despeja-se café. A curva a seguir representa a função exponencial $M(t)$, que fornece a quantidade de açúcar não dissolvido (em gramas), t minutos após o café ser despejado.

   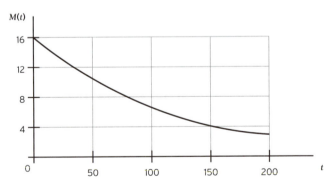

   Pelo gráfico, podemos concluir que:

   a) $M(t) = 2^{4 - \frac{t}{75}}$

   b) $M(t) = 2^{4 - \frac{t}{50}}$

   c) $M(t) = 2^{5 - \frac{t}{50}}$

   d) $M(t) = 2^{5 - \frac{t}{150}}$

4. **(PUC-MG)** O valor de certo equipamento, comprado por R$ 60 000,00, é reduzido à metade a cada 15 meses. Assim, a equação $V(t) = 60\,000 \cdot 2^{-\frac{t}{15}}$, onde t é o tempo de uso em meses e $V(t)$ é o valor em reais, representa a variação do valor desse equipamento.

Com base nessas informações, é correto afirmar que o valor do equipamento após 45 meses de uso será igual a:
a) R$ 3 750,00
b) R$ 7 500,00
c) R$ 10 000,00
d) R$ 20 000,00

5. **(FGV-SP)** O valor de um carro decresce exponencialmente, de modo que seu valor, daqui a x anos, será dado por $V = Ae^{-kx}$, em que $e = 2,7182...$. Hoje, o carro vale R$ 40 000,00 e daqui a 2 anos valerá R$ 30 000,00.

Nessas condições, o valor do carro daqui a 4 anos será:
a) R$ 17 500,00
b) R$ 20 000,00
c) R$ 22 500,00
d) R$ 25 000,00
e) R$ 27 500,00

6. **(UFRRJ)** Considere que num recipiente, no instante $t = 0$, um número N_0 de bactérias está se reproduzindo normalmente. É aceito cientificamente que o número de bactérias num certo instante $t > 0$ é dado pela equação $N(t) = N_0 K^t$, sendo $N(t)$ o número de bactérias no instante t e K uma constante que depende do tipo de bactéria.

Suponhamos que, num certo instante, observou-se que havia 200 bactérias no recipiente reproduzindo-se normalmente. Passadas 12 horas, havia 600 bactérias.

Após 48 horas do início da observação, quantas bactérias existirão?

7. **(UFSC)** Assinale a(s) proposição(ões) correta(s).

   [A resposta será a soma dos números associados às alternativas corretas.]

   01. Suponha que a decomposição de uma substância siga a lei dada por $Q(t) = k \cdot 2^{-0,2t}$, em que k é uma constante positiva e $Q(t)$ é a quantidade da substância (em gramas) no instante t (em minutos). O valor de t_0, em minutos, considerando os dados desse processo de decomposição mostrados no gráfico a seguir, é 15.

   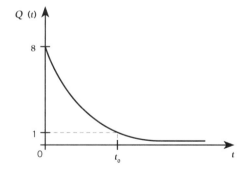

   02. Zero é o menor número real cuja soma com o próprio quadrado é igual ao próprio cubo.

   04. Para a função $f(x) = \begin{cases} x + 1, \text{ se } 0 \leq x \leq 2 \\ 5 - x, \text{ se } 2 < x \leq 5 \end{cases}$, a área da região limitada pelos eixos coordenados ($x = 0$ e $y = 0$) e pelo gráfico de f é 8,5 unidades de área.

   08. Se a receita mensal de uma loja de bonés é representada por $R(x) = -200(x - 10)(x - 15)$ reais, na qual x é o preço de venda de cada boné ($10 \leq x \leq 15$), então a receita máxima será de R$ 2 500,00.

8. (UEPG-PR) Assinale a alternativa correta.
a) Se $f(x) = 10^x$, então $f(\sqrt{2}) < f(1)$
b) Se $f(x) = \left(\frac{1}{4}\right)^x$, então $f(0) < f(1)$
c) Se $f(x) = 2^x$, então $f\left(-\frac{1}{2}\right) > f\left(-\frac{3}{2}\right)$
d) A função $f(x) = 5^{-x}$ é crescente
e) A função $f(x) = 3^{\frac{x}{2}}$ é decrescente

9. (ESPM-SP) O valor de y no sistema:
$$\begin{cases} (0{,}2)^{5x+y} = 5 \\ (0{,}5)^{2x-y} = 2 \end{cases}$$
é igual a:
a) $-\frac{5}{2}$
b) $\frac{2}{7}$
c) $-\frac{2}{5}$
d) $\frac{3}{5}$
e) $\frac{3}{7}$

10. (UFSM-RS) Sabe-se que as equações são expressões matemáticas que definem uma relação de igualdade. Dessa forma, dadas as funções $f(x) = \frac{1}{(9^{x-1})}$ e $h(x) = 3^{x+1}$, para que seus gráficos tenham um ponto em comum, deve existir um valor de x, de modo que as imagens desse valor, pelas duas funções, coincidam. Isso ocorre no ponto:

a) $(1, -1)$

b) $(-1, 1)$

c) $(3, 81)$

d) $\left(\frac{1}{3}, \frac{4}{3}\right)$

e) $\left(\frac{1}{3}, 3\sqrt[3]{3}\right)$

11. (UTFPR) A soma de todas as soluções da equação $\frac{2^{2x+1} + 2^{x+3}}{3 \cdot 2^{x+1} + 2^2} - 1 = 0$ é:
a) 0
b) -1
c) 1
d) $\varnothing$
e) 3

12. (Unifesp) Sob determinadas condições, o antibiótico gentamicina, quando ingerido, é eliminado pelo organismo à razão de metade do volume acumulado a cada 2 horas. Daí, se K é o volume da substância no organismo, pode-se utilizar a função $f(t) = K \cdot \left(\frac{1}{2}\right)^{\frac{t}{2}}$ para estimar a sua eliminação depois de um tempo t, em horas.
Neste caso, o tempo mínimo necessário para que uma pessoa conserve no máximo 2 mg desse antibiótico no organismo, tendo ingerido 128 mg numa única dose, é de:
a) 12 horas e meia.
b) 12 horas.
c) 10 horas e meia.
d) 8 horas.
e) 6 horas.

13. (Unimontes-MG) Se $4^x - 4^{x-1} = 24$, então $(2x)^x$ é igual a:
a) $\frac{5}{2}$
b) $25\sqrt{5}$
c) $5\sqrt{5}$
d) 125

14. (Fuvest-SP) A magnitude de um terremoto na escala Richter é proporcional ao logaritmo, na base 10, da energia liberada pelo abalo sísmico. Analogamente, o pH de uma solução aquosa é dado pelo logaritmo, na base 10, do inverso da concentração de íons H⁺.

Considere as seguintes afirmações:

I. O uso do logaritmo nas escalas mencionadas justifica-se pelas variações exponenciais das grandezas envolvidas.

II. A concentração de íons H⁺ de uma solução ácida com pH 4 é 10 mil vezes maior que a de uma solução alcalina com pH 8.

III. Um abalo sísmico de magnitude 6 na escala Richter libera duas vezes mais energia que outro, de magnitude 3.

Está correto o que se afirma somente em:

a) I
b) II
c) III
d) I e II
e) I e III

15. (Mackenzie-SP) O pH do sangue humano é calculado por pH = $\log\left(\frac{1}{x}\right)$, sendo x a molaridade dos íons H_3O^+. Se essa molaridade for dada por $4,0 \cdot 10^{-8}$ e, adotando-se log 2 = 0,30, o valor desse pH será:

a) 7,20
b) 4,60
c) 6,80
d) 4,80
e) 7,40

16. (Fuvest-SP) Uma substância radioativa sofre desintegração ao longo do tempo, de acordo com a relação $m(t) = ca^{-kt}$, em que a é um número real positivo, t é dado em anos, $m(t)$ é a massa da substância em gramas e c e k são constantes positivas. Sabe-se que m_0 gramas dessa substância foram reduzidos a 20% em 10 anos. A que porcentagem de m_0 ficará reduzida a massa da substância, em 20 anos?

a) 10%
b) 5%
c) 4%
d) 3%
e) 2%

17. (Unifesp) A figura refere-se a um sistema cartesiano ortogonal em que os pontos de coordenadas (a, c) e (b, c), com $a = \frac{1}{\log_5 10}$, pertencem aos gráficos de $y = 10^x$ e $y = 2^x$, respectivamente.

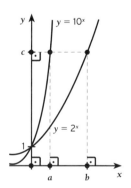

A abscissa b vale:

a) 1
b) $\frac{1}{\log_3 2}$
c) 2
d) $\frac{1}{\log_5 2}$
e) 3

18. (ITA-SP) Analise se a função $f: \mathbb{R} \to \mathbb{R}$, $f(x) = \frac{3^x - 3^{-x}}{2}$ é bijetora e, em caso afirmativo, determine a função inversa f^{-1}.

19. (UFF-RJ) Considere o seguinte modelo para o crescimento de determinada população de caramujos em uma região: "A cada dia o número de caramujos é igual a $\frac{3}{2}$ do número de caramujos do dia anterior."

Suponha que a população inicial seja de 1 000 caramujos e que n seja o número de dias transcorridos a partir do início da contagem dos caramujos. O gráfico que melhor representa a quantidade Q de caramujos presentes na região em função de n é o da opção:

a)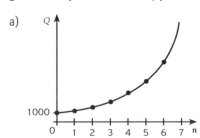

d)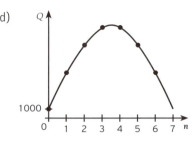

b)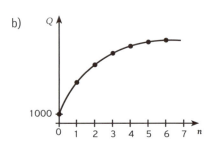

e)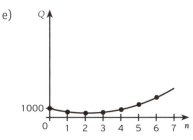

c)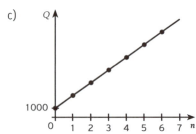

20. (Uern) O produto entre o maior número inteiro negativo e o menor número inteiro positivo que pertence ao domínio da função $f(x) = \log_3(x^2 - 2x - 15)$ é:

a) -24
b) -15
c) -10
d) -8

21. (Unicamp-SP) Para certo modelo de computadores produzidos por uma empresa, o percentual dos processadores que apresentam falhas após T anos de uso é dado pela seguinte função:

$$P(T) = 100\,(1 - 2^{-0,1T})$$

a) Em quanto tempo 75% dos processadores de um lote desse modelo de computadores terão apresentado falhas?

b) Os novos computadores dessa empresa vêm com um processador menos suscetível a falhas. Para o modelo mais recente, embora o percentual de processadores que apresentam falhas também seja dado por uma função na forma $Q(T) = 100\,(1 - 2^{cT})$, o percentual de processadores defeituosos após 10 anos de uso equivale a $\frac{1}{4}$ do valor observado, nesse mesmo período, para o modelo antigo (ou seja, o valor obtido empregando-se a função $P(T)$ acima). Determine, nesse caso, o valor da constante c. Se necessário, utilize $\log_2(7) \cong 2{,}81$.

22. (UFSCar-SP) Um forno elétrico estava em pleno funcionamento quando ocorreu uma falha de energia elétrica, que durou algumas horas. A partir do instante em que ocorreu a falha, a temperatura no interior do forno pôde ser expressa pela função $T(t) = 2^t + 400 \cdot 2^{-t}$, com t em horas, $t \geq 0$, e a temperatura em graus Celsius.
a) Determine as temperaturas do forno no instante em que ocorreu a falha de energia elétrica e uma hora depois.
b) Quando a energia elétrica voltou, a temperatura no interior do forno era de 40 graus. Determine por quanto tempo houve falta de energia elétrica. (Use a aproximação $\log_2 5 = 2{,}3$.)

23. (Unesp) A função $f(x) = 500 \cdot \left(\dfrac{5}{4}\right)^{\frac{x}{10}}$, com x em anos, fornece aproximadamente o consumo anual de água no mundo, em km³, em algumas atividades econômicas, do ano 1900 ($x = 0$) ao ano 2000 ($x = 100$). Determine, utilizando essa função, em que ano o consumo de água quadruplicou em relação ao registrado em 1900. Use as aproximações $\log 2 = 0{,}3$ e $\log 5 = 0{,}7$.

24. (Fatec-SP) Seja a função $f: \mathbb{R} \to \mathbb{R}_+^*$ definida por $f(x) = \log_{10} x - \log_{10}\left(\dfrac{x^3}{10^4}\right)$.
A abscissa do ponto de intersecção do gráfico de f com a reta de equação $y - 2 = 0$ é:
a) 10^{-7}
b) 10^{-3}
c) 10
d) 10^2
e) 10^4

25. (FGV-SP) Considere o gráfico das funções reais $f(x) = 2\log x$ e $g(x) = \log 2x$, nos seus respectivos domínios de validade. A respeito dos gráficos de f e g, é correto afirmar que:
a) não se interceptam.
b) se interceptam em apenas um ponto.
c) se interceptam em apenas dois pontos.
d) se interceptam em apenas três pontos.
e) se interceptam em infinitos pontos.

26. (Fuvest-SP) Tendo em vista as aproximações $\log_{10} 2 \cong 0{,}30$, $\log_{10} 3 \cong 0{,}48$, então o maior número inteiro n, satisfazendo $10^n \leq 12^{418}$, é igual a:
a) 424
b) 437
c) 443
d) 451
e) 460

27. (FGV-SP) A reta definida por $x = k$, com k real, intersecta os gráficos de $y = \log_5 x$ e $y = \log_5(x + 4)$ em pontos de distância $\dfrac{1}{2}$ um do outro. Sendo $k = p + \sqrt{q}$, com p e q inteiros, então $p + q$ é igual a:
a) 6
b) 7
c) 8
d) 9
e) 10

28. (Unifesp) Uma das raízes da equação $2^{2x} - 8 \cdot 2^x + 12 = 0$ é $x = 1$. A outra raiz é:
a) $1 + \log_{10}\left(\dfrac{3}{2}\right)$
b) $1 + \left(\dfrac{\log_{10} 3}{\log_{10} 2}\right)$
c) $\log_{10} 3$
d) $\dfrac{(\log_{10} 6)}{2}$
e) $\log_{10}\left(\dfrac{3}{2}\right)$

Noções de estatística e Matemática financeira

Pesquisa estatística

População é um conjunto formado de pessoas, objetos ou outros elementos que interessam a determinado estudo.

Amostra é qualquer subconjunto não vazio de uma população.

Variável é qualquer característica observável nos elementos de uma população ou de uma amostra dela. As variáveis são classificadas como:

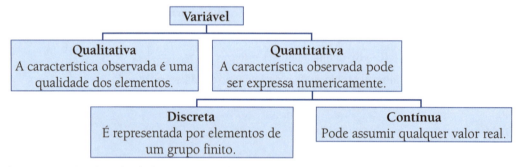

A **frequência absoluta (FA)** de uma variável é a quantidade de vezes que essa variável ocorre em uma pesquisa estatística. Já a **frequência relativa (FR)** de uma variável é a razão entre a quantidade de vezes que essa variável ocorre em uma pesquisa estatística e a quantidade total de resultados observados nessa pesquisa.

Representações gráficas

Os **gráficos estatísticos** são recursos utilizados para representar e organizar os dados de uma pesquisa estatística, pois facilitam a visualização e a percepção do comportamento desses dados. Os dados de uma pesquisa podem ser organizados pelos seguintes tipos de gráfico:

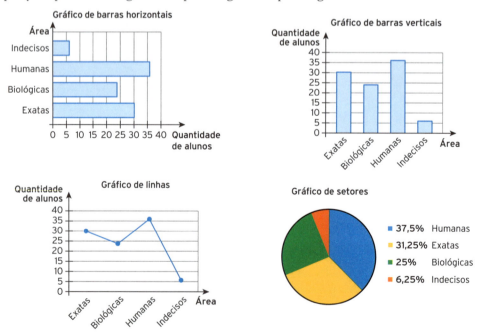

Esses tipos de gráfico podem ser utilizados tanto para variáveis qualitativas quanto para variáveis quantitativas. Para as variáveis quantitativas, também é possível representar as frequências absolutas e as relativas: o **histograma** é um gráfico de barras verticais, no qual o eixo das abscissas indica a variável observada e o eixo das ordenadas representa a frequência (absoluta ou relativa) dessa variável.

Razão e proporção

A **razão** entre dois números reais é o quociente entre eles.

Dados os números reais a e b, com $b \neq 0$, a razão entre a e b é o quociente $\frac{a}{b}$.

A **proporção** é uma igualdade entre duas razões.

Considere os números reais a, b, c e d, sendo $b \neq 0$ e $d \neq 0$. Se as razões $\frac{a}{b}$ e $\frac{c}{d}$ são iguais, então elas formam uma proporção: $\frac{a}{b} = \frac{c}{d}$.

Proporcionalidade direta	Proporcionalidade indireta
Os números reais não nulos a, b, c, d, ... são **diretamente proporcionais** aos números a', b', c', d', ... se e somente se: $$\frac{a}{a'} = \frac{b}{b'} = \frac{c}{c'} = \frac{d}{d'} = ... = k$$	Os números reais não nulos a, b, c, d, ... são **inversamente proporcionais** aos números a', b', c', d', ... se e somente se: $$\frac{a}{\frac{1}{a'}} = \frac{b}{\frac{1}{b'}} = \frac{c}{\frac{1}{c'}} = \frac{d}{\frac{1}{d'}} = ... k$$, ou seja, $$aa' = bb' = cc' = dd' = ... = k$$
Em que k é a **constante de proporcionalidade**.	

Porcentagem

Porcentagem, ou taxa percentual, é a razão entre um número real e o número 100.

Aumentos e **descontos sucessivos.** Considere V_i o valor inicial de um produto.

Após um **aumento** por uma taxa percentual i: $V_f = (1 + i) \cdot V_i$	Após um **desconto** por uma taxa percentual i: $V_f = (1 - i) \cdot V_i$

Exemplo
O valor de uma jaqueta era R$ 120,00 sofreu um aumento de 10%. No inverno seu preço aumentou 5%. No verão o preço teve um desconto de 15%. Quanto custava a jaqueta no verão?

Solução: Sendo V_f e V_i os valores final e inicial da jaqueta: $V_f = (1 + 0,10) \cdot (1 + 0,05) \cdot (1 - 0,15) \cdot V_i = 1,07525 \cdot V_i = 0,98175 \cdot 120 = 117,81$
A jaqueta custava R$ 117,81.

Relações comerciais: lucro e prejuízo

Sendo P_c, P_v e L o preço de custo, o preço de venda e o lucro de certa mercadoria, tem-se: $L = P_v - P_c$

Juros

Uma pessoa toma um empréstimo de um capital C por um período de tempo, após o qual ela devolve o capital C, acrescido de uma remuneração J, para compensar o empréstimo.

Juro simples	Juro composto
No regime de capitalização simples (juro simples), o juro gerado em cada período é constante e é igual ao produto do capital pela taxa de juros. Portanto, o valor pago pelos juros em cada período será dado por $J = C \cdot i$ e, assim, o montante M a ser pago após o período total t do empréstimo é dado por: $M = C \cdot (1 + i \cdot t)$	No regime de juro composto, o juro gerado em cada período é incidente sobre o montante do período anterior. Assim, o montante M a ser pago após o período total t do empréstimo é dado por: $M = C \cdot (1 + i)^t$
Em que C é o capital emprestado; t é o período do empréstimo; J são os juros, a remuneração devida pelo empréstimo; M é o valor total devolvido a quem fez o empréstimo, isto é, $M = C + J$; i é a taxa de juros aplicada ao capital C – essa taxa determina o valor dos juros J a pagar.	

Noções de estatística e Matemática financeira

Questões

1. **(PUC-MG)** Um dos indicadores usados para medir a inclusão digital da população de um país é o número de *hosts*, isto é, o número de computadores que estão conectados à internet. A tabela a seguir mostra a evolução do número de *hosts*, em milhares de unidades, nos três países que lideram o setor de tecnologia da informação na América Latina.

	2003	2004	2005	2006	2007
Brasil	2 238	3 163	3 935	5 095	7 422
Argentina	496	742	1 050	1 465	1 837
Colômbia	56	115	325	441	721

De acordo com os dados dessa tabela, os dois desses três países que apresentaram, respectivamente, o maior e o menor crescimento percentual no número de *hosts*, no período 2003-2007, foram:

a) Brasil e Colômbia.
b) Argentina e Brasil.
c) Colômbia e Argentina.
d) Colômbia e Brasil.

2. **(UFRGS-RS)** A lâmpada incandescente atravessou o século XX, mas, hoje, devido à preocupação com o aquecimento global, tende a se apagar. Nos anos 90, houve a expansão dos modelos compactos das lâmpadas fluorescentes; e, em 2008, foi patenteada a lâmpada LED.

O quadro abaixo apresenta os gastos estimados, ao longo de cinco anos, com o uso desses três tipos de lâmpadas, para uma casa com vinte lâmpadas.

	Incandescente	Fluorescente	LED
Investimento inicial com lâmpadas	R$ 36,00	R$ 700,00*	R$ 1 500,00
Potência média de consumo das lâmpadas	60 W	18 W	8 W
Consumo de energia	6 480 kWh	1 944 kWh	1 080 kWh
Lâmpadas queimadas	110	14	zero
Gasto com energia	R$ 2 628,00	R$ 778,00	R$ 348,00
Gasto com lâmpadas	R$ 195,00	R$ 140,00	zero
Total	R$ 2 859,00	R$ 1 618,00	R$ 1 848,00

*Inclui os reatores.

Adaptado de: *Veja*, 30 dez. 2009.

Com base nessas informações, considere as seguintes afirmações:

I. Quarenta lâmpadas incandescentes custam mais que uma lâmpada LED.
II. O consumo de energia de uma lâmpada LED equivale a $\frac{1}{6}$ do consumo de energia de uma lâmpada incandescente.
III. Em média, o tempo que uma lâmpada fluorescente leva para queimar é sete vezes maior que o tempo que uma incandescente leva para queimar.

Quais estão corretas?

a) Apenas I
b) Apenas II
c) Apenas III
d) Apenas I e II
e) Apenas II e III

56

3. **(Insper-SP)** O gráfico a seguir mostra as vendas bimestrais (V), em unidades monetárias, de um fabricante de sorvetes ao longo de três anos e meio.

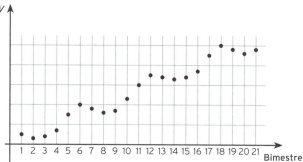

Se o bimestre 1 corresponde aos meses de março e abril de 2007, então, no período considerado, o bimestre em que as vendas atingiram seu maior valor corresponde aos meses de:

a) janeiro e fevereiro de 2009.
b) março e abril de 2009.
c) novembro e dezembro de 2009.
d) janeiro e fevereiro de 2010.
e) março e abril de 2010.

4. **(UFRGS-RS)** Muitos brasileiros acessam a internet de banda larga via celular. Abaixo, está indicado, em milhões de pessoas, o número de brasileiros com acesso à internet de banda larga, fixa ou móvel, desde o início do ano de 2007 até março de 2010, segundo dados publicados na imprensa.

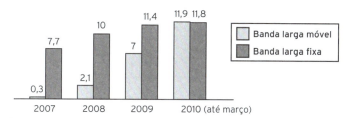

Com base nessas informações, é correto afirmar que:

a) o número de usuários da internet de banda larga fixa decresceu nesses anos.
b) o número de usuários de cada uma das duas bandas largas cresceu igualmente nesses anos.
c) menos de 4% dos usuários da banda larga usavam a banda larga móvel em 2007.
d) o número de usuários da banda larga móvel era 50% do número dos usuários da banda larga fixa em 2009.
e) o número de usuários da banda larga era menor que 23 milhões em março de 2010.

5. **(PUC-MG)** A tabela abaixo contém dados divulgados pela Controladoria Geral da União (CGU) sobre o número de processos abertos contra servidores federais no ano de 2007.

Razão da abertura do processo	Número de servidores
Uso do cargo público em benefício próprio	779
Improbidade administrativa	474
Abandono de cargo	242
Recebimento de propina (suborno)	141
Desvio de dinheiro público	140
Total	1 776

Com base nesses dados, é correto afirmar que a porcentagem de processos abertos devido ao uso do cargo público em benefício próprio, em relação ao total, é aproximadamente igual a:

a) 38%   b) 44%   c) 56%   d) 62%

6. **(UFPR)** O gráfico de setores a seguir ilustra como a massa de um homem de 80 kg está distribuída entre músculos, gordura, ossos e outros.

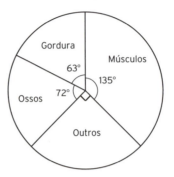

O ângulo de cada setor está mostrado em graus. Com base nesse gráfico, responda às perguntas:
a) Quantos quilogramas de músculos esse homem possui?
b) Juntos, gordura e ossos representam que percentual da massa desse homem?

7. **(Unesp)** O gráfico representa o consumo mensal de água em uma determinada residência no período de um ano. As tarifas de água para essa residência são dadas a seguir.

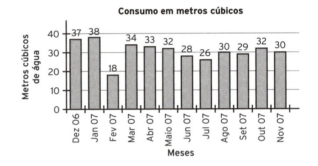

Faixa f (m³)	Tarifa (R$)
$0 \leq f \leq 10$	0,50
$10 < f \leq 20$	1,00
$20 < f \leq 30$	1,50
$30 < f \leq 40$	2,00

Assim, por exemplo, o gasto no mês de março, que corresponde ao consumo de 34 m³, em reais, é:
$10 \cdot 0{,}50 + 10 \cdot 1{,}00 + 10 \cdot 1{,}50 + 4 \cdot 2{,}00 = 38{,}00$
Vamos supor que essas tarifas tenham se mantido no ano todo. Note que nos meses de janeiro e fevereiro, juntos, foram consumidos 56 m³ de água e para pagar essas duas contas foram gastos X reais. O mesmo consumo ocorreu nos meses de julho e agosto, juntos, mas para pagar essas duas contas foram gastos Y reais. Determine a diferença $X - Y$.

8. **(ESPM-SP)** A composição de uma certa população, por faixa etária, é verificada na tabela abaixo:

Crianças (0 a 14 anos)	Jovens (15 a 24 anos)	Adultos (25 a 60 anos)	Idosos (+ de 60 anos)
32%	24%	38%	6%

Num gráfico de setores, o ângulo central correspondente à população de jovens medirá, aproximadamente,
a) 86°
b) 54°
c) 78°
d) 67°
e) 94°

9. (FGV-SP) Uma empresa desconta do salário anual de seus funcionários certa porcentagem para um plano de previdência privada. O desconto é de p% sobre R$ 28 000,00 de renda anual, mais $(p + 2)$% sobre o montante anual do salário que excede R$ 28 000,00.

João teve desconto total de $(p + 0,25)$% do seu salário anual para o plano de previdência privada. O salário anual de João, em reais, sem o desconto do plano de previdência é:
a) R$ 28 000,00
b) R$ 32 000,00
c) R$ 35 000,00
d) R$ 42 000,00
e) R$ 56 000,00

10. (Furb-SC) A tabela abaixo fornece dados sobre o número total de veículos emplacados circulando na cidade de Florianópolis no período de 2002 a 2011.

Frota de veículos na cidade de Florianópolis	
Ano	Total de veículos
2002	159 423
2003	178 339
2004	186 422
2005	196 768
2006	208 842
2007	223 442
2008	237 992
2009	254 942
2010	270 463
2011	281 116

Fonte: Detran-SC.

Segundo dados do IBGE, a população de Florianópolis em 2007 era de 396 723 habitantes, enquanto que em 2010 era de 421 203 habitantes.

Com base nessas informações, analise as seguintes afirmações:

I. O crescimento médio do número de veículos de 2003 a 2011 foi de 21 977,49.

II. O maior crescimento percentual na frota de veículos aconteceu no ano de 2002 para o ano de 2003.

III. Considerando os dados do IBGE e do Detran-SC, conclui-se que a taxa percentual de crescimento do número de veículos em Florianópolis seja aproximadamente 3,4 maior que a taxa de crescimento de habitantes da cidade.

Assinale a alternativa correta.
a) Apenas I e II estão corretas.
b) Apenas II e III estão corretas.
c) Apenas a afirmação III está correta.
d) Todas as afirmações estão corretas.

11. (Ufam) Duas irmãs, Júlia e Beatriz, têm uma conta poupança conjunta. Do total do saldo, Júlia tem 60% e Beatriz 40%. A mãe das meninas recebeu uma quantia extra em dinheiro e resolveu realizar um depósito exatamente igual ao saldo da caderneta. Por uma questão de justiça, a mãe disse às meninas que o depósito será dividido igualmente entre as duas.

Nessas condições, a participação de Beatriz no novo saldo:
a) aumentou para 50%.
b) aumentou para 45%.
c) permaneceu 40%.
d) diminuiu para 35%.
e) diminuiu para 30%.

12. (UCB-DF) Um automóvel, quando novo, tem seu preço fixado em R$ 28 000,00. Segundo pesquisas de mercado, esse automóvel sofre uma desvalorização média de 5% ao ano ao longo de sua vida útil.

Em relação ao valor desse automóvel, julgue os itens a seguir, assinalando (V) para os verdadeiros e (F) para os falsos.

a) O valor do automóvel, após um ano de uso, será igual a R$ 1 400,00.

b) Após dois anos de uso, o valor do automóvel será reduzido em dez por cento em relação ao inicial.

c) Os valores do automóvel, a cada ano de sua vida útil, constituem termos consecutivos de uma progressão aritmética.

d) Após três anos de uso, o valor do automóvel ainda será maior que R$ 24 000,00.

e) Com esse índice de desvalorização, o preço do automóvel jamais será reduzido a menos de R$ 1,00.

13. (Furb-SC)

Confaz reajusta preços – "A partir do dia 16 de abril o consumidor vai pagar mais caro pelo combustível. O Conselho Nacional de Política Fazendária, o Confaz, reajustou a planilha de preços. (...) O valor previsto para a gasolina é de R$ 2,86. Já para o álcool é de R$ 1,98; o *diesel* R$ 2,23. A maior alteração no valor foi no querosene para avião (QVA) que passa de R$ 2,03 para R$ 2,42 o litro."

Extraído de <http://www.reportermt.com.br/?p=direto_ao_ponto&rid=7594>. Acesso em: 25 abr. 2011.

Em relação ao enunciado, analise as afirmações a seguir.

I. Os R$ 0,39 a mais cobrados pelo litro do QVA representam um aumento superior a 20% em relação ao preço anterior desse combustível.

II. 1 m³ de *diesel* custará R$ 250,00 a mais que 1 m³ de álcool.

III. 20 litros de gasolina custarão 13% a mais que 20 litros de álcool.

Assinale a alternativa correta.

a) I e II estão corretas.

b) I e III estão corretas.

c) Apenas a II está correta.

d) Apenas a III está correta.

14. (Insper-SP) O preço de um produto na loja *A* é 20% maior do que na loja *B*, que ainda oferece 10% de desconto para pagamento à vista. Sérgio deseja comprar esse produto pagando à vista.

Nesse caso, para que seja indiferente para ele optar pela loja *A* ou pela *B*, o desconto oferecido pela loja *A* para pagamento à vista deverá ser de:

a) 10%

b) 15%

c) 20%

d) 25%

e) 30%

15. (FGV-SP) Em uma escola, a razão entre o número de alunos e o de professores é de 50 para 1. Se houvesse mais 400 alunos e mais 16 professores, a razão entre o número de alunos e o de professores seria de 40 para 1.

Podemos concluir que o número de alunos da escola é:

a) 1 000

b) 1 050

c) 1 100

d) 1 150

e) 1 200

16. (PUC-SP) Em março de 2011, a garrafa de 500 mL de suco de bujurandu custava R$ 5,00. Em abril, o valor subiu 10% e, em maio, caiu 10%. Qual o preço da garrafa em junho?
   a) R$ 4,50
   b) R$ 4,95
   c) R$ 5,00
   d) R$ 5,50
   e) R$ 6,00

17. (PUC-RJ) Em abril, João ganhava R$ 2 000,00 por mês. Em maio, ele ganhou um reajuste de 2% no salário e, em junho, foi promovido e ganhou um aumento de 8%. Qual o salário de João em julho?
   a) R$ 2 010,00
   b) R$ 2 203,20
   c) R$ 3 127,00
   d) R$ 2 200,00
   e) R$ 2 183,40

18. (UFMG) O preço de venda de determinado produto tem a seguinte composição: 60% referentes ao custo, 10% referentes ao lucro e 30% referentes a impostos.

Em decorrência da crise econômica, houve um aumento de 10% no custo desse produto, porém, ao mesmo tempo, ocorreu uma redução de 20% no valor dos impostos. Para aumentar as vendas do produto, o fabricante decidiu, então, reduzir seu lucro à metade.

É correto afirmar, portanto, que, depois de todas essas alterações, o preço do produto sofreu redução de:
   a) 5%
   b) 10%
   c) 11%
   d) 19%

19. (UEL-PR) Um comerciante pagou R$ 600,00 por 150 caixas de um produto. Em qual intervalo de valores deverá ser escolhido o valor V, de venda de cada caixa, para que o comerciante tenha um lucro entre R$ 150,00 e R$ 300,00?
   a) R$ 3,00 $< V <$ R$ 4,50
   b) R$ 4,00 $< V <$ R$ 5,00
   c) R$ 4,00 $< V <$ R$ 4,50
   d) R$ 5,00 $< V <$ R$ 6,00
   e) R$ 6,00 $< V <$ R$ 7,00

20. (UFMG) No início de cada ano escolar, a livraria Futura compra e vende livros didáticos usados. Para tanto, cada livro usado é comprado por $\frac{1}{4}$ do valor de capa do mesmo livro novo e vendido por $\frac{1}{3}$ do valor do livro novo.
   a) Determine o lucro obtido pela livraria Futura nesse processo de compra e venda de um livro usado de Matemática do 6º ano, que, novo, custa R$ 90,00.
   b) Considerando esse processo de compra e venda de um livro usado qualquer, determine o lucro percentual, referente ao preço do mesmo livro, novo, obtido pela livraria Futura.
   c) Se quiser passar a lucrar 10% do valor de um livro novo, então, a livraria Futura deve substituir a fração $\frac{1}{4}$ por um número a. Determine o valor de a.

21. (FGV-SP) Numa loja, os preços dos produtos expostos na vitrine incluem um acréscimo de 50% sobre o preço de custo. Durante uma liquidação, o lojista decidiu vender os produtos com um lucro real de 20% sobre os preços de custo.

a) Calcule o desconto que ele deve dar sobre os preços da vitrine.
b) Quando não há liquidação, sua venda é a prazo, com um único pagamento após dois meses e uma taxa de juros compostos de 10% ao mês. Nessa condição, qual será a porcentagem do lucro sobre o preço de custo?

22. (Unicamp-SP) O valor presente V_p de uma parcela de um financiamento, a ser paga daqui a n meses, é dado pela fórmula a seguir, em que r é o percentual mensal de juros ($0 \leq r \leq 100$) e p é o valor da parcela.

$$V_p = \frac{p}{\left[1 + \frac{r}{100}\right]^n}$$

a) Suponha que uma mercadoria seja vendida em duas parcelas iguais de R$ 200,00, uma a ser paga à vista, e outra a ser paga em 30 dias (ou seja, 1 mês). Calcule o valor presente da mercadoria V_p supondo uma taxa de juros de 1% ao mês.
b) Imagine que outra mercadoria, de preço $2p$, seja vendida em duas parcelas iguais a p, sem entrada, com o primeiro pagamento em 30 dias (ou seja, 1 mês) e o segundo em 60 dias (ou 2 meses). Supondo, novamente, que a taxa mensal de juros é igual a 1%, determine o valor presente da mercadoria V_p e o percentual mínimo de desconto que a loja deve dar para que seja vantajoso, para o cliente, comprar à vista.

23. (FGV-SP) Sandra fez uma aplicação financeira, comprando um título público que lhe proporcionou, após um ano, um montante de R$ 10 000,00. A taxa de juros da aplicação foi de 10% ao ano. Podemos concluir que o juro auferido na aplicação foi:

a) R$ 1 000,00
b) R$ 1 009,09
c) R$ 900,00
d) R$ 909,09
e) R$ 800,00

24. (Fuvest-SP) Há um ano, Bruno comprou uma casa por R$ 50 000,00. Para isso, tomou emprestados R$ 10 000,00 de Edson e R$ 10 000,00 de Carlos, prometendo devolver-lhes o dinheiro, após um ano, acrescido de 5% e 4% de juros, respectivamente. A casa valorizou 3% durante este período de um ano. Sabendo-se que Bruno vendeu a casa hoje e pagou o combinado a Edson e Carlos, o seu lucro foi de:

a) R$ 400,00
b) R$ 500,00
c) R$ 600,00
d) R$ 700,00
e) R$ 800,00

25. (FGV-SP) A caderneta de poupança teve rendimento de 0,68% e 0,54% nos meses de janeiro e fevereiro de 2009, respectivamente. Um índice de preços ao consumidor, nesses mesmos meses, foi de 0,46% e 0,27%, respectivamente. Ao final de fevereiro de 2009, o ganho real de uma aplicação em caderneta de poupança (ganho da poupança descontando-se a inflação medida pelo índice de preços ao consumidor) acumulado desde janeiro de 2009 foi de:

a) $(100,68 \cdot 1,0054 - 100,46 \cdot 1,0027)\%$
b) $(100,68 \cdot 100,54 - 100,46 \cdot 100,27)\%$
c) $(1,0068 \cdot 1,0054 - 1,0046 \cdot 1,0027)\%$
d) $(0,0068 \cdot 0,0054 - 0,0046 \cdot 0,0027)\%$
e) $(0,68 \cdot 0,54 - 0,46 \cdot 0,27)\%$

26. (UFMG) Um banco oferece dois planos para pagamento de um empréstimo de R$ 10 000,00, em prestações mensais iguais e com a mesma taxa mensal de juros:
- no plano 1, o período é de 12 meses;
- no plano 2, o período é de 24 meses.

Contudo a prestação de um desses planos é 80% maior que a prestação do outro.

a) Considerando essas informações, determine em qual dos dois planos – plano 1 ou plano 2 – o valor da prestação é maior.

b) Suponha que R$ 10 000,00 são investidos a uma taxa de capitalização mensal igual à taxa mensal de juros oferecida pelo mesmo banco. Calcule o saldo da aplicação desse valor ao final de 12 meses.

27. (UFBA) Um indivíduo aplicou um capital por três períodos consecutivos de um ano. No primeiro ano, ele investiu em uma instituição financeira que remunerou seu capital a uma taxa anual de 20%, obtendo um montante de R$ 3 024,00. Em cada um dos anos seguintes, ele buscou a instituição financeira que oferecesse as melhores condições para investir o montante obtido no ano anterior.

Com base nessas informações, pode-se afirmar que:

[A resposta será a soma dos números associados às alternativas corretas.]

01. o capital aplicado inicialmente foi de R$ 2 520,00.
02. os montantes obtidos ao final de cada período de um ano formam uma progressão geométrica se, e somente se, as taxas de juros anuais dos dois últimos anos forem iguais.
04. se, em comparação com o primeiro ano, a taxa anual de juros do segundo ano foi o dobro, então o rendimento anual também dobrou.
08. se a taxa de juros anual dos dois últimos anos foi igual a 30%, o capital acumulado ao final do terceiro ano foi de R$ 5 110,56.
16. supondo-se que as taxas de juros anuais para o segundo e terceiro anos foram, respectivamente, de 30% e 10%, o montante, ao final do terceiro ano, seria o mesmo se, nos dois últimos anos, a taxa de juros anual fosse constante e igual a 20%.

28. (EPCAr-MG) Dois capitais a e b, $a > b$, cuja diferença entre eles é igual aos $\frac{2}{3}$ de $\frac{3}{5}$ de $\frac{1}{8}$ de R$ 4 000,00, foram aplicados às taxas de juros simples de:
- 20% ao ano, o capital maior;
- 30% ao ano, o capital menor.

Após 257 dias de aplicação, o investidor solicitou resgate do maior valor aplicado e mais os juros das duas aplicações que naquela data representavam valores iguais. Sabendo-se que o ano comercial possui 360 dias e que em qualquer dia do ano que o investidor resgatasse as aplicações ele receberia o rendimento proporcional ao tempo de aplicação, é correto afirmar que:

a) o valor total aplicado é menor que R$ 900,00.
b) se os dois capitais só fossem resgatados ao final do primeiro ano, eles teriam rendido, juntos, $\frac{1}{4}$ de seu valor.
c) o capital menor corresponde a 60% do capital maior.
d) após o resgate do maior valor aplicado e dos juros das duas aplicações, se for mantida a aplicação do capital menor, à mesma taxa, após meio ano, ele renderá um valor correspondente a 10% do capital maior.

29. (UFMG) No período de um ano, certa aplicação financeira obteve um rendimento de 26%. No mesmo período, porém, ocorreu uma inflação de 20%.

Então, é correto afirmar que o rendimento efetivo da referida aplicação foi de:
a) 3%
b) 5%
c) 5,2%
d) 6%

Progressões

Sequência

Uma **sequência finita** é uma função cujo domínio é o conjunto numérico $\{1, 2, 3, ..., n\}$, $n \in \mathbb{N}^*$ e cujo contradomínio é o conjunto dos números reais.

Uma **sequência infinita** é uma função cujo domínio é o conjunto dos números naturais positivos e cujo contradomínio é o conjunto dos números reais.

Indica-se uma sequência f pelas imagens obtidas quando f é aplicada aos elementos do domínio. Assim, em vez de indicar os pares de valores $\{(1, a_1); (2, a_2); ... (n, a_n), ... \}$ associados por f, indicam-se apenas as imagens obtidas pela aplicação de f: $(a_1, a_2, a_3, ..., a_n, ...)$. Os elementos $a_1, a_2, a_3, ..., a_n, ...$ são os **termos** da sequência.

Sequência numérica

	Uma sequência numérica pode ser determinada por	Exemplo
I.	Uma fórmula de recorrência	$a_1 = 2$ e $a_n = a_{n-1} + n, n \in \mathbb{N}^*$ Nesse caso, a sequência é: $(2, 4, 7, 11, 16, ...)$
II.	Uma propriedade dos seus termos	Sequência dos números ímpares. Nesse caso, a sequência é: $(1, 3, 5, 7, 9, ...)$
III.	Uma fórmula que expressa cada termo em função de sua posição na sequência	Sequência infinita cujos termos são dados por $a_n = n^2 - 1$. Nesse caso, a sequência é: $(0, 3, 8, 15, 24, ...)$

Progressão Aritmética

Progressão Aritmética (P.A.) é uma sequência numérica em que cada termo, a partir do segundo, é obtido pela soma do termo anterior a um valor constante, a **razão** da P.A.

Em uma P.A. de razão r, tem-se: $a_n = a_{n-1} + r$, $n > 1$. Essa P.A. pode ser classificada de acordo com o valor de r.

Classificação	Exemplos
Crescente, quando a razão é positiva ($r > 0$).	$(2, 5, 8, 11, 14, ...)$ $(-7, -5, -3, -1, 1, 3, ...)$
Decrescente, quando a razão é negativa ($r < 0$).	$(6, 2, -2, -6, -10, ...)$ $(-\sqrt{2}, -2\sqrt{2}, -3\sqrt{2}, -4\sqrt{2}, ...)$
Constante, quando a razão é nula ($r = 0$).	$(7, 7, 7, 7, 7, ...)$ $(-\pi, -\pi, -\pi, -\pi, ...)$

Fórmula do termo geral de uma P.A.

O termo geral da P.A. $(a_1, a_2, a_3, ..., a_n, ...)$, de razão r, é dado por:

$$a_n = a_1 + (n - 1) \cdot r$$

Como consequência, para se obter um termo qualquer a_n a partir de um termo de ordem p, isto é, a_p, pode-se utilizar a fórmula $a_n = a_p + (n - p) \cdot r$, em que $n \in \mathbb{N}^*$ e $p \in \mathbb{N}^*$.

Interpolação aritmética

Interpolar ou inserir k meios (ou termos) aritméticos entre dois números x e y conhecidos significa determinar uma P.A. com $k + 2$ elementos, em que $a_1 = x$ e $a_n = y$. Para isso, deve-se determinar a razão r da P.A., a partir da fórmula do termo geral:

$$a_n = a_1 + (n - 1) \cdot r \Rightarrow y = x + (k + 2 - 1) \cdot r$$

Soma dos n primeiros termos de uma P.A.

Dada uma P.A. $(a_1, a_2, a_3, ..., a_n, ...)$, a soma S_n de seus n primeiros termos, isto é, $a_1 + a_2 + a_3 + ... a_n$, é dada por: $S_n = \dfrac{n \cdot (a_1 + a_n)}{2}$

Progressão Geométrica

Progressão Geométrica (P.G.) é uma sequência numérica não nula, em que cada termo, a partir do segundo, é obtido pelo produto entre o termo anterior e uma constante, a **razão** da P.G.

Em uma P.G. de razão q, tem-se: $a_n = a_{n-1} \cdot q$, $n \geqslant 1$. Para que essa sequência não seja nula, a_1 deve ser sempre diferente de 0.

Essa P.G. pode ser classificada de acordo com o valor de q.

Classificação	Exemplos
Crescente, quando o primeiro termo é positivo e a razão é maior do que 1 ($a_1 > 0$ e $q > 1$) ou quando o primeiro termo é negativo e a razão é positiva e menor do que 1 ($a_1 < 0$ e $0 < q < 1$).	$(2, 6, 18, ...)$ $\left(-6, -3, -\dfrac{3}{2}, ...\right)$
Decrescente, quando o primeiro termo é positivo e a razão é positiva e menor do que 1 ($a_1 > 0$ e $0 < q < 1$) ou quando o primeiro termo é negativo e a razão é maior do que 1 ($a_1 < 0$ e $q > 1$).	$(16, 8, 4, ...)$ $(-1, -4, -16, ...)$
Constante, quando a razão é igual a 1 ($q = 1$).	$(\sqrt{7}, \sqrt{7}, \sqrt{7}, ...)$ $(-5, -5, -5, -5, ...)$
Estacionária, quando a razão é igual a zero ($q = 0$).	$(43, 0, 0, 0, ...)$ $(-\sqrt{5}, 0, 0, 0, ...)$
Alternada, quando a razão é negativa ($q < 0$).	$(3, -12, 48, -192, ...)$ $(\pi, -\pi, \pi, -\pi, ...)$

Fórmula do termo geral de uma P.G.

O termo geral da P.G. $(a_1, a_2, a_3, ..., a_n, ...)$, de razão q, é dado por:

$$a_n = a_1 \cdot q^{n-1}$$

Como consequência, para se obter um termo qualquer a_n, a partir de um termo de ordem p, isto é, a_p, pode-se utilizar a fórmula $a_n = a_p \cdot q^{n-p}$, em que $n \in \mathbb{N}^*$ e $p \in \mathbb{N}^*$.

Interpolação geométrica

Interpolar ou inserir k termos geométricos entre dois números x e y conhecidos significa determinar uma P.G. com $k + 2$ elementos, em que $a_1 = x$ e $a_n = y$. Para isso, deve-se determinar a razão q da P.G., a partir da fórmula do termo geral:

$$a_n = a_1 \cdot q^{n-1} \Rightarrow y = x \cdot q^{k+2-1}$$

Soma dos n primeiros termos de uma P.G.

Sejam $(a_1, a_2, a_3, ..., a_n, ...)$ uma P.G. de razão q e S_n a soma de seus n primeiros termos.

- Se a P.G. for constante ($q \neq 1$), então: $S_n = n \cdot a_1$

- Se a P.G. não for constante ($q \neq 1$), então: $S_n = \dfrac{a_1 \cdot (q^n - 1)}{q - 1}$

Soma dos termos de uma P.G. infinita

Se uma P.G. infinita tem o primeiro termo a_1 e sua razão q satisfaz a condição $-1 < q < 1$, então a soma S dos infinitos termos dessa P.G. é dada por: $S = \dfrac{a_1}{1 - q}$

Questões

1. (Uece) Se a sequência de números reais (x_n) é definida por

$x_n = \begin{cases} 0, \text{ se } n = 1 \\ 1, \text{ se } n = 2 \\ x_{n-2} + x_{n-1}, \text{ se } n \geq 3 \end{cases}$, então a raiz quadrada positiva de x_{13} é igual a:

a) 10
b) 11
c) 12
d) 13

2. (UPE) Sandra iniciou uma sequência de figuras formadas por quadrados nas cores branco e cinza, sendo todos iguais. A seguir, temos as três primeiras figuras.

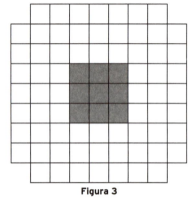

Dando continuidade à montagem de figuras com esse mesmo padrão, quantos quadrados brancos serão necessários para Sandra construir a décima figura?
a) 792
b) 796
c) 800
d) 804
e) 896

3. (Unifesp) "Números triangulares" são números que podem ser representados por pontos arranjados na forma de triângulos equiláteros. É conveniente definir 1 como o primeiro número triangular.

Apresentamos a seguir os primeiros números triangulares.

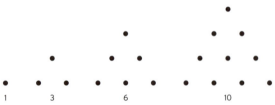

Se T_n representa o n-ésimo número triangular, então $T_1 = 1$, $T_2 = 3$, $T_3 = 6$, $T_4 = 10$, e assim por diante. Dado que T_n satisfaz a relação $T_n = T_{n-1} + n$, para $n = 2, 3, 4, ...$, pode-se deduzir que T_{100} é igual a:
a) 5 050
b) 4 950
c) 2 187
d) 1 458
e) 729

4. (Unifesp) Uma pessoa resolveu fazer sua caminhada matinal passando a percorrer, a cada dia, 100 metros mais do que no dia anterior. Ao completar o 21º dia de caminhada, observou ter percorrido, nesse dia, 6 000 metros. A distância total percorrida nos 21 dias foi de:
a) 125 500 m
b) 105 000 m
c) 90 000 m
d) 87 500 m
e) 80 000 m

5. **(Unicamp-SP)** No centro de um mosaico formado apenas por pequenos ladrilhos, um artista colocou 4 ladrilhos cinza. Em torno dos ladrilhos centrais, o artista colocou uma camada de ladrilhos brancos, seguida por uma camada de ladrilhos cinza, e assim sucessivamente, alternando camadas de ladrilhos brancos e cinza, como ilustra a figura a seguir, que mostra apenas a parte central do mosaico.

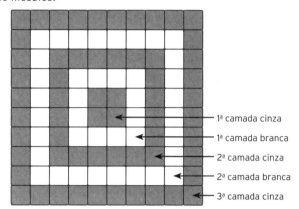

Observando a figura, podemos concluir que a 10ª camada de ladrilhos cinza contém:

a) 76 ladrilhos
b) 156 ladrilhos
c) 112 ladrilhos
d) 148 ladrilhos

6. **(Mackenzie-SP)** A média aritmética de 20 números em progressão aritmética é 40. Retirados o primeiro e o último termos da progressão, a média aritmética dos restantes será:

a) 20   b) 25   c) 30   d) 35   e) 40

7. **(Uerj)** Um cliente, ao chegar a uma agência bancária, retirou a última senha de atendimento do dia, com o número 49. Verificou que havia 12 pessoas à sua frente na fila, cujas senhas representavam uma progressão aritmética de números naturais consecutivos, começando em 37.

Algum tempo depois, mais de 4 pessoas desistiram do atendimento e saíram do banco. Com isso, os números das senhas daquelas que permaneceram na fila passaram a formar uma nova progressão aritmética.

Se os clientes com as senhas de números 37 e 49 não saíram do banco, o número máximo de pessoas que pode ter permanecido na fila é:

a) 6   b) 7   c) 9   d) 12

8. **(Unifor-CE)** Para a confecção de uma árvore de Natal estilizada, utilizou-se uma prancha de madeira, em forma triangular, onde foram encaixadas lâmpadas enfileiradas conforme esquematizado na figura abaixo.

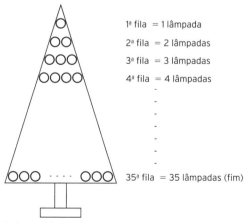

A quantidade de lâmpadas utilizadas para a confecção desta árvore foi:

a) 200   b) 460   c) 560   d) 630   e) 700

9. (UFF-RJ) Ao se fazer um exame histórico da presença africana no desenvolvimento do pensamento matemático, os indícios e os vestígios nos remetem à matemática egípcia, sendo o papiro de Rhind um dos documentos que resgatam essa história.

Fragmento do papiro de Rhind.

Nesse papiro encontramos o seguinte problema:

Divida 100 pães entre 5 homens de modo que as partes recebidas estejam em progressão aritmética e que um sétimo da soma das três partes maiores seja igual à soma das duas menores.

Coube ao homem que recebeu a parte maior da divisão acima a quantidade de:

a) $\frac{115}{3}$ pães

b) $\frac{55}{6}$ pães

c) 20 pães

d) $\frac{65}{6}$ pães

e) 35 pães

10. (PUC-Campinas-SP) O Índice de Massa Corporal (IMC) de um adulto é uma medida utilizada para verificar se uma pessoa está ou não com o peso considerado saudável. Ele é obtido dividindo-se o peso da pessoa, em quilogramas, pelo quadrado de sua altura, em metros.

A tabela abaixo é utilizada pela Organização Mundial de Saúde.

IMC	Avaliação
abaixo de 18,5	abaixo do peso normal
18,5 a 24,99	peso normal
25 a 29,99	acima do peso

Adaptado de <www.calculoimc.com.br>.

Um homem de 1,7 m de altura estava com sobrepeso e resolveu fazer a dieta de carboidratos. Curiosamente, seu peso foi diminuindo de maneira uniforme: 300 g ao fim de cada semana de dieta. Se, ao iniciá-la, ele pesava 84 kg, o número de semanas que ele levou para alcançar a faixa de IMC de peso normal foi:

a) 37

b) 38

c) 39

d) 40

e) 41

11. (Ifal) Em uma caixa há 1 000 bolinhas de gude. Retiram-se 15 bolinhas na primeira vez, 20 na segunda, 25 na terceira e assim, sucessivamente, na mesma razão. Após a 15ª retirada, o número de bolinhas que sobrará na caixa é:

a) 250

b) 200

c) 300

d) 500

e) 750

68

12. (ITA-SP) A progressão geométrica infinita $(a_1, a_2, ..., a_n, ...)$ tem razão $r < 0$. Sabe-se que a progressão infinita $(a_1, a_6, ..., a_{5n+1}, ...)$ tem soma 8 e a progressão infinita $(a_5, a_{10}, ..., a_{5n}, ...)$ tem soma 2. Determine a soma da progressão infinita $(a_1, a_2, ..., a_n, ...)$.

13. (Unicamp-SP) Dois *sites* de relacionamento desejam aumentar o número de integrantes usando estratégias agressivas de propaganda.

O *site A*, que tem 150 participantes atualmente, espera conseguir 100 novos integrantes em um período de uma semana e dobrar o número de novos participantes a cada semana subsequente. Assim, entrarão 100 internautas novos na primeira semana, 200 na segunda, 400 na terceira, e assim por diante.

Por sua vez, o *site B*, que já tem 2 200 membros, acredita que conseguirá mais 100 associados na primeira semana e que, a cada semana subsequente, aumentará o número de internautas novos em 100 pessoas. Ou seja, 100 novos membros entrarão no *site B* na primeira semana, 200 entrarão na segunda, 300 na terceira, etc.

a) Quantos membros novos o *site A* espera atrair daqui a 6 semanas? Quantos associados o *site A* espera ter daqui a 6 semanas?

b) Em quantas semanas o *site B* espera chegar à marca dos 10 000 membros?

14. (Unesp) Após o nascimento do filho, o pai comprometeu-se a depositar mensalmente, em uma caderneta de poupança, os valores de R$ 1,00, R$ 2,00, R$ 4,00 e assim sucessivamente, até o mês em que o valor do depósito atingisse R$ 2 048,00. No mês seguinte o pai recomeçaria os depósitos como de início e assim o faria até o 21º aniversário do filho. Não tendo ocorrido falha de depósito ao longo do período, e sabendo-se que $2^{10} = 1\,024$, o montante total dos depósitos, em reais, feitos em caderneta de poupança foi de:

a) 42 947,50

b) 49 142,00

c) 57 330,00

d) 85 995,00

e) 114 660,00

15. (Fuvest-SP) Os números a_1, a_2, a_3 formam uma progressão aritmética de razão r, de tal modo que $a_1 + 3, a_2 - 3, a_3 - 3$ estejam em progressão geométrica. Dado ainda que $a_1 > 0$ e $a_2 = 2$, conclui-se que r é igual a:

a) $3 + \sqrt{3}$

b) $3 + \dfrac{\sqrt{3}}{2}$

c) $3 + \dfrac{\sqrt{3}}{4}$

d) $3 - \dfrac{\sqrt{3}}{2}$

e) $3 - \sqrt{3}$

16. (PUC-MG) Os números inteiros não nulos a, b e c formam, nessa ordem, uma progressão geométrica de razão cinco. Os números a, bx e c, nessa ordem, formam uma progressão aritmética. O valor de x é:

a) $\dfrac{13}{5}$

c) 15

b) $\dfrac{17}{5}$

d) 25

17. (Unimontes-MG) Em uma progressão aritmética, a soma do primeiro termo com o quarto é 16, e a soma do terceiro com o quinto é 22. O primeiro termo dessa progressão é:

a) 4

c) 5

b) 3

d) 2

Trigonometria no triângulo retângulo

Razões trigonométricas no triângulo retângulo

Considera-se um triângulo retângulo *ABC*, com ângulo agudo de medida α. As razões mostradas abaixo são definições e recebem os nomes de **seno** de α, **cosseno** de α e **tangente** de α.

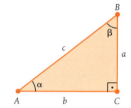

$$\operatorname{sen} \alpha = \frac{\text{med(cateto oposto a } \alpha)}{\text{med(hipotenusa)}} = \frac{a}{c}$$

$$\cos \alpha = \frac{\text{med(cateto adjacente a } \alpha)}{\text{med(hipotenusa)}} = \frac{b}{c}$$

$$\operatorname{tg} \alpha = \frac{\text{med(cateto oposto a } \alpha)}{\text{med(cateto adjacente a } \alpha)} = \frac{a}{b}$$

A tangente de um ângulo também pode ser obtida pela razão entre o seno e o cosseno desse ângulo.

Assim: $\operatorname{tg} \alpha = \dfrac{\operatorname{sen} \alpha}{\cos \alpha}$

Relações entre seno e cosseno de ângulos complementares

No triângulo *ABC*, mostrado acima, tem-se α + β = 90°, isto é, α e β são as medidas de ângulos complementares. De acordo com as definições dadas, pode-se deduzir que, quando dois ângulos são complementares, têm-se:

- o seno de um é igual ao cosseno do outro: $\operatorname{sen} \alpha = \cos \beta = \cos(90° - \alpha)$
- a tangente de um é o inverso da tangente do outro: $\tan \alpha = \dfrac{1}{\operatorname{tg} \beta} = \dfrac{1}{\operatorname{tg}(90° - \alpha)}$

Ângulos de 30°, 45° e 60°

	Medida α do ângulo		
	30°	45°	60°
sen α	$\dfrac{1}{2}$	$\dfrac{\sqrt{2}}{2}$	$\dfrac{\sqrt{3}}{2}$
cos α	$\dfrac{\sqrt{3}}{2}$	$\dfrac{\sqrt{2}}{2}$	$\dfrac{1}{2}$
tg α	$\dfrac{\sqrt{3}}{3}$	1	$\sqrt{3}$

Razões trigonométricas em um triângulo qualquer

Lei dos senos

Considerando um triângulo qualquer, tem-se o seguinte teorema.
A razão entre a medida de qualquer lado e o seno do ângulo oposto é igual ao diâmetro da circunferência circunscrita ao triângulo.

$$\frac{a}{\operatorname{sen} \alpha} = \frac{b}{\operatorname{sen} \beta} = \frac{c}{\operatorname{sen} \gamma} = 2r$$

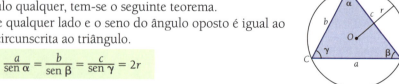

Lei dos cossenos

Considerando um triângulo qualquer, tem-se o seguinte teorema:
O quadrado da medida de um lado é igual à soma dos quadrados das medidas dos outros dois lados, menos duas vezes o produto das medidas desses dois lados pelo cosseno do ângulo formado por eles.

$$a^2 = b^2 + c^2 - 2 \cdot b \cdot c \cdot \cos \alpha$$

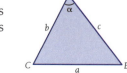

Questões

1. (UEA-AM) Pretende-se obter a altura aproximada de uma árvore.

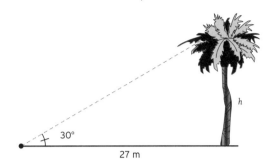

Com base nos dados apresentados na figura, podemos afirmar que a altura h da árvore, em metros, é:

a) $\dfrac{27}{2}$

b) $9\sqrt{3}$

c) $\dfrac{27\sqrt{3}}{2}$

d) $27\sqrt{2}$

e) $27\sqrt{3}$

2. (Unesp) Um ciclista sobe, em linha reta, uma rampa com inclinação de 3 graus a uma velocidade constante de 4 metros por segundo. A altura do topo da rampa em relação ao ponto de partida é 30 m.

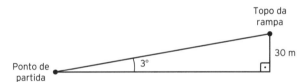

Use a aproximação sen $3° = 0,05$ e responda. O tempo, em minutos, que o ciclista levou para percorrer completamente a rampa é:

a) 2,5
b) 7,5
c) 10
d) 15
e) 30

3. (Fuvest-SP) Na figura abaixo, tem-se $AC = 3$, $AB = 4$ e $CB = 6$.

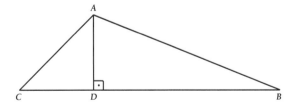

O valor de CD é:

a) $\dfrac{17}{12}$

b) $\dfrac{19}{12}$

c) $\dfrac{23}{12}$

d) $\dfrac{25}{12}$

e) $\dfrac{29}{12}$

4. (PUC-Campinas-SP) O Farol de Alexandria, uma das sete maravilhas do Mundo Antigo, foi destruído por um terremoto em 1375. Segundo descrições feitas no século X, tinha cerca de 120 m de altura e sua luz podia ser vista à noite a mais de 50 km de distância. Suponha que, na figura abaixo, N_1 e N_2 representam as posições de dois navios que se encontram, em dado momento, alinhados com o ponto P, centro da base de certo farol.

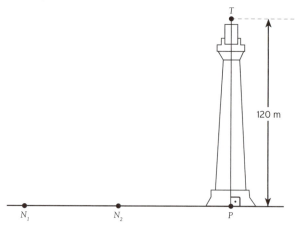

Se as respectivas distâncias de N_1 e N_2 ao topo do farol, localizado no ponto T, fossem 200 m e 150 m, então a distância de N_1 e N_2, em metros, seria igual a:
a) 70　　　b) 75　　　c) 80　　　d) 85　　　e) 90

5. (Fatec-SP) No sistema cartesiano ortogonal xOy, considere a circunferência de centro O e pontos $A(2, 0)$ e $Q(\sqrt{3}, 0)$.

Sabendo-se que P é um ponto dessa circunferência e que a reta $\overleftrightarrow{AT}$ é tangente à circunferência no ponto A, tal que $\overleftrightarrow{AT}$ é paralela a $\overleftrightarrow{PQ}$, então a medida do segmento $\overline{AT}$ é:

a) $\dfrac{2\sqrt{3}}{3}$　　　d) $\dfrac{5\sqrt{3}}{3}$

b) $\sqrt{3}$　　　e) $2\sqrt{3}$

c) $\dfrac{4\sqrt{3}}{3}$

6. (PUC-GO) Suponha hipoteticamente que um Zepelim passou em São José de Coroa Grande e que Leléu teve a oportunidade de observá-lo de uma certa distância. Tal momento, histórico para a cidade, pode ser representado pela seguinte figura, onde o ponto A é a posição do Zepelim e B a linha de visada de Leléu.

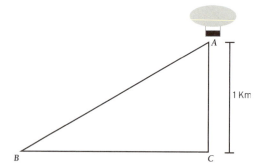

Com base na figura acima e sabendo-se que o ângulo de elevação da linha visada (ângulo) é de 30°, pode-se afirmar que a distância de Leléu ao Zepelim é de:
a) 2 km　　　b) 1 km　　　c) 3 km　　　d) $\sqrt{2}$ km

7. **(UEPG-PR)** Um observador, em posições diferentes, mede duas vezes o ângulo sob o qual ele observa o ponto mais alto de um prédio, encontrando 30° e 60°. Entre uma medida e outra, ele caminha 20 metros em direção ao prédio. Com relação à altura do prédio, desprezando a altura do observador, assinale a alternativa correta.
   a) Está entre 14 e 16 metros.
   b) Está entre 15 e 18 metros.
   c) É maior que 20 metros.
   d) É menor que 15 metros.
   e) Está entre 10 e 12 metros.

8. **(Unifor-CE)** Ao se mover, a partir da vertical, um pêndulo de 100 cm de comprimento forma um ângulo de 60° com a vertical [...].

   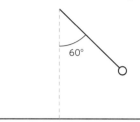

   Quantos centímetros sobe a extremidade inferior do pêndulo? (sen 60° = $\frac{\sqrt{3}}{2}$, cos 60° = $\frac{1}{2}$, tg 60° = $\sqrt{3}$)
   a) 35   b) 50   c) 60   d) 75   e) 80

9. **(Fuvest-SP)** No triângulo ABC da figura, a mediana $\overline{AM}$, relativa ao lado $\overline{BC}$, é perpendicular ao lado $\overline{AB}$. Sabe-se também que $BC = 4$ e $AM = 1$.

   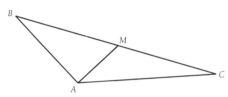

   Se α é a medida do ângulo $A\hat{B}C$, determine:
   a) sen α.
   b) o comprimento AC.
   c) a altura do triângulo ABC relativa ao lado $\overline{AB}$.
   d) a área do triângulo AMC.

10. **(Fuvest-SP)** Na figura, tem-se $\overline{AE}$ paralelo a $\overline{CD}$, $\overline{BC}$ paralelo a $\overline{DE}$, $AE = 2$, $\alpha = 45°$, $\beta = 75°$.

    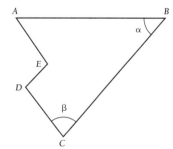

    Nessas condições, a distância do ponto E ao segmento $\overline{AB}$ é igual a:
    a) $\sqrt{3}$
    b) $\sqrt{2}$
    c) $\frac{\sqrt{3}}{2}$
    d) $\frac{\sqrt{2}}{2}$
    e) $\frac{\sqrt{2}}{4}$

11. **(Fuvest-SP)** Os comprimentos dos lados de um triângulo ABC formam uma P.A. Sabendo-se também que o perímetro de ABC vale 15 e que o ângulo $\hat{A}$ mede 120°, então o produto dos comprimentos dos lados é igual a:
    a) 25   b) 45   c) 75   d) 105   e) 125

Circunferência trigonométrica

Medida de arcos e ângulos

Dois pontos distintos de uma circunferência determinam nela dois **arcos de circunferência**. Na circunferência de centro O representada ao lado, os pontos A e B determinam dois arcos: um arco AB menor (destacado em vermelho) e um arco AB maior (destacado em azul).

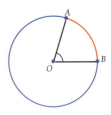

Quando um arco AB é mencionado, sem citar se é o maior ou o menor arco, considera-se o menor dos arcos o compreendido entre A e B. Assim, na figura ao lado, o arco AB é o indicado em vermelho. A esse arco associa-se um ângulo central AÔB.

Medida angular

Essa medida é associada à **abertura** do arco e é igual à medida do ângulo central correspondente ao arco. Possíveis unidades: **grau** e **radiano**.

Grau: dividindo uma circunferência em 360 partes congruentes, cada uma dessas partes representa um arco de medida angular **1 grau (1°)**.

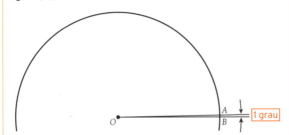

Radiano: determinando um arco cujo comprimento é igual à medida do raio da circunferência que o contém, esse arco tem medida angular **1 radiano (1 rad)**.

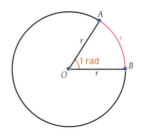

Relação entre grau e radiano

Se x é a medida angular de um arco em grau e α é a medida angular desse mesmo arco em radiano, então a relação entre essas medidas é dada por:

$$\frac{x}{180} = \frac{\alpha}{\pi}$$

Circunferência trigonométrica

Circunferência trigonométrica é a circunferência de raio unitário ($r = 1$), cujo centro é a origem $(0, 0)$ do plano cartesiano.

Dada uma circunferência trigonométrica, os eixos cartesianos do plano dividem essa circunferência em quatro **quadrantes**. A seguir tem-se a divisão de uma circunferência trigonométrica em quadrantes e as respectivas medidas dos arcos em grau e em radiano.

Em grau

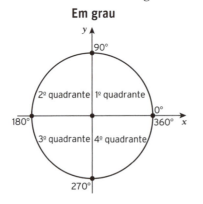

Em radiano

A representação de um arco na circunferência trigonométrica é feita a partir do ponto $A(1, 0)$ e sua medida é positiva no sentido anti-horário e negativa no sentido horário.

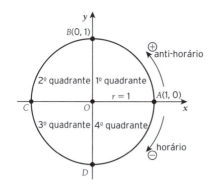

Relações trigonométricas

Seno de um arco

Seno de um arco na circunferência trigonométrica é a ordenada do ponto que é extremidade desse arco.

Denota-se o seno de um arco de medida α por sen α.

A seguir têm-se as representações de alguns arcos em circunferências trigonométricas e de seus senos. Nota-se que há arcos distintos com senos iguais.

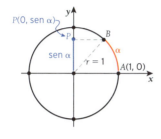

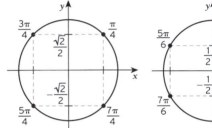 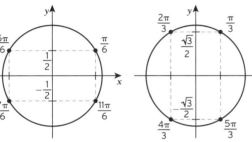

Cosseno de um arco

Cosseno de um arco na circunferência trigonométrica é a abscissa do ponto que é extremidade desse arco.

Denota-se o cosseno de um arco de medida α por cos α.

A seguir têm-se as representações de alguns arcos em circunferências trigonométricas e de seus cossenos. Nota-se que há arcos distintos com cossenos iguais.

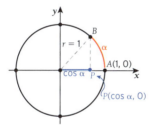

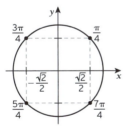 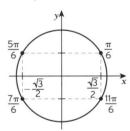 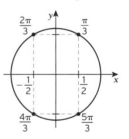

Tangente de um arco

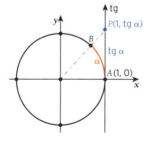

Tangente de um arco na circunferência trigonométrica é a ordenada do ponto de intersecção do eixo das tangentes com a reta que passa pelo centro da circunferência e pela extremidade desse arco.

Denota-se a tangente de um arco de medida α por tg α.

Outras relações trigonométricas

Sendo α a medida de um ângulo, têm-se as seguintes relações.

Relação fundamental	Secante	Cossecante	Cotangente
$\operatorname{sen}^2 \alpha + \cos^2 \alpha = 1$	$\sec \alpha = \dfrac{1}{\cos \alpha}$	$\operatorname{cossec} \alpha = \dfrac{1}{\operatorname{sen} \alpha}$	$\operatorname{cotg} \alpha = \dfrac{\cos \alpha}{\operatorname{sen} \alpha}$

Das relações apresentadas decorrem-se mais algumas relações trigonométricas.

$$1 + \operatorname{tg}^2 \alpha = \sec^2 \alpha \qquad 1 + \operatorname{cotg}^2 \alpha = \operatorname{cossec}^2 \alpha \qquad \operatorname{cotg} \alpha = \dfrac{1}{\operatorname{tg} \alpha}$$

Questões

1. **(UEL-PR)** Um relógio marca que faltam 20 minutos para meio-dia. Então, o menor ângulo formado pelos ponteiros das horas e dos minutos é:

   a) 90° c) 110° e) 125°
   b) 100° d) 115°

2. **(UCS-RS)** Uma roleta de 50 cm de raio está fixada por um parafuso em seu centro, que se encontra a uma altura de 1,5 m. Girando a roleta no sentido horário, seu ponto inicial, posicionado na horizontal à direita, foi deslocado para uma altura de 1,75 m à esquerda.

   Se a opção tivesse sido girar a roleta no sentido anti-horário, qual teria sido o ângulo de rotação para que o ponto inicial fosse deslocado para a mesma posição?

   a) $\dfrac{\pi}{6}$ rad c) $\dfrac{2\pi}{3}$ rad e) $\dfrac{\pi}{3}$ rad

   b) $\dfrac{5\pi}{6}$ rad d) $\dfrac{3\pi}{4}$ rad

3. **(Unemat-MT)** Quanto ao arco 4 555°, é correto afirmar que:

   a) pertence ao segundo quadrante e tem como côngruo o ângulo de 55°.
   b) pertence ao primeiro quadrante e tem como côngruo o ângulo de 75°.
   c) pertence ao terceiro quadrante e tem como côngruo o ângulo de 195°.
   d) pertence ao quarto quadrante e tem como côngruo o ângulo de 3 115°.
   e) pertence ao terceiro quadrante e tem como côngruo o ângulo de 4 195°.

4. **(ITA-SP)** Entre duas superposições consecutivas dos ponteiros das horas e dos minutos de um relógio, o ponteiro dos minutos varre um ângulo cuja medida, em radianos, é igual a:

   a) $\dfrac{23}{11}\pi$ c) $\dfrac{24}{11}\pi$ e) $\dfrac{7}{3}\pi$

   b) $\dfrac{13}{6}\pi$ d) $\dfrac{25}{11}\pi$

5. **(Unimontes-MG)** Uma partícula que descreve um arco de 510°, num círculo de raio 6 cm, percorre:

   a) 12π cm c) 5π cm

   b) 17π cm d) $\dfrac{17\pi}{6}$ cm

6. **(UEG-GO)** Duas importantes cidades estão localizadas sobre a linha do Equador: uma é a capital do Amapá e a outra é a capital do Equador, ambas na América do Sul. Suas longitudes são, respectivamente, 78° Oeste e 52° Oeste. Considerando que a Terra é uma esfera de raio 6 400 km, qual é a distância entre essas duas cidades?

7. **(UFSCar-SP)** As coordenadas dos vértices do triângulo *ABC* num plano cartesiano são $A(-4, 0)$, $B(5, 0)$ e $C(\text{sen } \theta, \cos \theta)$.

   Sendo θ um arco do primeiro quadrante da circunferência trigonométrica, e sendo a área do triângulo *ABC* maior que $\dfrac{9}{4}$, o domínio de validade de θ é o conjunto:

   a) $\left] \dfrac{\pi}{3}, \dfrac{\pi}{2} \right[$ c) $\left[0, \dfrac{\pi}{6} \right[$ e) $\left[0, \dfrac{\pi}{3} \right[$

   b) $\left] \dfrac{\pi}{6}, \dfrac{\pi}{3} \right[$ d) $\left[0, \dfrac{\pi}{4} \right[$

8. **(UTFPR)** Os arcos cujas medidas são $\dfrac{7\pi}{3}$, $\dfrac{8\pi}{5}$, $\dfrac{20\pi}{9}$ e $\dfrac{10\pi}{3}$ têm extremidades, respectivamente, nos seguintes quadrantes:

   a) terceiro, primeiro, primeiro e quarto.
   b) primeiro, segundo, quarto e primeiro.
   c) segundo, primeiro, primeiro e segundo.
   d) primeiro, quarto, primeiro e terceiro.
   e) primeiro, segundo, terceiro e quarto.

Todas as questões foram reproduzidas das provas originais de que fazem parte. Algumas das imagens estão fora de escala.

9. **(Unifor-CE)** O dispositivo de segurança de um cofre tem o formato da figura abaixo, onde as 12 letras A, B,..., L estão igualmente espaçadas (o ângulo central entre duas letras vizinhas é o mesmo) e a posição inicial da seta, quando o cofre se encontra fechado, é a indicada.

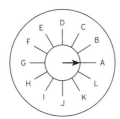

Para abrir o cofre, são necessárias três operações (o segredo), girando o disco menor (onde a seta está gravada), de acordo com as seguintes instruções, a partir da posição indicada:

I. $\frac{2}{3}\pi$, no sentido anti-horário.

II. $\frac{3}{2}\pi$, no sentido horário.

III. $\frac{3}{4}\pi$, no sentido anti-horário.

Pode-se, então, afirmar corretamente que o cofre será aberto quando a seta estiver:

a) no ponto médio entre L e A.
b) na posição B.
c) na posição K.
d) em algum ponto entre J e K.
e) na posição H.

10. **(UEG-GO)** Considerando 1° como a distância média entre dois meridianos, e que na linha do Equador corresponde a uma distância média de 111,322 km, e tomando-se esses valores como referência, pode-se inferir que o comprimento do círculo da Terra, na linha do Equador, é de, aproximadamente,

a) 52 035 km c) 44 195 km
b) 48 028 km d) 40 076 km

11. **(IFMG)** Na circunferência abaixo, o ponto M representa a imagem de um arco de medida em radianos, igual a:

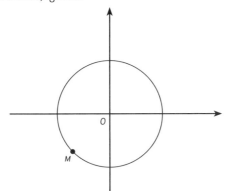

a) $-\frac{56\pi}{3}$ c) $\frac{5\pi}{6}$

b) $-\frac{7\pi}{4}$ d) $\frac{21\pi}{5}$

12. **(Insper-SP)** Se a sequência $(3, x, \cos\theta)$ é uma progressão aritmética, sendo x e θ números reais, então:

a) $-1,5 \leq x \leq 0$ d) $1 \leq x \leq 2$
b) $-1 \leq x \leq 1$ e) $2 \leq x \leq 4$
c) $0,5 \leq x \leq 1,5$

13. (Ibmec-RJ) O valor de m para que exista um ângulo x com $\cos x = \dfrac{2}{m-1}$ e $\operatorname{tg} x = \sqrt{m-2}$ é dado por:
a) um número par.
b) um número ímpar.
c) um número negativo.
d) um número natural maior que 10.
e) um número irracional.

14. (Uesc-BA) Se $0 \leq \alpha \leq \pi$, $0 \leq \beta \leq \dfrac{\pi}{2}$, e $\operatorname{sen}\alpha + \cos\beta = 2$, então $\operatorname{sen}(\alpha + \beta)$ é igual a:
a) $\operatorname{sen}\left(\dfrac{\pi}{3}\right)$
c) $\cos\left(\dfrac{2\pi}{3}\right)$
e) $\operatorname{tg}\left(\dfrac{\pi}{4}\right)$
b) $\operatorname{sen}\left(\dfrac{3\pi}{2}\right)$
d) $\operatorname{tg}\left(\dfrac{\pi}{6}\right)$

15. (Unimontes-MG) Um arco trigonométrico, com extremidade no quarto quadrante, tem medida α. Se $\cos\alpha = -3\operatorname{sen}\alpha$, então o valor de $\operatorname{sen}\alpha + \cos\alpha$ é:
a) $-\dfrac{2}{5}\sqrt{10}$
b) $\dfrac{2}{5}\sqrt{10}$
c) $\dfrac{\sqrt{10}}{5}$
d) $-\dfrac{\sqrt{10}}{5}$

16. (UPE) Na figura a seguir, estão representados o ciclo trigonométrico e um triângulo isósceles OAB.

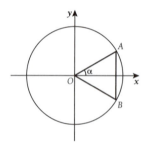

Qual das expressões abaixo corresponde à área do triângulo OAB em função do ângulo α?
a) $\operatorname{tg}\alpha \cdot \operatorname{sen}\alpha$
c) $\operatorname{sen}\alpha \cdot \cos\alpha$
e) $\operatorname{tg}\alpha \cdot \cos\alpha$
b) $\dfrac{1}{2}\operatorname{tg}\alpha \cdot \cos\alpha$
d) $\dfrac{1}{2}\operatorname{tg}\alpha \cdot \operatorname{sen}\alpha$

17. (UFRN) Considere a figura abaixo, na qual a circunferência tem raio igual a 1.

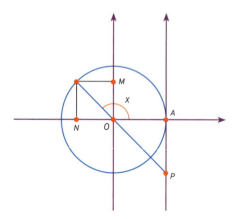

Nesse caso, as medidas dos segmentos $\overline{ON}$, $\overline{OM}$ e $\overline{AP}$, correspondem, respectivamente, a:
a) $\operatorname{sen} x$, $\sec x$ e $\operatorname{cotg} x$
c) $\cos x$, $\sec x$ e $\operatorname{cossec} x$
b) $\cos x$, $\operatorname{sen} x$ e $\operatorname{tg} x$
d) $\operatorname{tg} x$, $\operatorname{cossec} x$ e $\cos x$

18. (FGV-SP) Se $\cos x + \sec(-x) = t$, então $\cos^2 x + \sec^2 x$ é igual a:
a) 1
c) t^2
e) $t^2 + 1$
b) $t^2 + 2$
d) $t^2 - 2$

19. (Unimontes-MG) Se $\log_{0,1} 10 = y$, então o valor de x para o qual sen $x = y$, no intervalo $[0, 2\pi[$, é:

a) π
b) $\dfrac{\pi}{2}$
c) $\dfrac{3\pi}{2}$
d) 0

20. (Uece) Se x é um arco localizado no segundo quadrante e $\cos x = -\dfrac{3}{5}$, então o valor de $\cos x + \text{sen } x + \text{tg } x + \text{cotg } x + \sec x + \text{cosec } x$ é:

a) $-2,3$
b) $-3,4$
c) $-4,5$
d) $-5,6$

21. (Unioeste-PR) É correto afirmar que a expressão
$\dfrac{\cos^2(x) - \text{sen}^2(x) + 3\text{tg}(2x)}{1 - (\text{sen}(x) - \cos(x))^2}$ é igual a:

a) $3\text{tg}(2x)$
b) $\cotg(2x) + 3\sec(2x)$
c) $\text{tg}(2x) + 3\text{cossec}(2x)$
d) $\text{tg}(2x) + 3\sec(2x)$
e) $\cotg(2x) + 3\text{cossec}(2x)$

22. (UFC-CE) Calcule o valor numérico da expressão: $\log\left[\text{tg}\left(\dfrac{\pi}{5}\right)\right] + \log\left[\text{tg}\left(\dfrac{3\pi}{10}\right)\right]$ em que log indica o logaritmo na base 10 e tg indica a tangente do ângulo.

23. (UEPG-PR) Sobre as comparações abaixo, assinale a alternativa correta.

I. sen 1 200° = cos 30°
II. cos 210° < sen 210° < tg 210°
III. $\sec \dfrac{\pi}{6} = \text{cossec } \dfrac{5\pi}{6}$

a) Apenas a comparação I é verdadeira.
b) Apenas as comparações I e II são verdadeiras.
c) Apenas as comparações I e III são verdadeiras.
d) Apenas a comparação III é verdadeira.
e) Todas as comparações são verdadeiras.

24. (UEPG-PR) Simplifique a expressão abaixo e assinale a alternativa correta.
$\dfrac{\text{sen } x \cdot \cos\left(\dfrac{\pi}{2} - x\right) + \text{sen}\left(\dfrac{\pi}{2} - x\right) \cdot \cos(-x)}{1 - \text{tg}(-x) \cdot \text{tg}(\pi + x)}$

a) $\sec^2 x$
b) $\text{sen}^2 x$
c) $\cos^2 x$
d) $\text{cossec}^2 x$
e) $\text{tg}^2 x$

25. (Unimontes-MG) Considere x um arco com extremidade no segundo quadrante, tal que $\sec(x) = -\dfrac{5}{3}$. Assim, o valor da expressão $A = 5(\text{sen } x)^2 - 3\,\text{tg } x$ vale:

a) $-\dfrac{36}{5}$
b) $-\dfrac{32}{15}$
c) $\dfrac{4}{5}$
d) $\dfrac{36}{5}$

Funções trigonométricas

Função seno

Função seno é a função $f: \mathbb{R} \to \mathbb{R}$ que associa cada número real x ao número real sen x.
Indica-se a função seno f por $f(x) = $ sen x. A seguir apresenta-se o gráfico da função seno.

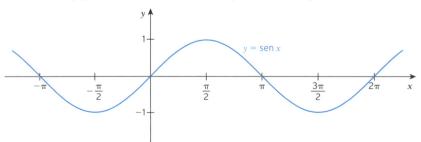

Observações
- A função seno é periódica. O período dessa função é 2π.
- A função admite valor máximo 1 e valor mínimo -1; assim, qualquer que seja $x \in \mathbb{R}$, tem-se sempre que $-1 \leq $ sen $x \leq 1$. Logo, o conjunto imagem de f é o intervalo $[-1, 1]$.
- A amplitude do gráfico dessa função é dada por: $\dfrac{y_{máx} - y_{mín}}{2} = \dfrac{1 - (-1)}{2} = 1$

Função cosseno

Função cosseno é a função $f: \mathbb{R} \to \mathbb{R}$ que associa cada número real x ao número real cos x.
Indica-se a função cosseno f por $f(x) = $ cos x. A seguir apresenta-se o gráfico da função cosseno.

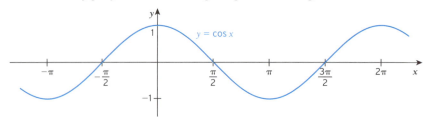

Observações
- A função cosseno é periódica. O período dessa função é 2π.
- A função admite valor máximo 1 e valor mínimo -1; assim, qualquer que seja $x \in \mathbb{R}$, tem-se sempre que $-1 \leq $ cos $x \leq 1$. Logo, o conjunto imagem de f é o intervalo $[-1, 1]$.
- A amplitude do gráfico dessa função é dada por: $\dfrac{y_{máx} - y_{mín}}{2} = \dfrac{1 - (-1)}{2} = 1$

Função tangente

Função tangente é a função $f: \mathbb{R} - \left\{\dfrac{\pi}{2} + k\pi, k \in \mathbb{Z}\right\} \to \mathbb{R}$ que associa cada número real x do domínio ao número real tg x.

Indica-se a função tangente f por $f(x) = $ tg x. Ao lado apresenta-se o gráfico da função tangente.

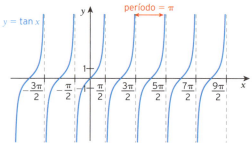

Observações
- A função tangente é periódica. O período dessa função é igual a π.
- A função não admite valor máximo nem valor mínimo.

Questões

1. (Unesp) Considere a representação gráfica da função definida por:
$$f(x) = \text{sen}\left(\frac{3\pi}{2}x\right) \cdot (-1 + \sqrt{x-1})$$

Os pontos P, Q, R e S denotam os quatro primeiros pontos de interseção do gráfico da função f com o eixo das abscissas. Determine as coordenadas dos pontos P, Q, R e S, nessa ordem.

2. (PUC-SP) Seja $f(x) = R\,\text{sen}\,(x - a)$. Sabemos que $f\left(\frac{\pi}{4}\right) = 0$ e $f\left(\frac{\pi}{2}\right) = 1$.

a) Calcule $f(0)$.

b) Encontre as soluções reais de $f(x) = \frac{\sqrt{2}}{2}$, $0 \leq x \leq 2\pi$.

c) Encontre as soluções reais de $f(x) = \sqrt{3}$, $0 \leq x \leq 2\pi$.

3. (UCB-DF)

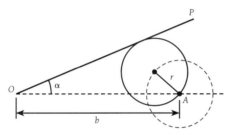

A figura representa um mecanismo encontrado em uma máquina agrícola. Nesse mecanismo, o círculo de raio r gira em torno do eixo representado pelo ponto A. A haste OP, que é fixada em O, representa um braço articulado que, pressionado por uma mola, permanece apoiado no círculo de raio r.

Com relação à geometria desse mecanismo, julgue os itens a seguir, assinalando (V) para os verdadeiros e (F) para os falsos.

a) O ângulo α, indicado na figura, é tal que $\alpha > 0$, em qualquer posição do mecanismo.

b) O maior valor do ângulo α é tal que $\text{sen}\,\alpha = \frac{2r}{b}$.

c) À medida que o mecanismo gira, o gráfico da função $f(\alpha) = \text{sen}\,\alpha$ é o que se apresenta na seguinte figura:

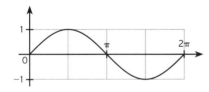

d) Se os valores r e b mostrados na figura são tais que $b = 4r$, então α é tal que $0 \leq \alpha \leq \frac{\pi}{6}$.

e) O maior valor que se poderia ter para o ângulo α, preservando-se o movimento do mecanismo, seria $\alpha = \frac{\pi}{2}$.

4. (UPE) Na função trigonométrica $y = -3 + \text{sen}\left(x - \frac{\pi}{4}\right)$, o período e o conjunto imagem são iguais, respectivamente, a:

a) $\frac{\pi}{4}$ e $[-1, 1]$

b) 2π e $[-4, -2]$

c) 2π e $[-4, 4]$

d) $\frac{5\pi}{4}$ e $[-1, 1]$

e) 2π e $[2, -4]$

5. (UFPB) Um especialista, ao estudar a influência da variação da altura das marés na vida de várias espécies em certo manguezal, conclui que a altura A das marés, dada em metros, em um espaço de tempo não muito grande, poderia ser modelada de acordo com a função:

$$A(t) = 1,6 - 1,4\operatorname{sen}\left(\frac{\pi}{6}t\right)$$

Nessa função, a variável t representa o tempo decorrido, em horas, a partir da meia-noite de certo dia. Nesse contexto, conclui-se que a função A, no intervalo [0, 12], está representada pelo gráfico:

a)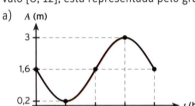
d)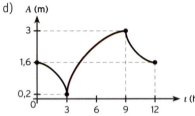

b)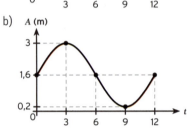
e)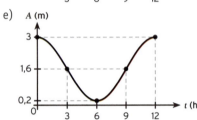

c)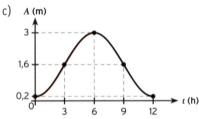

6. (PUC-RS) A representação gráfica da função f dada por $f(x) = 2\operatorname{sen}\left(x + \frac{\pi}{2}\right) - 2$ é:

a)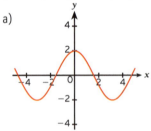
d)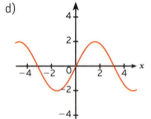

b)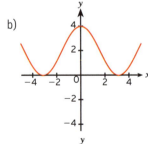
e)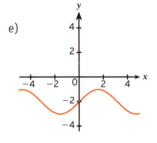

c)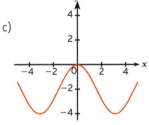

7. **(UFSC)** Assinale a(s) proposição(ões) correta(s).
   [A resposta será a soma dos números associados às alternativas corretas.]
   01. Se $f: \mathbb{R} \to \mathbb{R}$ é a função definida por $f(x) = \text{sen } x$, então $f(10) > 0$.
   02. Sejam f e g funções reais definidas por $f(x) = 2^x$ e $g(x) = \cos x$ para todo $x \in \mathbb{R}$. Então existe uma infinidade de pontos em que os gráficos dessas funções se interceptam.
   04. Na figura 1, a reta r é tangente à circunferência λ, de centro no ponto $O(0, 0)$ e raio 1.

   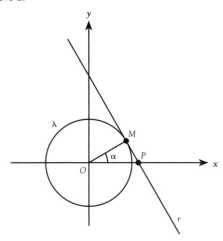

   Para $\alpha = \dfrac{\pi}{6}$ rad as coordenadas do ponto P são $\left(\dfrac{2}{\sqrt{3}}, 0\right)$.

   08. O valor numérico da expressão $\cos 36° + \cos 72° + \cos 108° + \cos 144°$ é zero.
   16. O menor número inteiro que satisfaz a inequação $20 - 3(2x + 15) < 0$ é -5.

8. **(UEA-AM)** A imagem da função $f(x) = \sqrt{1 - \cos^2 x}$ é o conjunto:
   a) $[-1, 1[$
   b) $[-1, 1]$
   c) $]0, 1[$
   d) $[0, 1]$
   e) $[-1, 0[$

9. **(UCPel-RS)** Sabendo que sen $30° = \dfrac{1}{2}$, então pode-se afirmar que sen $15° \cdot \cos 15°$ é:
   a) $\dfrac{1}{4}$
   b) $\dfrac{2}{3}$
   c) $\dfrac{3}{4}$
   d) $\dfrac{3}{2}$
   e) $\dfrac{1}{2}$

10. **(PUC-RS)** Em uma animação, um mosquitinho aparece voando, e sua trajetória é representada em um plano onde está localizado um referencial cartesiano. A curva que fornece o trajeto tem equação $y = 3\cos(bx + c)$. O período é 6π, o movimento parte da origem e desenvolve-se no sentido positivo do eixo das abscissas.
    Nessas condições, podemos afirmar que o produto $3bc$ é:
    a) 18π
    b) 9π
    c) π
    d) $\dfrac{\pi^2}{2}$
    e) $\dfrac{\pi}{2}$

11. **(Uern)** Um determinado inseto no período de reprodução emite sons cuja intensidade sonora oscila entre o valor mínimo de 20 decibéis até o máximo de 40 decibéis, sendo t a variável tempo em segundos.
    Entre as funções a seguir, aquela que melhor representa a variação da intensidade sonora com o tempo $I(t)$ é:
    a) $50 - 10\cos\left(\dfrac{\pi}{6}t\right)$
    b) $30 + 10\cos\left(\dfrac{\pi}{6}t\right)$
    c) $40 + 20\cos\left(\dfrac{\pi}{6}t\right)$
    d) $60 - 20\cos\left(\dfrac{\pi}{6}t\right)$

Relações e transformações trigonométricas

Se f e g são duas funções trigonométricas tais que $f(x) = g(x)$ para todos os valores de x para os quais essas funções são definidas, então $f(x) = g(x)$ é uma **identidade trigonométrica**.

Caso exista um número a pertencente ao domínio de f ou ao domínio de g, para o qual $f(a) \neq g(a)$, então $f(x) = g(x)$ é uma **equação trigonométrica**.

Identidades trigonométricas

Para verificar se $f(x) = g(x)$ é uma identidade trigonométrica, pode-se proceder de três modos.
 I. Manipula-se um dos membros da igualdade por meio do uso de substituições ou simplificações para transformá-lo no outro membro.
 II. Manipula-se cada membro da igualdade para se determinar uma expressão que lhes seja comum.
 III. Verifica-se se $f(x) - g(x)$ é igual a zero.

Equações trigonométricas

A maioria das equações trigonométricas são redutíveis a uma das seguintes formas:

$$\text{sen } x = \text{sen } \alpha \qquad \cos x = \cos \alpha \qquad \text{tg } x = \text{tg } \alpha$$

Casos particulares:

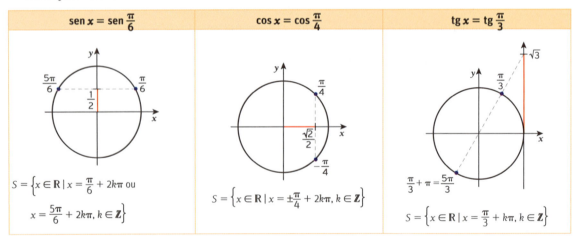

Adição e subtração de arcos

Seno da soma de dois arcos: $\text{sen}(a + b) = \text{sen } a \cdot \cos b + \text{sen } b \cdot \cos a$

Seno da diferença de dois arcos: $\text{sen}(a - b) = \text{sen } a \cdot \cos b - \text{sen } b \cdot \cos a$

Cosseno da soma de dois arcos: $\cos(a + b) = \cos a \cdot \cos b - \text{sen } a \cdot \text{sen } b$

Cosseno da diferença de dois arcos: $\cos(a - b) = \cos a \cdot \cos b + \text{sen } a \cdot \text{sen } b$

Tangente da soma de dois arcos: $\text{tg}(a + b) = \dfrac{\text{tg } a + \text{tg } b}{1 - \text{tg } a \cdot \text{tg } b}$

Tangente da diferença de dois arcos: $\text{tg}(a - b) = \dfrac{\text{tg } a - \text{tg } b}{1 + \text{tg } a \cdot \text{tg } b}$

Observação
As duas últimas fórmulas só podem ser usadas para valores que não anulem o denominador da fração.

Questões

1. **(UPE)** No círculo trigonométrico, qual o menor arco positivo x para o qual $4^{\operatorname{sen}(x)} = \frac{1}{2}$?

   a) $\frac{\pi}{3}$ rad
   b) $\frac{\pi}{6}$ rad
   c) $\frac{5\pi}{6}$ rad
   d) $\frac{7\pi}{6}$ rad
   e) 2π rad

2. **(UFSCar-SP)** Suponha que o planeta Terra seja uma esfera de centro C e raio R. Na figura, está representado o planeta Terra e uma nave espacial N. A fração visível da superfície da Terra por um astronauta na nave N é dada em função do ângulo θ, mostrado na figura, pela expressão $f(\theta) = \frac{1 - \operatorname{sen} \theta}{2}$.

   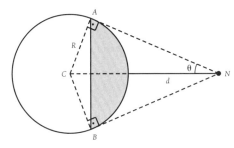

   a) Determine o ângulo θ, em graus, para o qual é visível da nave a quarta parte da superfície da Terra e a distância da nave à superfície da Terra neste caso. (Use a aproximação $R = 6\,400$ km.)
   b) Se um astronauta numa nave, a uma distância d da Terra, avista a superfície da Terra com ângulo $\theta = 15°$, determine a fração visível da superfície da Terra pelo astronauta. (Use as aproximações $\sqrt{2} = 1{,}4$ e $\sqrt{6} = 2{,}4$.)

3. **(Fuvest-SP)** O número real x, com $0 < x < \pi$, satisfaz a equação $\log_3(1 - \cos x) + \log_3(1 + \cos x) = -2$. Então, $\cos 2x + \operatorname{sen} x$ vale:

   a) $\frac{1}{3}$
   b) $\frac{2}{3}$
   c) $\frac{7}{9}$
   d) $\frac{8}{9}$
   e) $\frac{10}{9}$

4. **(ITA-SP)** Seja $x \in [0, 2\pi]$ tal que $\operatorname{sen}(x) \cdot \cos(x) = \frac{2}{5}$. Então, o produto e a soma de todos os possíveis valores de $\operatorname{tg}(x)$ são, respectivamente:

   a) 1 e 0
   b) 1 e $\frac{5}{2}$
   c) -1 e 0
   d) 1 e 5
   e) -1 e $-\frac{5}{2}$

5. **(ITA-SP)** Num triângulo ABC o lado $\overline{AB}$ mede 2 cm, a altura relativa ao lado $\overline{AB}$ mede 1 cm, o ângulo $A\hat{B}C$ mede $135°$ e M é o ponto médio de $\overline{AB}$. Então a medida de $B\hat{A}C + B\hat{M}C$, em radianos, é igual a:

   a) $\frac{1}{5}\pi$
   b) $\frac{1}{4}\pi$
   c) $\frac{1}{3}\pi$
   d) $\frac{3}{8}\pi$
   e) $\frac{2}{5}\pi$

6. **(Fuvest-SP)** Sejam x e y números reais positivos tais que $x + y = \frac{\pi}{2}$. Sabendo-se que $\operatorname{sen}(y - x) = \frac{1}{3}$, o valor de $\operatorname{tg}^2 y - \operatorname{tg}^2 x$ é igual a:

   a) $\frac{3}{2}$
   b) $\frac{5}{4}$
   c) $\frac{1}{2}$
   d) $\frac{1}{4}$
   e) $\frac{1}{8}$

7. (FGV-SP) No intervalo [0, π], a equação $8^{\text{sen}^2 x} = 4^{\text{sen } x - \frac{1}{8}}$ admite o seguinte número de raízes:

a) 5
b) 4
c) 3
d) 2
e) 1

8. (Unifesp) A função $D(t) = 12 + (1,6)\cos\left(\frac{\pi}{180}(t + 10)\right)$ fornece uma aproximação da duração do dia (diferença em horas entre o horário do pôr do sol e o horário do nascer do sol) numa cidade do Sul do país, no dia t de 2010. A variável t, que representa o dia, varia de 1 a 365, sendo $t = 1$ correspondente ao dia 1º de janeiro e $t = 365$ correspondente ao dia 31 de dezembro. O argumento da função cosseno é medido em radianos. Com base nessa função, determine:

a) a duração do dia 19.02.2010, expressando o resultado em horas e minutos.

b) em quantos dias no ano de 2010 a duração do dia naquela cidade foi menor ou igual a doze horas.

9. (PUC-Campinas-SP)

No Rio de Janeiro com o privilegiado cenário natural, muitos devem ter visitado o Pão de Açúcar com o bondinho partindo da Praia Vermelha e passando pelo Morro da Urca, como mostra a figura abaixo.

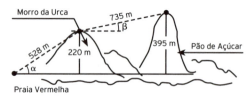

Adaptado: Jornal *O Estado de S. Paulo* - V4 - Viagem & Aventura - 2 nov. 2007.

Nessas condições, é verdade que cossec α + cossec β é igual a:

a) 6,8
b) 6,6
c) 6,4
d) 6,2
e) 6,0

10. (UTFPR) A expressão

$$y = \frac{(\sec x - \text{tg } x)(\sec x + \text{tg } x)}{(1 - \text{sen}^2 x)(\text{cotg } x - \text{cossec } x)(\text{cotg } x + \text{cossec } x)}$$ é equivalente a:

a) $-\sec^2 x$
b) $\text{cossec}^2 x$
c) $-\text{cossec}^2 x$
d) $\cos^2 x$
e) $-\cos^2 x$

11. (Fuvest-SP) A figura representa um quadrado ABCD de lado 1. O ponto F está em $\overline{BC}$, $\overline{BF}$ mede $\frac{\sqrt{5}}{4}$, o ponto E está em $\overline{CD}$ e $\overline{AF}$ é bissetriz do ângulo $B\hat{A}E$.

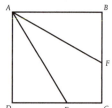

Nessas condições, o segmento $\overline{DE}$ mede:

a) $\frac{3\sqrt{5}}{40}$
b) $\frac{7\sqrt{5}}{40}$
c) $\frac{9\sqrt{5}}{40}$
d) $\frac{11\sqrt{5}}{40}$
e) $\frac{13\sqrt{5}}{40}$

12. (Uece) O número de soluções da equação $3\text{sen}^2 x - 3|\text{sen } x| + \cos^2 x = 0$ que estão no intervalo $[0, 2\pi]$ é:

a) 2   b) 8   c) 4   d) 6

13. (Fatec-SP) Da trigonometria sabe-se que quaisquer que sejam os números reais p e q, $\text{sen } p + \text{sen } q = 2\text{sen}\left(\dfrac{p+q}{2}\right) \cdot \cos\left(\dfrac{p-q}{2}\right)$.

Logo, a expressão $\cos x \cdot \text{sen } 9x$ é idêntica a:

a) $\text{sen } 10x + \text{sen } 8x$

b) $2(\text{sen } 6x + \text{sen } 2x)$

c) $2(\text{sen } 10x + \text{sen } 8x)$

d) $\dfrac{1}{2}(\text{sen } 6x + \text{sen } 2x)$

e) $\dfrac{1}{2}(\text{sen } 10x + \text{sen } 8x)$

14. (UTFPR) O número de raízes da equação $\cos(x) - 2\text{sen}(x) \cdot \cos(x) = 0$, no intervalo $[0, 2\pi]$, é igual a:

a) 0   b) 1   c) 2   d) 3   e) 4

15. (UTFPR) A expressão $\dfrac{\sec(x) + 1}{\sec(x)}$, tal que $\sec(x) \neq 0$ para todo x, é equivalente a:

a) $1 - \cos\left(\dfrac{x}{2}\right)$

b) $1 + \cos\left(\dfrac{x}{2}\right)$

c) $4 - \text{sen}^2\left(\dfrac{x}{2}\right)$

d) $2 - 2\text{tg}^2(x)$

e) $2 - 2\text{sen}^2\left(\dfrac{x}{2}\right)$

16. (Uece) O número de soluções (p, q) do sistema
$\begin{cases} \cos^2 p - 2\text{sen } q = 0 \\ \cos^2 p + 2\text{sen } q = 1,5 \end{cases}$ com $p, q \in [-\pi, \pi]$ é:

a) 4   b) 6   c) 8   d) 10

17. (UFT-TO) Se $\text{sen } \theta = \dfrac{5}{13}$ e $\theta \in \left[\dfrac{3\pi}{4}, \pi\right]$, então o valor de $\text{tg}(2\theta)$ é:

a) $-\dfrac{12}{13}$

b) $-\dfrac{120}{119}$

c) $\dfrac{120}{119}$

d) 1

e) $\dfrac{\sqrt{3}}{3}$

18. (IFSP) Sabendo que $\cos \theta - \text{sen } \theta = \dfrac{\sqrt{6}}{3}$, então o valor de $\text{sen}(2\theta)$ é:

a) -1

b) $-\dfrac{5}{9}$

c) $\dfrac{1}{6}$

d) $\dfrac{1}{3}$

e) $\dfrac{5}{6}$

Matriz

Uma **matriz** $m \times n$ é uma tabela com $m \cdot n$ números reais dispostos em m linhas e n colunas.

Diz-se que uma matriz $m \times n$ é de **ordem** $m \times n$. Os números que compõem uma matriz são os **elementos** ou **termos** da matriz.

A matriz A do tipo $m \times n$ é formada pelos elementos genéricos a_{ij} que estão na linha i e na coluna j. Sua representação é:

$$A_{m \times n} = \begin{bmatrix} a_{11} & a_{12} & \cdots & a_{1n} \\ a_{21} & a_{22} & \cdots & a_{2n} \\ \vdots & \vdots & & \vdots \\ a_{m1} & a_{m2} & \cdots & a_{mn} \end{bmatrix} \begin{matrix} \leftarrow \text{linha 1} \\ \leftarrow \text{linha 2} \\ \\ \leftarrow \text{linha } m \end{matrix}$$

com colunas 1, 2, ..., n indicadas acima.

Matriz quadrada

Matriz quadrada é toda matriz que tem quantidade de linhas igual à quantidade de colunas.

Diz-se que uma matriz quadrada $n \times n$ é uma matriz de **ordem** n.

Diagonais

Há duas diagonais em uma matriz quadrada: uma principal e uma secundária.

A **diagonal principal** de uma matriz quadrada de ordem n é o conjunto formado pelos elementos cujos índices (linha-coluna) são iguais.

A **diagonal secundária** de uma matriz quadrada de ordem n é o conjunto formado pelos elementos cuja soma dos índices (linha-coluna) é igual a $n + 1$.

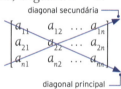

Matriz identidade

Matriz identidade de ordem n é uma matriz diagonal cujos elementos da diagonal principal são iguais a 1 e os demais elementos iguais a zero.

Indica-se uma matriz identidade de ordem n por I_n.

Igualdade de matrizes

Duas matrizes são **iguais** se têm ordens iguais e elementos correspondentes iguais.

Considerando as matrizes $A = (a_{ij})_{m \times n}$ e $B = (b_{ij})_{m \times n}$, dizemos que $A = B$ se, e somente se, $a_{ij} = b_{ij}$, para quaisquer i e j, em que $1 \leq i \leq m$ e $1 \leq j \leq n$.

Operações com matrizes

Adição de matrizes

A **soma** de duas matrizes A e B de mesma ordem é a matriz C obtida pela adição dos elementos correspondentes dessas matrizes.

Matriz oposta

Sendo uma matriz A de ordem $m \times n$, tem-se:

A **matriz oposta** da matriz A é a matriz $-A$ tal que $A + (-A) = 0_{m \times n}$.

Propriedades

Considerando as matrizes A, B e C de ordem $m \times n$, valem as propriedades a seguir.

- **Comutativa**: $A + B = B + A$

- **Associativa**: $(A + B) + C = A + (B + C)$

- **Existência do elemento oposto** (matriz oposta): $A + (-A) = 0_{m \times n}$

- **Existência do elemento neutro** (matriz nula): $A + 0_{m \times n} = 0_{m \times n} + A = A$

Subtração de matrizes

A **diferença** entre duas matrizes A e B de mesma ordem é a matriz C obtida pela subtração dos elementos correspondentes de A e de B.

A matriz C, diferença entre as matrizes A e B, é obtida pela adição da matriz A com a matriz oposta de B.

Multiplicação de um número real por uma matriz

O **produto** de um número real k por uma matriz A é uma matriz C obtida pela multiplicação dos elementos de A por k.

Matriz transposta

A **matriz transposta** de uma matriz A é a matriz A^t em que os elementos que formam as linhas são, ordenadamente, os elementos que formam as colunas da matriz A.

$$A = \begin{bmatrix} a_{11} & a_{12} & a_{13} & \dots & a_{n} \\ a_{21} & a_{22} & a_{23} & \dots & a_{2n} \\ a_{31} & a_{32} & a_{33} & \dots & a_{3n} \\ \cdot & & & & \\ \cdot & & & & \\ \cdot & & & & \\ a_{n1} & a_{n2} & a_{n3} & \dots & a_{nn} \end{bmatrix} \Rightarrow A^t = \begin{bmatrix} a_{11} & a_{21} & a_{31} & \dots & a_{n1} \\ a_{12} & a_{22} & a_{32} & \dots & a_{n2} \\ a_{13} & a_{23} & a_{33} & \dots & a_{n3} \\ \cdot & & & & \\ \cdot & & & & \\ \cdot & & & & \\ a_{1n} & a_{2n} & a_{3n} & \dots & a_{nn} \end{bmatrix}$$

Dada uma matriz A e sua transposta A^t, se $A^t = A$, então a matriz A é **simétrica**; se $A^t = -A$, então a matriz A é **antissimétrica**.

Multiplicação de matrizes

O **produto** de duas matrizes $A = (a_{ik})$ e $B = (b_{kj})$ é a matriz $C = (c_{ij})$ cujos elementos são a soma dos produtos ordenados dos elementos da linha i de A pelos elementos da coluna j de B.

De acordo com a definição, o produto $A \cdot B$ de duas matrizes só existe no caso em que o número de colunas da matriz A é igual ao número de linhas da matriz B e a matriz C obtida desse produto tem o número de linhas da matriz A e o número de colunas da matriz B.

Se $A = \begin{bmatrix} 2 & 2 & 1 \\ 4 & -1 & 5 \end{bmatrix}$ e $B = \begin{bmatrix} 2 & -6 \\ 5 & 10 \\ 3 & 0 \end{bmatrix}$, então a matriz $C = A \cdot B$, é dada por:

$$C = \begin{bmatrix} 2 & 2 & 1 \\ 4 & -1 & 5 \end{bmatrix} \cdot \begin{bmatrix} 2 & -6 \\ 5 & 10 \\ 3 & 0 \end{bmatrix} = \begin{bmatrix} 2 \cdot 2 + 2 \cdot 5 + 1 \cdot 3 & 2 \cdot (-6) + 2 \cdot 10 + 1 \cdot 0 \\ 4 \cdot 2 + (-1) \cdot 5 + 5 \cdot 3 & 4 \cdot (-6) + (-1) \cdot 10 + 5 \cdot 0 \end{bmatrix} =$$

$$= \begin{bmatrix} 4 + 10 + 3 & -12 + 20 + 0 \\ 8 - 5 + 15 & -24 - 10 + 0 \end{bmatrix} = \begin{bmatrix} 17 & 8 \\ 18 & -34 \end{bmatrix}$$

Observação

A multiplicação entre uma matriz quadrada de ordem n e uma matriz identidade de ordem n tem como resultado a própria matriz quadrada de ordem n.

$$A \cdot I_n = I_n \cdot A = A$$

Matriz invertível

Sendo uma matriz quadrada A de ordem n, tem-se:

A matriz A é **invertível** se existir uma matriz quadrada X, também de ordem n, tal que:

$A \cdot X = X \cdot A = I_n$

Indica-se a matriz inversa de A por A^{-1}.

Questões

1. (UFSM-RS) O diagrama dado representa a cadeia alimentar simplificada de um determinado ecossistema. As setas indicam a espécie de que a outra espécie se alimenta.

Atribuindo valor 1, quando a espécie se alimenta de outra, e zero, quando ocorre o contrário, tem-se a seguinte tabela:

	Urso	Esquilo	Inseto	Planta
Urso	0	1	1	1
Esquilo	0	0	1	1
Inseto	0	0	0	1
Planta	0	0	0	0

A matriz $A = (a_{ij})_{4 \times 4}$, associada à tabela, possui a seguinte lei de formação:

a) $a_{ij} = \begin{cases} 0, \text{ se } i \leq j \\ 1, \text{ se } i > j \end{cases}$

b) $a_{ij} = \begin{cases} 0, \text{ se } i = j \\ 1, \text{ se } i \neq j \end{cases}$

c) $a_{ij} = \begin{cases} 0, \text{ se } i \geq j \\ 1, \text{ se } i < j \end{cases}$

d) $a_{ij} = \begin{cases} 0, \text{ se } i \neq j \\ 1, \text{ se } i = j \end{cases}$

e) $a_{ij} = \begin{cases} 0, \text{ se } i < j \\ 1, \text{ se } i > j \end{cases}$

2. (PUC-RS) No projeto Sobremesa Musical, o Instituto de Cultura Musical da PUC-RS realiza apresentações semanais gratuitas para a comunidade universitária. O número de músicos que atuaram na apresentação de número j do i-ésimo mês da primeira temporada de 2009 está registrado como o elemento a_{ij} da matriz abaixo:

$$\begin{bmatrix} 43 & 12 & 6 & 6 & 5 \\ 43 & 5 & 5 & 12 & 12 \\ 43 & 13 & 20 & 13 & 0 \\ 3 & 5 & 54 & 43 & 43 \end{bmatrix}$$

A apresentação na qual atuou o maior número de músicos ocorreu na _____ semana do _____ mês.

a) quinta – segundo
b) quarta – quarto
c) quarta – terceiro
d) terceira – quarto
e) primeira – terceiro

3. **(Fuvest-SP)** Considere a matriz $A = \begin{bmatrix} a & 2a+1 \\ a-1 & a+1 \end{bmatrix}$ em que a é um número real. Sabendo que A admite inversa A^{-1} cuja primeira coluna é $\begin{bmatrix} 2a-1 \\ -1 \end{bmatrix}$, a soma dos elementos da diagonal principal de A^{-1} é igual a:
a) 5
c) 7
e) 9
b) 6
d) 8

4. **(FGV-SP)** Os alunos de uma classe foram consultados sobre quatro possibilidades diferentes de horário para o exame final da disciplina (possibilidades A, B, C e D). Cada aluno ordenou sua preferência da 1ª à 4ª escolha (a 1ª é a mais desejada, e a 4ª, a menos desejada). A apuração dos resultados dessa consulta mostrou que foram escolhidas apenas 9 ordenações diferentes, dentre as 24 possíveis. A tabela indica os resultados da consulta com os dados agrupados.

Número de votos	3	4	7	8	2	5	8	2	11
1ª escolha	A	A	A	B	B	B	C	C	D
2ª escolha	B	B	C	C	A	C	D	A	C
3ª escolha	C	D	B	D	C	A	B	D	A
4ª escolha	D	C	D	A	D	D	A	B	B

Exemplo: do total de 50 alunos, 3 preferem A à B, B à C e C à D (primeira coluna da tabela).

a) Usando os dados da tabela, determine o horário vencedor, e com que porcentagem de votos, em uma eleição majoritária simples. Definição: eleição majoritária simples é aquela em que se leva em consideração apenas a 1ª escolha de cada eleitor.

b) Admita, agora, que são atribuídos peso quatro (4 pontos) à 1ª escolha de cada aluno, três (3 pontos) à 2ª escolha, dois (2 pontos) à 3ª escolha e um (1 ponto) à 4ª escolha. Dada a matriz $V_{1 \times 9} = [3\ 4\ 7\ 8\ 2\ 5\ 8\ 2\ 11]$, determine a matriz $P_{9 \times 4}$ de forma que $V_{1 \times 9} \cdot P_{9 \times 4}$ resulte a matriz $T_{1 \times 4} = [A\ B\ C\ D]$ do total de pontos dos horários A, B, C e D. Em seguida, ordene a classificação dos quatro horários, do que obteve mais pontos para o que obteve menos pontos.

5. **(Unicamp-SP)** Uma matriz real quadrada P é dita ortogonal se $P^t = P^{-1}$, ou seja, se sua transposta é igual a sua inversa.

a) Considere a matriz $P = \begin{bmatrix} -\frac{1}{3} & -\frac{2}{3} & -\frac{2}{3} \\ -\frac{2}{3} & a & -\frac{1}{3} \\ -\frac{2}{3} & b & \frac{2}{3} \end{bmatrix}$. Determine os valores de a e b para que P seja ortogonal.

Dica: você pode usar o fato de que $P^{-1} \cdot P = I$, em que I é a matriz identidade.

b) Uma certa matriz A pode ser escrita na forma $A = QR$, sendo

$Q = \begin{bmatrix} \frac{1}{2} & -\frac{1}{2} & -\frac{\sqrt{2}}{2} \\ \frac{1}{2} & -\frac{1}{2} & \frac{\sqrt{2}}{2} \\ \frac{\sqrt{2}}{2} & \frac{\sqrt{2}}{2} & 0 \end{bmatrix}$ e $R = \begin{bmatrix} 2 & 0 & 0 \\ 0 & -2 & 0 \\ 0 & 0 & \sqrt{2} \end{bmatrix}$. Sabendo que Q é ortogonal, determine a solução do sistema $Ax = b$, para o vetor $b = \begin{bmatrix} 6 \\ -2 \\ 0 \end{bmatrix}$, sem obter explicitamente a matriz A.

Dica: lembre-se de que $x = A^{-1}b$.

Determinante

Determinante de uma matriz quadrada é uma função que associa à matriz um número real, obtido por meio de operações entre os elementos da matriz.

Determinante de uma matriz quadrada de ordem até 3

- O determinante de uma matriz quadrada de ordem 1 é o único elemento da matriz.
- O determinante de uma matriz quadrada de ordem 2 é o número obtido por meio da **diferença** entre o produto dos elementos da diagonal principal e o produto dos elementos da diagonal secundária.
- Determinante de uma matriz quadrada de ordem 3:

Dada a matriz $A = \begin{bmatrix} a_{11} & a_{12} & a_{13} \\ a_{21} & a_{22} & a_{23} \\ a_{31} & a_{32} & a_{33} \end{bmatrix}$, o determinante de A é o número $\det A = \begin{vmatrix} a_{11} & a_{12} & a_{13} \\ a_{21} & a_{22} & a_{23} \\ a_{31} & a_{32} & a_{33} \end{vmatrix} =$
$= (a_{11} \cdot a_{22} \cdot a_{33} + a_{12} \cdot a_{23} \cdot a_{31} + a_{13} \cdot a_{21} \cdot a_{32}) -$
$- (a_{13} \cdot a_{22} \cdot a_{31} + a_{11} \cdot a_{23} \cdot a_{32} + a_{12} \cdot a_{21} \cdot a_{33}).$

Para calcular o determinante de uma matriz quadrada de ordem 3 existe um dispositivo prático denominado **regra de Sarrus**, em que:

I. Escrevem-se as duas primeiras colunas da matriz à direita da terceira coluna. Em seguida, multiplicam-se os elementos da diagonal principal e os elementos das outras diagonais paralelas a ela.

II. Multiplicam-se os elementos da diagonal secundária e os elementos das outras diagonais paralelas a ela.

III. Calcula-se o determinante da matriz subtraindo o resultado da soma algébrica obtida em II do resultado da soma algébrica obtida em I.

Determinante de uma matriz quadrada qualquer

Considerando uma matriz quadrada A de ordem n, com $n \geq 2$, define-se menor complementar e cofator.

- O **menor complementar** de A, segundo o elemento a_{ij}, é o determinante D_{ij} da matriz que se obtém quando são suprimidas a linha e a coluna em que se encontra o elemento a_{ij}.
- O **cofator** do elemento a_{ij} é o número real $c_{ij} = (-1)^{i+j} \cdot D_{ij}$, em que D_{ij} é o menor complementar de A segundo o elemento a_{ij}.

Teorema de Laplace

Dada uma matriz quadrada qualquer, tem-se o seguinte teorema.

O determinante de uma matriz quadrada é dado pelo produto dos elementos de uma linha (ou coluna) pelos respectivos cofatores.

Propriedades

Para as propriedades a seguir utiliza-se o termo "fila" para se referir a uma linha ou a uma coluna da matriz.

O determinante de uma matriz quadrada em que todos os elementos de uma fila são iguais a zero é zero.
Se duas filas de uma matriz quadrada são iguais (ou proporcionais), então o determinante dessa matriz é zero.
Ao multiplicar todos os elementos de uma fila de uma matriz quadrada por uma constante, o determinante dessa matriz também fica multiplicado por essa constante.
O determinante de uma matriz quadrada é igual ao determinante da sua matriz transposta.
O determinante de uma matriz triangular é igual ao produto dos elementos da diagonal principal dessa matriz.
Ao inverter a posição de duas filas paralelas de uma matriz quadrada, o determinante da matriz obtida é o oposto do determinante da matriz original.
Teorema de Binet. O determinante do produto de duas matrizes quadradas de mesma ordem é igual ao produto do determinante de cada matriz.

Determinante da matriz inversa

Uma matriz A é **invertível** se, e somente se, o determinante de A é diferente de zero. Nesse caso, se A^{-1} é a matriz inversa da matriz A, então:

$$\det A^{-1} = \frac{1}{\det A}$$

Questões

1. **(ESPM-SP)** Dadas as matrizes $A = \begin{bmatrix} x & 2 \\ 1 & 1 \end{bmatrix}$ e $B = \begin{bmatrix} 1 & x \\ -1 & 2 \end{bmatrix}$, a diferença entre os valores de x, tais que $\det(A \cdot B) = 3x$, pode ser igual a:
   a) 3   b) -2 c) 5   d) -4 e) 1

2. **(Ifal)** Se $A = \begin{pmatrix} 1 & 2 \\ -1 & 0 \end{pmatrix}$ e $B = \begin{pmatrix} 1 & 2 \\ -1 & 0 \end{pmatrix}$, o determinante da matriz $(AB)^{-1}$ é:
   a) $-\dfrac{1}{10}$
   b) $\dfrac{21}{10}$
   c) $\dfrac{13}{10}$
   d) $-\dfrac{13}{10}$
   e) nda

3. **(PUC-PR)** Considere as seguintes desigualdades:

   I. $\begin{vmatrix} 2 & 2 \\ -1 & 4 \end{vmatrix} > \begin{vmatrix} 3 & 4 \\ 1 & 5 \end{vmatrix}$

   II. $\begin{vmatrix} 3 & -6 \\ 5 & -2 \end{vmatrix} < \begin{vmatrix} 4 & 7 \\ -1 & 5 \end{vmatrix}$

   III. $\begin{vmatrix} 8 & 1 \\ -2 & -6 \end{vmatrix} > \begin{vmatrix} 9 & 2 \\ -1 & -7 \end{vmatrix}$

   É correto afirmar que:
   a) são verdadeiras apenas as desigualdades I e II.
   b) são verdadeiras apenas as desigualdades II e III.
   c) são verdadeiras apenas as desigualdades I e III.
   d) as três desigualdades são verdadeiras.
   e) as três desigualdades são falsas.

4. **(Udesc)** Dada a matriz [...] $A = \begin{bmatrix} 1 & 2 \\ 1 & -1 \end{bmatrix}$ [...]. Seja a matriz B tal que $A^{-1}BA = D$, onde a matriz [...] $D = \begin{vmatrix} 2 & 1 \\ -1 & 2 \end{vmatrix}$ [...], então o determinante de B é igual a:
   a) 3
   b) -5
   c) 2
   d) 5
   e) -3

5. **(Furb-SC)** Sendo $\det \begin{vmatrix} 2^2 & 1 \\ \log_2 x & 1 \end{vmatrix} = 0$, então, o valor de x será igual a:
   a) 4   c) 32
   b) 8   d) 16

6. **(Uerj)** Considere a matriz $A_{3 \times 3}$ abaixo:

   $$A = \begin{pmatrix} \dfrac{1}{2} & a_{12} & a_{13} \\ a_{21} & 1 & 1 \\ a_{31} & 1 & 1 \end{pmatrix}$$

   Cada elemento desta matriz é expresso pela seguinte relação:
   $$a_{ij} = 2 \cdot (\text{sen } \theta_i) \cdot (\cos \theta_j), \forall\, i, j \in \{1, 2, 3\}$$
   Nessa relação, os arcos θ_1, θ_2 e θ_3 são positivos e menores que $\dfrac{\pi}{3}$ radianos.
   Calcule o valor numérico do determinante da matriz A.

Sistema linear

Equação linear

Equação linear é toda equação que pode ser expressa na forma $a_1x_1 + a_2x_2 + a_3x_3 + ... + a_{n-1}x_{n-1} + a_nx_n = b$, em que $x_1, x_2, x_3, ..., x_n$ são as **incógnitas** e $a_1, a_2, ..., a_n$ e b são números reais.

Os números $a_1, a_2, ..., a_n$ são os **coeficientes** das incógnitas da equação linear e o número b é o **termo independente**.

Solução de uma equação linear

Considerando a equação linear $a_1x_1 + a_2x_2 + a_3x_3 + ... + a_nx_n = b$, a sequência $(\alpha_1, \alpha_2, \alpha_3, ..., \alpha_n)$ denominada **ênupla ordenada**, é solução dessa equação se e somente se:
$a_1\alpha_1 + a_2\alpha_2 + a_3\alpha_3 + ... + a_n\alpha_n = b$

Sistema de equações lineares

Sistema linear é um conjunto L de m equações lineares com n incógnitas cada uma, expresso na forma $L = \begin{cases} a_{11}x_1 + a_{12}x_2 + a_{13}x_3 + ... + a_{1n}x_n = b_1 \\ a_{21}x_1 + a_{22}x_2 + a_{23}x_3 + ... + a_{2n}x_n = b_2 \\ a_{31}x_1 + a_{32}x_2 + a_{33}x_3 + ... + a_{3n}x_n = b_3 \\ \vdots \quad \vdots \quad \vdots \quad \quad \vdots \quad \vdots \\ a_{m1}x_1 + a_{m2}x_2 + a_{m3}x_3 + ... + a_{mn}x_n = b_m \end{cases}$, em que $x_1, x_2, x_3, ..., x_n$ são as **incógnitas**,

$a_{11}, a_{12}, a_{13}, ..., a_{mn}$ são os **coeficientes** e $b_1, b_2, b_3, ..., b_m$, são os **termos independentes**.

Quando os termos independentes de um sistema linear são todos nulos, o sistema é denominado **sistema linear homogêneo**.

Solução de um sistema linear

Uma ênupla ordenada $(\alpha_1, \alpha_2, \alpha_3, ..., \alpha_n)$ é solução de um sistema linear se, e somente se, é solução de cada uma das equações desse sistema.

Quando o sistema linear é homogêneo ele tem, pelo menos, a ênupla $(0, 0, 0, ..., 0)$ como solução. Essa solução é a **solução trivial** do sistema linear.

Classificação de um sistema linear

- **Sistema impossível** (SI): um sistema é impossível quando não admite solução.
- **Sistema possível e indeterminado** (SPI): um sistema é possível e indeterminado quando admite infinitas soluções.
- **Sistema possível e determinado** (SPD): um sistema é possível e determinado quando admite uma única solução.

Matriz associada a um sistema linear

Considerando o sistema $L = \begin{cases} a_{11}x_1 + a_{12}x_2 + a_{13}x_3 + ... + a_{1n}x_n = b_1 \\ a_{21}x_1 + a_{22}x_2 + a_{23}x_3 + ... + a_{2n}x_n = b_2 \\ \vdots \quad \vdots \quad \vdots \quad \quad \vdots \quad \vdots \\ a_{m1}x_1 + a_{m2}x_2 + a_{m3}x_3 + ... + a_{mn}x_n = b_m \end{cases}$, é possível associá-lo a três

matrizes – à matriz A dos coeficientes, à matriz X das incógnitas e à matriz B dos termos independentes, de modo que $AX = B$.

$$A = \begin{bmatrix} a_{11} & a_{12} & a_{13} & ... & a_{1n} \\ a_{21} & a_{22} & a_{23} & ... & a_{2n} \\ \vdots & \vdots & \vdots & \vdots & \vdots \\ a_{m_1} & a_{m_2} & a_{m_3} & ... & a_{m_n} \end{bmatrix} \quad X = \begin{bmatrix} x_1 \\ x_2 \\ \vdots \\ x_n \end{bmatrix} \quad B = \begin{bmatrix} b_1 \\ b_2 \\ \vdots \\ b_m \end{bmatrix}$$

A matriz A, formada pelos coeficientes das incógnitas, é a **matriz incompleta do sistema**.

A matriz formada pelos coeficientes das incógnitas e pelos termos independentes é chamada de **matriz completa do sistema**.

Regra de Cramer

Seja L um sistema linear com m equações e n incógnitas cada uma, tal que $m = n$. Assim, a matriz A, incompleta do sistema, é quadrada de ordem n. Sendo D o determinante de A, tem-se o seguinte teorema:

Se $D \neq 0$, então o sistema L é possível e determinado e sua única solução (α_1, α_2, α_3, ..., α_n) é obtida por $\alpha_1 = \dfrac{D_i}{D}$, em que $i = 1, 2, ..., n$ e D_i é o determinante da matriz que se obtém ao se substituir a i-ésima coluna da matriz A pela coluna formada pelos termos independentes das equações do sistema L.

Sistemas escalonados

Um sistema está **escalonado** quando aumenta, de uma equação para a próxima, o número de coeficientes nulos antes do primeiro coeficiente não nulo.

Dado um sistema escalonado de m equações com n incógnitas cada uma, pode-se classificar esse sistema quanto ao número de soluções analisando-se apenas a última linha.

- Se o sistema tiver número de equações igual ao número de incógnitas ($m = n$), então o sistema escalonado terá a última linha na forma $a_{nn}x_n = b_n$.
  Nesse caso, há três classificações possíveis:

  I. se a igualdade é uma equação de 1° grau, o sistema é **possível e determinado**. Para determinar a solução desse sistema, determina-se o valor da última incógnita na última equação $a_{nn}x_n = b_n$; substitui-se esse valor na equação anterior e assim por diante.

  II. se a igualdade é verdadeira, o sistema é **possível e indeterminado**.

  III. se a igualdade é falsa, o sistema é **impossível**.

- Se o sistema tiver número de equações menor do que o número de incógnitas, sua forma escalonada será da forma $L = \begin{cases} a_{11}x_1 + a_{12}x_2 + a_{13}x_3 + ... + a_{1n}x_n = b_1 \\ \quad\quad a_{2j}x_2 + a_{23}x_3 + ... + a_{2n}x_n = b_2 \\ \quad\quad\quad\quad \vdots \quad\quad\quad\quad \vdots \quad\quad \vdots \\ \quad\quad\quad\quad a_{mr}x_3 + ... + a_{mn}x_n = b_m \end{cases}$,

em que $j \geq 2$, $r > j$ e $m < n$.

Para resolver esse sistema, isolam-se as incógnitas que não aparecem no início de nenhuma das equações. O novo sistema assim obtido pode ser entendido como um sistema cujas incógnitas são apenas as que constam no primeiro membro de cada equação. Ao atribuir valores às incógnitas do segundo membro, obtém-se um sistema possível e determinado, como no primeiro caso. Como se podem atribuir infinitos valores para tais incógnitas, o sistema tem infinitas soluções; logo, o sistema é **possível e indeterminado**.

Sistemas lineares equivalentes

Dois ou mais sistemas lineares são **equivalentes** quando têm soluções iguais.

Processo de escalonamento

Escalonar um sistema linear consiste em transformar um sistema linear em outro sistema linear, **escalonado**, e que seja equivalente ao primeiro. Para isso são utilizadas operações que não alteram o conjunto solução do sistema.

- Alterar a ordem das equações não altera a solução do sistema.
- Multiplicar ambos os membros de uma equação qualquer por um número real não nulo não altera a solução do sistema.
- Substituir uma equação do sistema pela soma, membro a membro, dessa equação com outra desse mesmo sistema também não altera a solução do sistema.

Passos para escalonar um sistema

I. Escolhe-se como primeira equação do sistema aquela em que o coeficiente da primeira incógnita não seja nulo. Supondo que esse coeficiente seja um número a diferente de 1 ou de -1, dividem-se ambos os membros dessa primeira equação por a, pois isso não altera a solução do sistema.

II. Para anular o coeficiente da primeira incógnita da segunda equação, adiciona-se a ela a primeira equação multiplicada por um número conveniente.

III. Considera-se o sistema a partir da 2ª equação e repetem-se os passos I e II. Depois, considera-se o sistema a partir da 3ª equação e repetem-se os passos I e II; e assim sucessivamente, até a última equação, obtendo um sistema escalonado.

Exemplo

Resolução do sistema linear:

$$\begin{cases} 2x + y + z = 3 \\ x + 2y + z = 0 \\ 3x - y + z = 8 \end{cases}$$

Processo de escalonamento

I	II	III
Inverte-se a posição da primeira equação com a da segunda, pois esta já tem o primeiro coeficiente igual a 1. Obtém-se assim um novo posicionamento para as equações. $$\begin{cases} x + 2y + z = 0 \ (1^a \text{ equação}) \\ 2x + y + z = 3 \ (2^a \text{ equação}) \\ 3x - y + z = 8 \ (3^a \text{ equação}) \end{cases}$$	Substitui-se a segunda equação pela soma dessa equação com a primeira multiplicada por -2. $$\begin{cases} x + 2y + z = 0 \\ -3y - z = 3 \\ 3x - y + z = 8 \end{cases}$$ Divide-se a segunda equação por -3: $$\begin{cases} x + 2y + z = 0 \\ y + \frac{z}{3} = -1 \\ 3x - y + z = 8 \end{cases}$$	Substitui-se a terceira equação pela soma dessa equação com o produto da primeira equação por -3: $$\begin{cases} x + 2y + z = 0 \\ y + \frac{z}{3} = -1 \\ -7y - 2z = 8 \end{cases}$$ Substitui-se a terceira equação pela soma dessa equação com o produto da segunda equação por 7. $$\begin{cases} x + 2y + z = 0 \\ y + \frac{z}{3} = -1 \\ \frac{z}{3} = 1 \end{cases}$$

Resolução do sistema escalonado

O sistema escalonado tem última equação $\frac{z}{3} = 1$, cuja solução é $z = 3$. Substituindo z por 3 na 2ª equação, verifica-se que $y = -2$. Substituindo z por 3 e y por -2 na primeira equação, obtém-se $x = 1$.

Portanto, a solução do sistema é a terna ordenada $(1, -2, 3)$, e o conjunto solução do sistema é $S = \{(1, -2, 3)\}$.

Discussão de um sistema linear

Um sistema linear pode estar representado em função de um parâmetro. Discutir um sistema linear é dizer para quais valores desse parâmetro o sistema será possível e determinado (SPD), possível e indeterminado (SPI) ou impossível (SI).

Tal discussão pode ser baseada na regra de Cramer.

- Se o determinante da matriz incompleta do sistema for diferente de zero, então o sistema será possível e determinado (SPD).
- Se o determinante da matriz incompleta do sistema for igual a zero, então o sistema será possível e indeterminado (SPI) ou impossível (SI). Para classificá-lo, é necessário substituir no sistema o valor do parâmetro que anula o determinante da matriz incompleta, escalonar o sistema e verificar se ele é possível e indeterminado ou impossível.

Questões

1. **(Unir-RO)** Pagou-se uma conta de R$ 9,50 com moedas de R$ 0,50 e R$ 0,25, ao todo 28 moedas. A equação que representa esta sentença é:
   a) $0,50 \cdot x + 0,25 \cdot (28 - x) - 9,50 = 0$
   b) $0,50 \cdot x + 0,25 \cdot (28 - x) + 9,50 = 0$
   c) $0,50 \cdot x + 0,25 \cdot (28 + x) - 9,50 = 0$
   d) $0,50 \cdot x - 0,25 \cdot (28 - x) - 9,50 = 0$
   e) $0,50 \cdot x - 0,25 \cdot (28 + x) - 9,50 = 0$

2. **(Fuvest-SP)** Em uma festa com n pessoas, em um dado instante, 31 mulheres se retiraram e restaram convidados na razão de 2 homens para cada mulher. Um pouco mais tarde, 55 homens se retiraram e restaram, a seguir, convidados na razão de 3 mulheres para cada homem. O número n de pessoas presentes inicialmente na festa era igual a:
   a) 100   b) 105   c) 115   d) 130   e) 135

3. **(Unisinos-RS)** Numa loja, todas as calças têm o mesmo preço, e as camisas também, sendo o preço de uma calça diferente do de uma camisa. Ricardo comprou 1 calça e 2 camisas e pagou R$ 240,00. Roberto comprou 2 calças e 3 camisas e pagou R$ 405,00. Qual o preço, em reais, de uma calça e uma camisa, respectivamente?
   a) 70 e 95
   b) 75 e 90
   c) 80 e 85
   d) 85 e 80
   e) 90 e 75

4. **(Uerj)** Uma família comprou água mineral em embalagens de 20 L, de 10 L e de 2 L. Ao todo, foram comprados 94 L de água, com o custo total de R$ 65,00. Veja na tabela os preços da água por embalagem:

Volume da embalagem (L)	Preço (R$)
20	10,00
10	6,00
2	3,00

   Nessa compra, o número de embalagens de 10 L corresponde ao dobro do número de embalagens de 20 L, e a quantidade de embalagens de 2 L corresponde a n.
   O valor de n é um divisor de:
   a) 32   b) 65   c) 77   d) 81

5. **(Unesp)** Uma família fez uma pesquisa de mercado, nas lojas de eletrodomésticos, à procura de três produtos que desejava adquirir: uma TV, um *freezer* e uma churrasqueira. Em três das lojas pesquisadas, os preços de cada um dos produtos eram coincidentes entre si, mas nenhuma das lojas tinha os três produtos simultaneamente para a venda. A loja A vendia a churrasqueira e o *freezer* por R$ 1 288,00. A loja B vendia a TV e o *freezer* por R$ 3 698,00 e a loja C vendia a churrasqueira e a TV por R$ 2 588,00.
   A família acabou comprando a TV, o *freezer* e a churrasqueira nessas três lojas. O valor total pago, em reais, pelos três produtos foi de:
   a) 3 767,00
   b) 3 777,00
   c) 3 787,00
   d) 3 797,00
   e) 3 807,00

6. **(UCPel-RS)** A solução do sistema linear
   $\begin{cases} x + 2y + 3z = 2 \\ 2x - 5z = 1 \\ 3x - y = 11 \end{cases}$ é:
   a) $x = 2, y = 3$ e $z = -1$
   b) $x = -3, y = 2$ e $z = -1$
   c) $x = -3, y = -2$ e $z = -1$
   d) $x = 2, y = -3$ e $z = 1$
   e) $x = 3, y = -2$ e $z = 1$

7. (PUC-RS) A soma das idades de Luís (L), Paulo (P) e Juliano (J) é 114 anos. Luís é pai de Paulo, que é pai de Juliano. Retirando a idade de Paulo do dobro da idade de Juliano e somando a idade de seu avô, obtemos 42 anos. Diminuindo a idade de Paulo da idade de Luís, obtemos 18.

Um sistema de equações lineares que descreve esse problema é:

a) $\begin{cases} J + P + L = 114 \\ 2J - P + L = 42 \\ -P + L = 18 \end{cases}$

b) $\begin{cases} J + P + L = 114 \\ 2J - P + L = 42 \\ -P + L = -18 \end{cases}$

c) $\begin{cases} J + P + L = 114 \\ 2J + P - L = 42 \\ -P + L = 18 \end{cases}$

d) $\begin{cases} J + P + L = 114 \\ 2J + P - L = 42 \\ -P + L = -18 \end{cases}$

e) $\begin{cases} J + P + L = 114 \\ J^2 + P - L = 42 \\ -P + L = 18 \end{cases}$

8. (Unifor-CE) Num final de feira livre, um feirante tem ainda um pequeno estoque de abacaxis, melancias e graviolas. Se vender cada abacaxi por R$ 2,00, cada melancia por R$ 3,00 e cada graviola por R$ 4,00, obtém uma receita de R$ 50,00. Se vender cada abacaxi, cada melancia e cada graviola respectivamente por R$ 2,00, R$ 6,00 e R$ 3,00, a receita será de R$ 60,00. Considerando que ele só vende cada fruta inteira (não frações), podemos com certeza afirmar que:

a) não é possível, com estes dados, determinar o estoque de cada tipo de fruta.
b) existem exatamente duas soluções (distintas) determinando o estoque de cada tipo de fruta.
c) é imprescindível uma outra informação para determinar o estoque de cada tipo de fruta.
d) os dados são suficientes para determinar o estoque de cada tipo de fruta.
e) existem infinitas soluções determinando o estoque de cada tipo de fruta.

9. (PUC-RS) Se n é o número de soluções do sistema $\begin{cases} x + y - z = 1 \\ 2x - y + z = 2 \\ x + 2y + z = 3 \end{cases}$, então:

a) $n = 0$
b) $n = 1$
c) $n = 2$
d) $n = 3$
e) $n > 3$

10. (UEA-AM) Em uma determinada gleba, 6 000 mudas de seringueira foram plantadas alinhadas em linhas e colunas, conforme indicado na figura, sendo que o número de linhas é 40 unidades maior que o número de colunas.

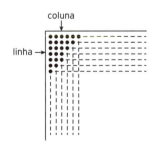

Desse modo, é correto afirmar que o número de mudas plantadas em cada linha é igual a:

a) 60
b) 70
c) 80
d) 90
e) 100

11. (EsPCEx-SP) Os números das contas bancárias ou dos registros de identidade costumam ser seguidos por um ou dois dígitos, denominados dígitos verificadores, que servem para conferir sua validade e prevenir erros de digitação. Em um grande banco, os números de todas as contas são formados por algarismos de 0 a 9, na forma $abcdef$-xy, em que a sequência ($abcdef$) representa, nessa ordem, os algarismos do número da conta e x e y, nessa ordem, representam os dígitos verificadores.

Para obter os dígitos x e y o sistema de processamento de dados do banco constrói as seguintes matrizes:

$$A = \begin{bmatrix} 1 & -2 & 1 \\ 0 & 1 & 0 \\ 0 & 2 & -1 \end{bmatrix} \quad B = \begin{bmatrix} x \\ y \\ z \end{bmatrix} \quad C = \begin{bmatrix} (a-b) \\ (c-d) \\ (e-f) \end{bmatrix}$$

Os valores de x e y são obtidos pelo resultado da operação matricial $A \cdot B = C$, desprezando-se o valor de z. Assim, os dígitos verificadores correspondentes à conta corrente de número 356281 são:

a) 34
b) 41
c) 49
d) 51
e) 54

12. (Ifal) Geralmente a aquisição de material escolar é feita no início de cada semestre letivo. Em virtude disso, acredita-se que, no mês de julho, será maior o fluxo de clientes nas livrarias e estabelecimentos que ofertam material escolar. Nesse mês, o faturamento desses estabelecimentos, provavelmente, será superior ao do mês de junho. Para evitar desperdícios, é salutar uma pesquisa de preços antes da efetivação da compra. Numa dessas pesquisas, descobriu-se que, numa das lojas de Maceió, uma lapiseira custa R$ 1,20 a mais do que o triplo do preço de uma caneta, e as duas juntas custam R$ 2,50.

Assim:

I. Sendo l o valor da lapiseira e c o valor da caneta, a sentença matemática que representa as informações fornecidas é o sistema $\begin{cases} l + c = 2{,}50 \\ l + 3c = 1{,}20 \end{cases}$

II. O preço da lapiseira é de R$ 1,85 e o da caneta é de R$ 0,65.

III. Os preços aproximados da lapiseira e da caneta são, respectivamente, R$ 2,18 e R$ 0,32.

IV. O produto do preço da caneta pelo preço da lapiseira é, aproximadamente, R$ 0,70.

a) Todas as afirmações são falsas.
b) Três afirmações são falsas.
c) Duas afirmações são verdadeiras.
d) Três afirmações são verdadeiras.
e) Todas as afirmações são verdadeiras.

13. (EPCAr-MG) Três amigos, Samuel, Vitória e Júlia, foram a uma lanchonete.
- Samuel tomou 1 guaraná, comeu 2 esfirras e pagou 5 reais.
- Vitória tomou 2 guaranás, comeu 1 esfirra e pagou 4 reais.
- Júlia tomou 2 guaranás, comeu 2 esfirras e pagou k reais.

Considerando-se que cada um dos três pagou o valor exato do que consumiu, é correto afirmar que:

a) o guaraná custou o dobro da esfirra.
b) os três amigos, juntos, consumiram 16 reais.
c) cada esfirra custou 2 reais.
d) Júlia pagou 8 reais pelo que consumiu.

Áreas de figuras planas

Área de polígonos

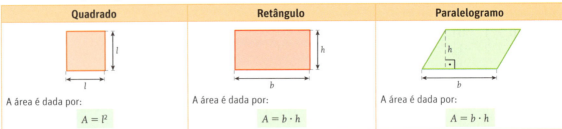

Quadrado	Retângulo	Paralelogramo
A área é dada por: $A = l^2$	A área é dada por: $A = b \cdot h$	A área é dada por: $A = b \cdot h$

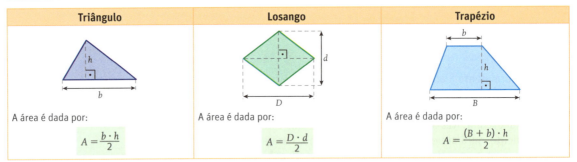

Triângulo	Losango	Trapézio
A área é dada por: $A = \dfrac{b \cdot h}{2}$	A área é dada por: $A = \dfrac{D \cdot d}{2}$	A área é dada por: $A = \dfrac{(B + b) \cdot h}{2}$

Do cálculo da área dessas figuras planas, pode-se deduzir a fórmula para o cálculo da área de qualquer polígono regular.

Triângulo equilátero	Hexágono regular	Polígono regular de n lados

Sendo l a medida do lado de um triângulo equilátero, pelo teorema de Pitágoras sua altura mede $\dfrac{l\sqrt{3}}{2}$. Assim, a área desse triângulo equilátero é dada por: $A = \dfrac{b \cdot h}{2} \Rightarrow A = \dfrac{l \cdot \frac{l\sqrt{3}}{2}}{2} \Rightarrow A = \dfrac{l^2\sqrt{3}}{4}$	Um hexágono regular cujos lados medem l pode ser decomposto em seis triângulos equiláteros cujos lados também medem l. Assim, a área desse hexágono regular é dada por: $A = 6 \cdot \dfrac{l^2\sqrt{3}}{4} \Rightarrow A = \dfrac{3l^2\sqrt{3}}{2}$	Um polígono regular de n lados de medida l pode ser decomposto em n triângulos isósceles cuja base também mede l e a altura é igual ao apótema do polígono. Sendo a a medida do apótema do polígono, sua área é dada por: $A = n \cdot \dfrac{l \cdot a}{2} \Rightarrow A = \dfrac{n \cdot l \cdot a}{2} \Rightarrow$ $\Rightarrow A = \dfrac{P \cdot a}{2}$ (em que P é o perímetro do polígono)

Área do círculo

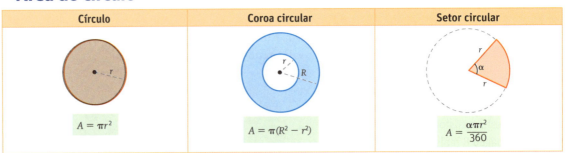

Círculo	Coroa circular	Setor circular
$A = \pi r^2$	$A = \pi(R^2 - r^2)$	$A = \dfrac{\alpha \pi r^2}{360}$

Questões

1. (UCS-RS) A avaliação do número de pessoas em eventos públicos costuma ser feita considerando a concentração de um número máximo de quatro pessoas por m².

Segundo esse critério, em uma área ao ar livre, com a forma da figura abaixo, em que A, B e C são quadrados e os perímetros de A e B são, respectivamente, 16 m e 40 m, e somente a região D é destinada ao público, o número máximo de pessoas que poderão participar do evento é:

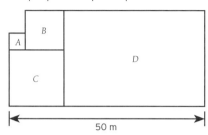

a) 2 560   b) 4 656   c) 3 248   d) 4 800   e) 3 456

2. (Urca-CE) Considere o quadrado $ABCD$ de lado a, como na figura abaixo.

Sabendo que AB, BC, CD e DA são semicircunferências, calcule a área da região sombreada.

a) $a^2\left(2 - \dfrac{\pi}{2}\right)$ u.a.   c) $a^2\left(2 - \dfrac{\pi}{4}\right)$ u.a.   e) $2a^2(\pi - 1)$ u.a.

b) $\dfrac{a^2}{2}(\pi - 2)$ u.a.   d) $a^2(2 - \pi)$ u.a.

3. (Unifacs-BA) O piso de uma sala é revestido com lajotas quadradas de dois tamanhos distintos, combinadas no padrão representado na figura. As linhas tracejadas representam dois riscos, que formam um ângulo de 30°, e que foram feitos no piso ao se arrastar, inadvertidamente, um móvel pesado.

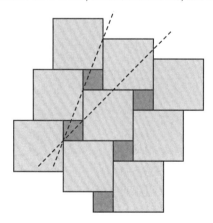

Com base nessas informações e analisando-se a figura, pode-se afirmar que a razão entre as áreas de um quadrado maior e um quadrado menor é:

a) $2 - \sqrt{3}$
b) $7 - 4\sqrt{3}$
c) $2 + \sqrt{3}$
d) 7
e) $7 + 4\sqrt{3}$

101

4. (UFMG) O octógono regular de vértices ABCDEFGH, cujos lados medem 1 dm cada um, está inscrito no quadrado de vértices PQRS, conforme mostrado nesta figura:

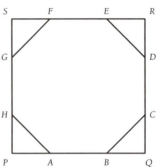

Então, é correto afirmar que a área do quadrado PQRS é:

a) $1 + 2\sqrt{2}$ dm²   c) $3 + 2\sqrt{2}$ dm²

b) $1 + \sqrt{2}$ dm²   d) $3 + \sqrt{2}$ dm²

5. (Unimontes-MG) Com uma linha de 40 cm de comprimento, construímos um quadrado e, depois, com a mesma linha, construímos um trapézio isósceles, cuja base maior é o dobro da menor e os seus lados não paralelos têm medida igual à da base menor.

É correto afirmar que a razão entre a área do trapézio e a área do quadrado é:

a) $\frac{25}{12}\sqrt{3}$

b) $48\sqrt{3}$

c) $\frac{12}{25}\sqrt{3}$

d) $\frac{12}{10}\sqrt{3}$

6. (Ifal) Qual é a área aproximada, em cm², da figura sombreada abaixo, sabendo-se que o triângulo inscrito é equilátero e tem 6 cm de altura?
(Use $\sqrt{3} \cong 1,7$ e $\pi \cong 3$.)

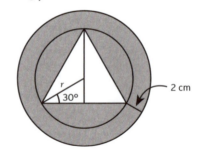

a) 108   c) 67,2   e) 87,6
b) 27,6   d) 60

7. (UFSC) Calcule a área, em cm², de um triângulo retângulo cuja hipotenusa mede 10 cm e cujo raio da circunferência inscrita mede 1 cm. [...]

8. (Uece) A medida da área de um triângulo equilátero inscrito em uma circunferência, cuja medida do raio é igual a 1 m, é:

a) $\frac{3\sqrt{3}}{4}$ m²

b) $\frac{3\sqrt{3}}{2}$ m²

c) $2\sqrt{3}$ m²

d) $\sqrt{3}$ m²

9. (Unisinos-RS) Um quadrado tem área de 100 cm². Se aumentarmos os comprimentos dos lados desse quadrado em 20%, a área do novo quadrado (em cm²) será igual a:
   a) 120
   b) 140
   c) 144
   d) 164
   e) 200

10. (UEA-AM) De um triângulo equilátero ABC foram recortados 3 triângulos congruentes também equiláteros, conforme mostra a figura.

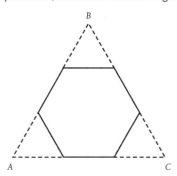

Se a área do triângulo ABC, calculada pela fórmula $\frac{l^2\sqrt{3}}{4}$, era igual a $225\sqrt{3}$ cm², então a área do hexágono regular remanescente é igual a:
   a) $100\sqrt{2}$ cm²
   b) $100\sqrt{3}$ cm²
   c) $150\sqrt{3}$ cm²
   d) $150\sqrt{6}$ cm²
   e) $175\sqrt{3}$ cm²

11. (FGV-SP) Em um mesmo plano estão contidos um quadrado de 9 cm de lado e um círculo de 6 cm de raio, com centro em um dos vértices do quadrado. A área da região do quadrado não interceptada pelo círculo, em cm², é igual a:
   a) $9(9 - \pi)$
   b) $9(4\pi - 9)$
   c) $9(9 - 2\pi)$
   d) $3(9 - 2\pi)$
   e) $6(3\pi - 9)$

12. (PUC-SP) Um retângulo tem lados a e b com $a + b = 14$. Sabemos que sua diagonal mede 10. Qual a sua área?
   a) 10
   b) 14
   c) 24
   d) 28
   e) 48

13. (UEM-PR) Considere um triângulo equilátero ABC cuja base AB está apoiada sobre uma reta r e mede L cm. A partir do ponto B, constrói-se um novo triângulo equilátero BB'C' cuja base BB' também está apoiada na reta r e mede a metade de AB. Esse processo é novamente repetido a partir do ponto B' e assim por diante, gerando uma sequência infinita de triângulos.
   Com base nessas informações, assinale o que for correto.
   [A resposta será a soma dos números associados às alternativas corretas.]
   01. A sequência numérica, formada pelas medidas das áreas dos triângulos em ordem decrescente, é uma progressão geométrica de razão $\frac{1}{2}$.
   02. A soma das áreas dos triângulos mede $\frac{L^2\sqrt{3}}{3}$ cm².
   04. Para qualquer que seja $L > 0$, a sequência numérica formada pelas áreas dos triângulos sempre conterá pelo menos um número inteiro.
   08. A sequência numérica, formada pelas medidas das alturas dos triângulos em ordem decrescente, é uma progressão aritmética de razão 2.
   16. A soma das medidas das alturas é $L\sqrt{3}$ cm.

Geometria espacial de posição

Noções primitivas e postulados

O **ponto**, a **reta** e o **plano** são noções primitivas da geometria espacial. Utilizando essas noções obtêm-se definições de entes geométricos.

Figura é um conjunto não vazio de pontos.
Pontos colineares são pontos que pertencem à mesma reta.
Pontos coplanares são pontos que pertencem ao mesmo plano.
Semiespaços são os dois subconjuntos do espaço separados por um plano.

Além disso, admitem-se alguns postulados na geometria espacial.

- Dados dois pontos distintos do espaço, existe uma única reta à qual ambos pertencem.
- Em uma reta, bem como fora dela, há infinitos pontos.
- Em um plano, bem como fora dele, há infinitos pontos.
- Três pontos não colineares determinam um único plano.
- Se dois pontos de uma reta pertencem a um plano, então essa reta está contida no plano.
- Todo plano divide o espaço em dois semiespaços.

Posição relativa de elementos do espaço

Posição relativa de dois pontos

Dados dois pontos no espaço, há duas possibilidades para a posição relativa desses entes geométricos: ou os pontos são coincidentes ou os pontos são distintos.

Os pontos são **coincidentes**.	Os pontos são **distintos**.
$A \cong B$	

Posição relativa de ponto e reta

Dados um ponto e uma reta no espaço, há duas possibilidades para a posição relativa desses entes geométricos: ou o ponto pertence à reta ou o ponto não pertence à reta.

O ponto P **pertence** à reta r.	O ponto P **não pertence** à reta r.
$P \in r$	$P \notin r$

Posição relativa de ponto e plano

Dados um ponto e um plano, há duas possibilidades para a posição relativa desses entes geométricos: ou o ponto pertence ao plano ou o ponto não pertence ao plano.

O ponto P **pertence** ao plano α.	O ponto P **não pertence** ao plano α.
 $P \in \alpha$	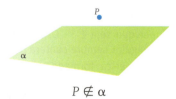 $P \notin \alpha$

Posição relativa de duas retas

Dadas duas retas no espaço, há quatro possibilidades para a posição relativa desses entes geométricos: ou as retas são concorrentes, ou as retas são coincidentes, ou são paralelas, ou são reversas.

Se as retas têm um ponto comum, então elas são **concorrentes**.	Se as retas têm todos os pontos comuns, então elas são **coincidentes**.
 $r \cap s = \{P\}$	$r \equiv s \quad r \cong s$
Se as retas não têm ponto comum e estão contidas no mesmo plano, então elas são **paralelas**.	Se as retas não têm ponto comum e não estão contidas no mesmo plano, então elas são **reversas**.
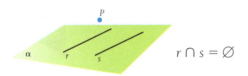 $r \cap s = \varnothing$	 $r \cap s = \varnothing$

Duas retas que não têm ponto comum podem ser paralelas ou reversas, dependendo de elas estarem contidas ou não no mesmo plano. Se as retas estão contidas no mesmo plano, diz-se que são **retas coplanares**.

Observações
- Duas retas concorrentes determinam um único plano. Duas retas concorrentes são sempre coplanares.
- Duas retas paralelas determinam um único plano. Duas retas paralelas são sempre coplanares.
- Duas retas reversas **nunca** são coplanares.

Posição relativa de reta e plano

Dados uma reta e um plano no espaço, há três possibilidades para a posição relativa desses entes geométricos: a reta está contida no plano, ou a reta é paralela ao plano, ou a reta é secante ao plano.

Se todos os pontos pertencentes à reta também pertencem ao plano, então a reta está **contida** no plano.	Se a reta e o plano não têm ponto comum, então a reta é **paralela** ao plano.	Se a reta e o plano têm um ponto comum, então a reta é **secante** ao plano.
 $r \cap \alpha = r$	 $r \cap \alpha = \varnothing$	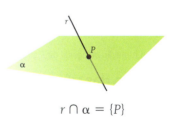 $r \cap \alpha = \{P\}$

Paralelismo

A seguir são enunciados três teoremas a respeito do paralelismo entre entes do espaço.
- Se uma reta não está contida em um plano e é paralela a uma reta do plano, então ela é paralela ao plano.
- Se uma reta está contida em um plano e é paralela a um plano secante a ele, então a reta é paralela à intersecção dos dois planos.
- Se duas retas concorrentes são paralelas a um plano, então o plano determinado pelas retas também é paralelo a esse outro plano.

Perpendicularismo

A seguir são enunciadas três definições a respeito do perpendicularismo entre elementos do espaço.

Duas retas são **ortogonais** se elas são reversas e o ângulo entre elas mede 90°.

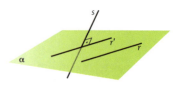

Uma reta é **perpendicular** a um plano se ela for perpendicular a todas as retas contidas no plano e que são concorrentes a ela.

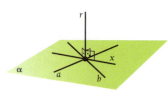

Dois planos são **perpendiculares** se um deles contiver uma reta perpendicular ao outro.

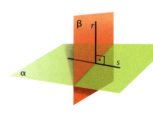

Do perpendicularismo entre uma reta e um plano tem-se o seguinte teorema.
Se uma reta forma 90° com duas retas concorrentes de um plano, então ela é perpendicular ao plano.

Projeção ortogonal

A seguir têm-se as definições para algumas projeções ortogonais.
- A projeção ortogonal **de um ponto sobre uma reta** é a intersecção da reta perpendicular à reta dada que passa pelo ponto dado.
- A projeção ortogonal **de um ponto sobre um plano** é a intersecção da reta perpendicular ao plano que passa pelo ponto dado.
- A projeção ortogonal **de uma reta sobre um plano** é o conjunto formado pelas projeções ortogonais de todos os pontos da reta sobre o plano.
- A projeção ortogonal **de uma figura sobre um plano** é o conjunto formado pelas projeções ortogonais de todos os pontos da figura sobre o plano.

As projeções ortogonais de um ponto P sobre uma reta r e de um ponto Q sobre um plano α estão ilustradas abaixo. A projeção ortogonal de um ponto sobre uma reta ou sobre um plano é sempre um ponto.

P' é a projeção ortogonal de P sobre a reta r.   Q' é projeção ortogonal de Q sobre α.

Teorema das três retas perpendiculares

São dadas uma reta r perpendicular a um plano α, uma reta s contida nesse plano e concorrente à reta r, e ainda uma terceira reta t, perpendicular à reta s, tal que $t \cap r = \emptyset$. Então as retas determinadas pela intersecção entre s e t e um ponto qualquer de r são perpendiculares à reta t.

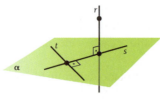

Questões

1. **(UEPG-PR)** Considerando dois planos α e β e uma reta r, assinale o que for correto.
   [A resposta será a soma dos números associados às alternativas corretas.]
   01. Se r é perpendicular a α e a β, então α é paralelo a qualquer plano que contenha r.
   02. Se r é perpendicular a α e a β, então α e β são paralelos entre si.
   04. Se α e β são perpendiculares e a reta r está contida em α, então r é também perpendicular a β.
   08. Se r é paralelo a α, então todo plano contendo r é paralelo a α.
   16. Se $r \cap \alpha = \emptyset$, então r e α são paralelos.

2. **(UFPB)** A figura abaixo representa uma escultura que se encontra em uma praça de certa cidade, conforme figura abaixo.

   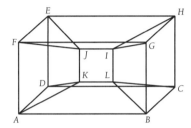

   Essa escultura foi feita com tubos de ferro, soldados uns aos outros, de forma que:
   - os pontos A, B, C, D, E, F, G e H são os vértices de um paralelepípedo reto retangular;
   - os pontos I, J, K e L são os vértices de um quadrado;
   - os quatro triângulos, ADK, EFJ, GHI e BCL, são isósceles e congruentes dois a dois;
   - os oito trapézios, AFJK, DEJK, CDKL, EHIJ, CHIL, BGIL, ABLK e FGIJ, são congruentes dois a dois.

   Com base nessas informações, identifique as afirmativas corretas.
   a) Os lados EJ e HI são coplanares.
   b) Os lados BG e DE são congruentes.
   c) Os lados AD e EF são paralelos.
   d) Os pontos A, B, E e G são coplanares.
   e) Os trapézios AFJK e EJKD têm um lado em comum.

3. **(UEG-GO)** Observe e classifique as afirmações abaixo como sendo verdadeiras ou falsas.
   I. Se um plano intercepta dois outros planos paralelos, então as interseções são retas paralelas.
   II. Se dois planos são paralelos, qualquer reta de um deles é paralela a qualquer reta do outro.
   III. Se uma reta é paralela a dois planos, então esses planos são paralelos.
   IV. Se dois planos são paralelos, uma reta de um deles pode ser reversa a uma reta do outro.

   Marque a alternativa correta.
   a) Apenas as afirmações I e II são verdadeiras.
   b) Apenas as afirmações I e III são verdadeiras.
   c) Apenas as afirmações I e IV são verdadeiras.
   d) Apenas as afirmações II e IV são verdadeiras.
   e) Apenas as afirmações III e IV são verdadeiras.

4. **(Unifesp)** Dois segmentos dizem-se reversos quando não são coplanares. Neste caso, o número de pares de arestas reversas num tetraedro, como o da figura, é:

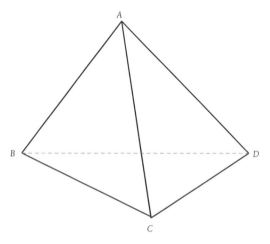

a) 6
b) 3
c) 2
d) 1
e) 0

5. **(Urca-CE)** Com relação às posições relativas de ponto, reta e plano no espaço é incorreto afirmar que:
   a) planos que não se tocam no espaço são paralelos.
   b) planos distintos e não paralelos se interceptam sobre uma reta.
   c) se uma determinada reta não intercepta um determinado plano, então estes são paralelos.
   d) três pontos distintos e não colineares pertencem a um único plano.
   e) retas que não se tocam no espaço são paralelas.

6. **(Ifal)** É correto afirmar que:
   a) duas retas distintas não paralelas são sempre concorrentes.
   b) duas retas coplanares podem ser classificadas como reversas.
   c) um ponto A pode ser a intersecção dos planos α e β.
   d) a classificação que diz quando um poliedro é regular e quando é oblíquo leva em conta a medida dos lados dos polígonos que constituem suas faces.
   e) todas as alternativas anteriores são falsas.

7. **(UFMT)** Sobre geometria espacial de posição, assinale a afirmativa correta.
   a) Se dois planos são paralelos a uma reta, então eles são paralelos entre si.
   b) Quatro pontos no espaço determinam quatro planos.
   c) Três planos distintos podem se cortar, dois a dois, segundo três retas duas a duas paralelas.
   d) A interseção de dois planos secantes pode ser um único ponto.
   e) Duas retas reversas determinam um plano.

8. **(Uece)** Sejam r e s retas paralelas cuja distância entre elas é 3 m e MN um segmento unitário sobre a reta s. Se X é um ponto em r tal que a medida do segmento MX é 6 m e se P é a projeção ortogonal de N sobre MX ou seu prolongamento, então a medida do segmento NP é:
   a) 1,20 m
   b) 0,50 m
   c) 1,00 m
   d) 0,80 m

9. **(Fatec-SP)** O ponto A pertence à reta r, contida no plano α. A reta s, perpendicular a α, o intercepta no ponto B. O ponto C pertence a s e dista $2\sqrt{5}$ cm de B. Se a projeção ortogonal de $\overline{AB}$ em r mede 5 cm e o ponto B dista 6 cm de r, então a distância de A a C, em centímetros, é igual a:
   a) $9\sqrt{5}$
   b) 9
   c) 7
   d) 4
   e) $3\sqrt{5}$

10. **(Unioeste-PR)** Dados dois planos paralelos e distintos no espaço, podemos afirmar que
    a) toda reta paralela a um destes planos está obrigatoriamente contida no outro.
    b) uma reta que compartilha dois pontos distintos com um destes planos é paralela ao outro plano.
    c) uma reta contida em um destes planos é paralela a qualquer reta que esteja contida no outro plano.
    d) se um terceiro plano intercepta estes dois planos, então esta interseção são duas retas ortogonais.
    e) existem infinitas retas que interceptam um destes planos em apenas um ponto e não interceptam o outro plano.

11. **(Fatec-SP)** No cubo ABCDEFGH, da figura, cuja aresta tem medida a, a > 1, sejam:
    - P um ponto pertencente ao interior do cubo, tal que DP = 1;
    - Q o ponto que é a projeção ortogonal do ponto P sobre o plano ABCD;
    - α a medida do ângulo agudo que a reta $\overrightarrow{DP}$ forma com o plano ABCD;
    - R o ponto que é a projeção ortogonal do ponto Q sobre a reta $\overrightarrow{AD}$;
    - β a medida do ângulo agudo que a reta $\overrightarrow{DQ}$ forma com a reta $\overrightarrow{AD}$.

    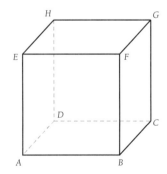

    Nessas condições, a medida do segmento $\overline{DR}$, expressa em função de α e β, é:
    a) sen α · sen β
    b) sen α · tg β
    c) cos α · sen β
    d) cos α · cos β
    e) tg α · cos β

12. **(Fuvest-SP)** O ângulo θ formado por dois planos α e β é tal que tg $\theta = \frac{\sqrt{5}}{5}$. O ponto P pertence a α e a distância de P a β vale 1. Então, a distância de P à reta intersecção de α e β é igual a:
    a) $\sqrt{3}$
    b) $\sqrt{5}$
    c) $\sqrt{6}$
    d) $\sqrt{7}$
    e) $\sqrt{8}$

Sólidos

Poliedros

Um **poliedro** é a união de um número finito de polígonos, denominados **faces**, e a região do espaço limitada por eles, em que são válidas as seguintes afirmações.

- Cada lado de um desses polígonos é também lado de um único outro polígono.
- A intersecção de duas faces quaisquer ou é um lado comum, ou é um vértice, ou é vazia.

Acrescentando a definição de conjunto convexo à definição de poliedro, tem-se a definição de **poliedro convexo**.

Relação de Euler

Representando por V, A e F o número de vértices, de arestas e de faces, respectivamente, de um poliedro convexo, é sempre válida a seguinte relação.

$$V - A + F = 2$$

Poliedros regulares

Um poliedro convexo é **regular** se satisfaz às seguintes condições.

- Todas as suas faces são polígonos regulares e congruentes.
- Em todos os seus vértices concorrem o mesmo número de arestas.

Da definição de poliedros regulares, tem-se o seguinte teorema.

Existem apenas cinco poliedros convexos regulares: tetraedro, hexaedro, octaedro, dodecaedro e icosaedro.

Poliedro regular	tetraedro	hexaedro (cubo)	octaedro	dodecaedro	icosaedro
V	4	8	6	20	12
A	6	12	12	30	30
F	4	6	8	12	20
Polígono regular que forma cada face	triângulo	quadrado	triângulo	pentágono	triângulo
Quantidade de arestas por vértice	3	3	4	3	5

Prisma

Sejam α e β dois planos paralelos, r uma reta secante a esses planos e P um polígono contido no plano α. Consideram-se todos os segmentos de reta contidos em retas paralelas à reta r, de modo que uma extremidade do segmento pertença ao polígono P e a outra pertença ao plano β. A união de todos esses segmentos é um poliedro denominado **prisma**.

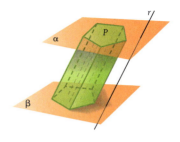

Elementos

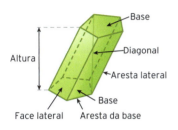

- **Base**: são os polígonos contidos nos planos α e β.
- **Aresta da base**: são os lados das bases do prisma.
- **Aresta lateral**: são os segmentos contidos em retas paralelas à reta r e cujas extremidades são vértices das bases.
- **Face lateral**: são os paralelogramos delimitados por duas arestas laterais consecutivas e os planos das bases.
- **Altura**: é a distância entre os planos α e β.
- **Diagonal**: é qualquer segmento de reta cujas extremidades são vértices do prisma que não pertencem à mesma face lateral.

Classificações

Um prisma é **reto** quando a reta r é perpendicular aos planos α e β; caso contrário, o prisma é **oblíquo**.
Um prisma é **regular** se for reto e se sua base for um polígono regular.

Área da superfície e volume de prismas

Em um prisma, tem-se que A_L é a área da superfície lateral, A_B é a área da base e h é a medida da altura.
Sendo A a área total da superfície de um prisma e V o volume, têm-se as seguintes relações.

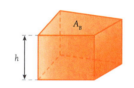

$$A = A_L + 2A_B \qquad V = A_B \cdot h$$

Paralelepípedo

O **paralelepípedo** é um prisma cujas faces são paralelogramos. Se esse paralelepípedo é reto, ou seja, se suas faces são retângulos, então ele é denominado **paralelepípedo reto-retângulo**. Se essas faces também são quadrados, o paralelepípedo reto-retângulo é um **cubo**. Para esses sólidos geométricos, têm-se:

	Representação geométrica	Volume	Área	Medida D da diagonal
Paralelepípedo reto-retângulo		$V = a \cdot b \cdot c$	$A = 2(ab + ac + bc)$	$D = \sqrt{a^2 + b^2 + c^2}$
Cubo		$V = a^3$	$A = 6 \cdot a^2$	$D = a\sqrt{3}$

Cilindro

Sejam α e β dois planos paralelos, r uma reta secante a esses planos e C um círculo contido no plano α. Consideram-se todos os segmentos de reta contidos em retas paralelas à r, de modo que uma das extremidades do segmento pertença ao círculo C e a outra pertença ao plano β. A união de todos esses segmentos é um **cilindro circular**.
Para simplificar a linguagem, refere-se ao cilindro circular apenas como **cilindro**.

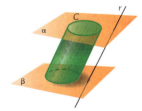

Elementos

- **Base**: são os círculos contidos nos planos α e β.
- **Raio**: é o raio da base.
- **Eixo**: é a reta que passa pelos centros das bases.
- **Geratriz**: é qualquer segmento paralelo ao eixo, cujas extremidades são pontos das circunferências que delimitam as bases.
- **Superfície lateral**: é a união de todas as geratrizes.
- **Altura**: é a distância entre os planos α e β.

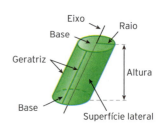

Classificações

Um cilindro é **reto** quando seu eixo é perpendicular aos planos α e β; caso contrário, o cilindro é **oblíquo**.

Um cilindro é **equilátero** quando é um cilindro reto cuja geratriz (ou altura) é congruente ao diâmetro da base.

Secção meridiana

A **secção meridiana** de um cilindro é a intersecção entre o cilindro e um plano que contém o seu eixo. As secções meridianas de um cilindro são paralelogramos.

Se o cilindro é reto, então as secções meridianas são retângulos. Se o cilindro é equilátero, então as secções meridianas são quadrados.

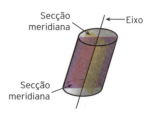

Área da superfície e volume de cilindros retos

Em um cilindro reto, tem-se que A_L é a área da superfície lateral, A_B é a área da base, h é a medida da altura e r é a medida do raio da base.

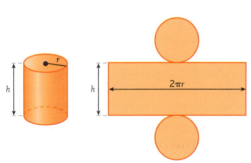

Sendo A a área total da superfície de um cilindro reto e V o volume, têm-se as seguintes relações.

$$A = A_L + 2A_B \qquad V = A_B \cdot h$$

Pirâmide

Dados um polígono P contido em um plano α e um ponto V não pertencente a α. Consideram-se todos os segmentos de reta de modo que uma extremidade seja o ponto V e a outra pertença ao polígono P. A união de todos esses segmentos é uma **pirâmide**.

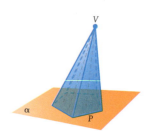

Elementos

- **Vértice**: é o ponto V considerado na definição de pirâmide.
- **Base**: é o polígono contido no plano α.
- **Aresta da base**: são os lados da base da pirâmide.
- **Aresta lateral**: são os segmentos que têm como extremidades o ponto V e um vértice da base.
- **Face lateral**: são os triângulos delimitados por duas arestas laterais consecutivas e o plano da base.
- **Altura**: é a distância entre o vértice e o plano α.

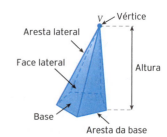

Classificação

Uma pirâmide é **regular** quando sua base é um polígono regular e a projeção ortogonal de seu vértice sobre o plano da base é o centro da base. Como consequência, as arestas laterais de uma pirâmide regular são congruentes e, desse modo, as faces laterais são triângulos isósceles.

Para uma pirâmide regular podemos destacar outro elemento: o **apótema** de uma pirâmide regular é a altura de uma de suas faces laterais.

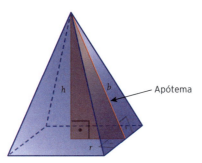

Área da superfície e volume de pirâmides

Em uma pirâmide, tem-se que A_L é a área da superfície lateral, A_B é a área da base, h é a medida da altura, r é a medida do raio da base e b é a medida do apótema.

Sendo A a área total da superfície de uma pirâmide e V o volume, têm-se as seguintes relações.

$$A = A_L + A_B \qquad V = \frac{1}{3} \cdot A_B \cdot h$$

Cone

Dados um círculo C contido em um plano α e um ponto V não pertencente a α. Consideram-se todos os segmentos de reta de modo que uma extremidade seja o ponto V e a outra pertença ao círculo C. A união de todos esses segmentos é um **cone circular**.

Para simplificar a linguagem, refere-se ao cone circular apenas como cone.

Elementos

- **Vértice**: é o ponto V considerado na definição de cone.
- **Base**: é o círculo contido no plano α.
- **Eixo**: é a reta que passa pelo vértice e pelo centro da base.
- **Geratriz**: é qualquer segmento cujas extremidades são o vértice e um ponto da circunferência que delimita a base.
- **Superfície lateral**: é a união de todas as geratrizes.
- **Altura**: é a distância entre o vértice e o plano α.

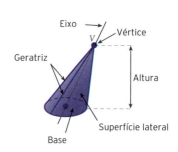

Classificações

Um cone é **reto** ou **de revolução** quando seu eixo é perpendicular ao plano α; caso contrário, o cone é **oblíquo**.

Um cone é **equilátero** quando é um cone reto cuja geratriz é congruente ao diâmetro da base.

113

Secção meridiana

A **secção meridiana** de um cone é a intersecção entre o cone e um plano que contém o seu eixo. As secções meridianas de um cone são triângulos.

Se o cone é reto, então as secções meridianas são triângulos isósceles. Se o cone é oblíquo, então pelo menos uma de suas secções meridianas é um triângulo isósceles. Se o cone é equilátero, então as secções meridianas são triângulos equiláteros.

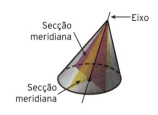

Área da superfície e volume de cones retos

Em um cone reto, tem-se que A_L é a área de sua superfície lateral, A_B é a área de sua base, g é a medida de sua geratriz, h é sua altura e r é a medida do raio da base.

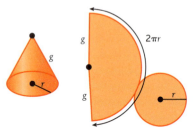

Sendo A a área total da superfície de um cone e V o volume, têm-se as seguintes relações.

$$A = A_L + A_B \qquad V = \frac{1}{3} \cdot A_B \cdot h$$

Esfera

Dados um ponto O e uma distância R maior do que zero. Consideram-se os pontos do espaço cuja distância entre eles e o ponto O é menor do que ou igual a R. O conjunto formado por esses pontos é uma **esfera**.

Elementos

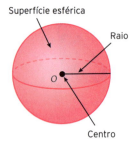

- **Centro**: é o ponto O considerado na definição de esfera.
- **Superfície esférica**: é o conjunto de pontos da esfera que distam R do centro.
- **Raio**: é qualquer segmento cujas extremidades são o centro e um ponto da superfície esférica.

Secções

A **secção plana** de uma esfera é a intersecção entre a esfera e um plano com pelo menos um ponto comum a ela. As secções planas de uma esfera são círculos.

Se o plano que intersecta a esfera contém o centro O, tem-se uma **secção meridiana**.

Área da superfície e volume de esferas

Em uma esfera, tem-se que R é a medida de seu raio.

Sendo A a área total da superfície de uma esfera e V o volume, têm-se as seguintes relações.

$$A = 4\pi R^2 \qquad V = \frac{4}{3}\pi R^3$$

Questões

1. (UEM-PR) Considere um prisma reto cuja base é um pentágono não regular ABCDE, em que os lados AB e EA medem $10\sqrt{2}$ cm, o lado CD mede 20 cm e os lados BC e DE são perpendiculares ao lado CD e têm metade da sua medida. Sabendo que a altura desse prisma é de 10 cm, assinale o que for correto. [A resposta será a soma dos números associados às alternativas corretas.]
  01. A área lateral desse prisma mede $600\sqrt{2}$ cm².
  02. O volume do prisma é 3 000 cm³.
  04. O prisma tem 7 faces retangulares.
  08. A área total do prisma é 1 200 cm².
  16. O prisma tem 10 vértices.

2. (UEL-PR) Uma metalúrgica produz uma peça cujas medidas são especificadas na figura a seguir.

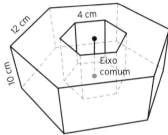

A peça é um prisma reto com uma cavidade central e com base compreendida entre dois hexágonos regulares [...].
Considerando que os eixos da peça e da cavidade coincidem, qual o volume da peça?
a) $640\sqrt{3}$ cm³
b) $1\,280\sqrt{3}$ cm³
c) $2\,560\sqrt{3}$ cm³
d) $320\sqrt{3}$ cm³
e) $1\,920\sqrt{3}$ cm³

3. (Unimontes-MG) Um bloco de madeira, com a forma de um prisma reto retangular, foi serrado na parte superior e deu origem ao sólido da figura abaixo.

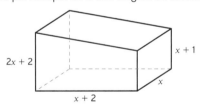

Com base nas informações da figura, o volume desse sólido é igual a:
a) $\frac{1}{2}x(x + 1)(x + 2)$
b) $x(x + 1)(x + 2)$
c) $\frac{1}{3}x(x + 1)(x + 2)$
d) $\frac{3}{2}x(x + 1)(x + 2)$

4. (UEA-AM) A água contida em um reservatório com a forma de um prisma reto de base quadrada, de área igual a 16 m², ocupava 75% da sua capacidade total. Foram consumidos 14 400 litros, que correspondem a 30% dessa água. Desse modo, pode-se concluir que a altura desse reservatório, em metros, é igual a:
a) 3   b) 3,25   c) 3,5   d) 3,75   e) 4

5. (Unicap-PE) Classifique as afirmações em verdadeiro ou falso.
a) Dois triângulos que possuem os lados correspondentes proporcionais são semelhantes.
b) Todo quadrado é um losango.
c) Dois planos são secantes, quando têm apenas uma reta em comum.
d) Um poliedro convexo tem 14 arestas e 6 faces. A soma das medidas dos ângulos das faces desse poliedro é 3 660°.
e) Um prisma quadrangular regular tem 10 cm de aresta lateral e 6 cm de aresta da base; o seu volume é 360 cm³.

6. **(UCPel-RS)** Em um paralelepípedo retângulo, somando duas a duas as suas dimensões se obtêm, respectivamente, 26 cm, 24 cm e 20 cm. Então, o volume desse paralelepípedo é:
   a) 1 485 [cm³]
   b) 1 845 [cm³]
   c) 1 458 [cm³]
   d) 1 854 [cm³]
   e) 1 584 [cm³]

7. **(PUC-PR)** Num determinado dia foram registrados 10 mm de precipitação pluviométrica (chuva) no município de Curitiba, cuja área é de 435 km². Suponha que toda essa água seja armazenada numa caixa de base retangular cujos lados medem 15 m × 29 m.
   A altura desse reservatório, em metros, será de:
   a) 435   b) 29   c) 6 525   d) 189 225   e) 10 000

8. **(Unicamp-SP)** Um queijo tem o formato de paralelepípedo, com dimensões 20 cm × 8 cm × 5 cm. Sem descascar o queijo, uma pessoa o divide em cubos com 1 cm de aresta, de modo que alguns cubos ficam totalmente sem casca, outros permanecem com casca em apenas uma face, alguns com casca em duas faces e os restantes com casca em três faces.

   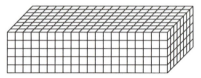

   Nesse caso, o número de cubos que possuem casca em apenas uma face é igual a:
   a) 360   b) 344   c) 324   d) 368

9. **(Unicamp-SP)** Uma caixa-d'água cúbica, de volume máximo, deve ser colocada entre o telhado e a laje de uma casa, conforme mostra a figura abaixo.

   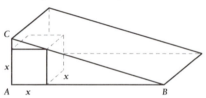

   Supondo que $\overline{AB} = 6$ m e $\overline{AC} = 1,5$ m:
   a) Qual deve ser o comprimento de uma aresta da caixa?
   b) Supondo que a altura máxima da água na caixa é de 85% da altura da caixa, quantos litros de água podem ser armazenados na caixa?

10. **(PUC-PR)** Certa empresa fabrica latas cilíndricas de dois tipos, A e B. As superfícies laterais são moldadas a partir de chapas metálicas retangulares de lados a e 2a, soldando lados opostos dessas chapas. Observe a ilustração abaixo:

    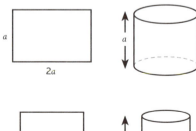

    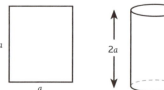

    Se V_A e V_B indicam os volumes das latas dos tipos A e B, respectivamente, tem-se:
    a) $V_B = 2V_A$
    b) $V_B = 4V_A$
    c) $V_A = 4V_B$
    d) $V_A = 2V_B$
    e) $V_A = V_B$

11. (Furb-SC) Um posto de combustíveis abastece mensalmente seu reservatório cilíndrico subterrâneo, cujas medidas estão indicadas no esquema a seguir.

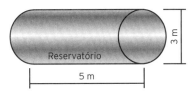

Considerando que o reservatório esteja vazio e que será abastecido com 80% de sua capacidade por um caminhão tanque, a uma vazão de 10 L por segundo, em aproximadamente quantos minutos o reservatório será abastecido?

a) 59 min
b) 51 min
c) 47 min
d) 48 min

12. (Furb-SC) Um reservatório de água é alimentado por 4 tubos, cada um com 40 cm de diâmetro interno. Pretende-se substituir os quatro tubos por um único, capaz de alimentar o mesmo reservatório num mesmo intervalo de tempo. O novo tubo deverá ter um diâmetro de:

a) 80 cm
b) 160 cm
c) 120 cm
d) 100 cm

13. (Cesgranrio-RJ) Um sólido totalmente maciço é composto pela união de dois cilindros circulares retos de mesmo diâmetro. As densidades do cilindro menor e do cilindro maior valem, respectivamente, 8 900 kg/m^3 e 2 700 kg/m^3.

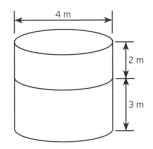

Considerando-se $\pi = 3$, a massa desse sólido, em toneladas, vale:

a) 97,2
b) 114,5
c) 213,6
d) 310,8
e) 320,4

14. (UPE) Considere uma caixa de vidro, fechada, com formato de paralelepípedo, de dimensões internas 20 cm, 20 cm e 50 cm. Observa-se que a água existente no interior dessa caixa atinge a altura de 16 cm, quando uma face não quadrada está no plano horizontal.

Com base nesses dados, analise as afirmativas abaixo:

I. A área total do interior da caixa é igual a 4 800 cm².

II. O volume de água no interior da caixa é de 16 litros.

III. Se for alterada a posição da caixa, de modo que uma face quadrada fique no plano horizontal, então a altura do líquido será de 40 cm.

IV. A caixa de vidro tem a mesma capacidade de uma lata cilíndrica, com raio da base de 10 cm e altura de 50 cm, considerando $\pi = 3$.

Somente está correto o que se afirma em:

a) I e II
b) II e III
c) III e IV
d) II, III e IV
e) I, II e III

15. (Unimontes-MG) Um tanque de óleo cilíndrico, em posição horizontal, tem um comprimento de 10 m e um diâmetro interno de 6 m. Se a superfície retangular do óleo dentro do tanque é de 40 m², então a profundidade do óleo é:

a) $2\sqrt{5}$ m
b) $(3 - \sqrt{5})$ m ou $(3 + \sqrt{5})$ m
c) $(3 + \sqrt{5})$ m
d) $(3 - \sqrt{5})$ m

16. (Fatec-SP) O volume de um cilindro circular reto de raio r é $\frac{1}{4}$ do volume de um bloco retangular com base quadrada de lado 10. Se o cilindro e o bloco retangular têm alturas iguais, conclui-se que a medida de r é:

a) $\frac{1}{\sqrt{\pi}}$
b) $\frac{2}{\sqrt{\pi}}$
c) $\frac{3}{\sqrt{\pi}}$
d) $\frac{4}{\sqrt{\pi}}$
e) $\frac{5}{\sqrt{\pi}}$

17. (UCS-RS) A água colhida por um pluviômetro cilíndrico de 40 cm de diâmetro, durante uma chuva torrencial, é depois colocada em um recipiente também cilíndrico, cuja circunferência da base mede 24π cm.

Qual é a altura que a água havia alcançado no pluviômetro, se no recipiente ela alcançou 200 mm de altura?

a) 1,2 cm
b) 12 cm
c) 3,6 cm
d) 7,2 cm
e) 72 cm

18. (PUC-Campinas-SP) Uma comunidade deseja construir uma réplica de um templo antigo. Para tanto, devem ser feitas 2 fileiras com 6 colunas em cada uma.

O formato de cada uma das colunas é o de um cilindro circular reto, de 4 m de altura e cujo diâmetro da base mede 50 cm. Supondo a aproximação $\pi = 3,1$, a soma dos volumes dessas colunas, em metros cúbicos, é:

a) 9,3   d) 5,24
b) 7,75   e) 4,65
c) 6,5

19. (Ulbra-RS) O princípio de Cavalieri permite afirmar que um cilindro e um prisma, com áreas das bases equivalentes e mesma altura, possuem o mesmo volume. Uma empresa, preocupada com o meio ambiente, resolve rever as suas embalagens, com o objetivo de economizar matéria-prima. Entre o cilindro de raio 3 cm e altura de 10 cm ou o prisma quadrangular de aresta da base 5,32 cm e altura de 10 cm, ela deve optar pelo:

a) cilindro, pois são necessários aproximadamente 245 cm² de alumínio para fabricá-lo.
b) prisma, pois são necessários aproximadamente 200 cm² de alumínio para fabricá-lo.
c) prisma, pois são necessários aproximadamente 270 cm² de alumínio para fabricá-lo.
d) cilindro, pois são necessários aproximadamente 145 cm² de alumínio para fabricá-lo.
e) prisma, pois são necessários aproximadamente 214 cm² de alumínio para fabricá-lo.

20. (FGV-SP) Um cubo de aresta 12 cm é seccionado duas vezes, formando três prismas de bases triangulares, sendo dois deles congruentes, como mostra a figura 1.

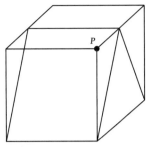

Figura 1

Em seguida, o cubo é novamente seccionado, como indicam as linhas tracejadas na figura 2, de modo que os dois cortes feitos dividem o cubo original em três prismas de bases triangulares, sendo dois deles congruentes, como no primeiro caso. Ao final de todas as secções, o cubo foi dividido em nove peças.

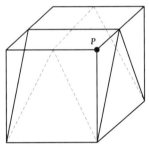

Figura 2

O volume da peça final que contém o vértice P, em cm^3, é igual a:

a) 144
b) 152
c) 288
d) 432
e) 466

21. (FGV-SP) Os centros das faces de um cubo de lado igual a 1 m são unidos formando um octaedro regular. O volume ocupado pelo cubo, em m^3, e não ocupado pelo octaedro, é igual a:

a) $\frac{7}{8}$
b) $\frac{5}{6}$
c) $\frac{3}{4}$
d) $\frac{2}{3}$
e) $\frac{1}{2}$

22. (Unesp) Há 4 500 anos, o imperador Quéops do Egito mandou construir uma pirâmide regular que seria usada como seu túmulo.

As características e dimensões aproximadas dessa pirâmide, hoje, são:
- sua base é um quadrado com 220 metros de lado;
- sua altura é de 140 metros.

Suponha que, para construir parte da pirâmide equivalente a $1,88 \cdot 10^4$ m^3, o número médio de operários utilizados como mão de obra gastava em média 60 dias. Dados que $2,2^2 \cdot 1,4 \cong 6,78$ e $2,26 \div 1,88 \cong 1,2$ e mantidas estas médias, o tempo necessário para a construção de toda pirâmide, medido em anos de 360 dias, foi de, aproximadamente,

a) 20
b) 30
c) 40
d) 50
e) 60

23. (UTFPR) Um prisma pentagonal regular reto tem 15 cm² de área da base e 10 cm de altura. Dele foi retirada uma pirâmide de base inferior coincidente e metade da altura. O volume do sólido remanescente, em centímetros cúbicos, é:

a) 125
b) 150
c) 25
d) 100
e) 75

24. (UFMG) Nesta figura, estão representadas uma pirâmide, em forma de um tetraedro regular ABCD, e sua sombra, em forma de um quadrilátero ACBP:

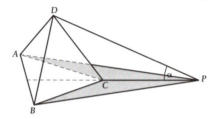

Sabe-se que:
- cada aresta da pirâmide mede 20 m;
- o segmento CP está contido na mediatriz do segmento AB;
- o seno do ângulo $\alpha = C\hat{P}D$ é $\frac{2}{3}$.

[...]

a) Calcule a altura da pirâmide.
b) Calcule a área da sombra da pirâmide.

25. (Unimontes-MG) Por uma pirâmide quadrangular regular passa um plano paralelo à base, o qual determina uma secção transversal de 20,25 m², cuja distância ao vértice é de 6 m. Se a altura da pirâmide é 8 m, a aresta da base mede:

a) 8 m
b) 4,5 m
c) 6 m
d) 4 m

26. (PUC-RS) O metrônomo é um relógio que mede o tempo musical (andamento). O metrônomo mecânico consiste num pêndulo oscilante, com a base fixada em uma caixa com a forma aproximada de um tronco de pirâmide, como mostra a foto.

Na representação abaixo, a é o lado da base maior, b é o lado da base menor e V é o volume do tronco de pirâmide ABCDEFGH.

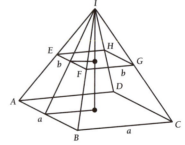

Se $a = 4b$ e P é o volume total da pirâmide ABCDI, então:

a) $V = \frac{3}{4}P$
b) $V = \frac{3}{16}P$
c) $V = \frac{15}{16}P$
d) $V = \frac{15}{64}P$
e) $V = \frac{63}{64}P$

27. (UFMG) Em uma indústria de velas, a parafina é armazenada em caixas cúbicas, cujo lado mede a.

Depois de derretida, a parafina é derramada em moldes em formato de pirâmides de base quadrada, cuja altura e cuja aresta da base medem, cada uma, $\frac{a}{2}$.

Considerando-se essas informações, é correto afirmar que, com a parafina armazenada em apenas uma dessas caixas, enche-se um total de:

a) 6 moldes.
b) 8 moldes.
c) 24 moldes.
d) 32 moldes.

28. (Fuvest-SP) Na figura abaixo, o cubo de vértices A, B, C, D, E, F, G, H tem lado l. Os pontos M e N são pontos médios das arestas $\overline{AB}$ e $\overline{BC}$, respectivamente.

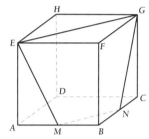

Calcule a área da superfície do tronco de pirâmide de vértices M, B, N, E, F, G.

29. (Unimontes-MG) Na figura abaixo, $\overline{OC} = 1$ cm e $\overline{CD} = 2$ cm.

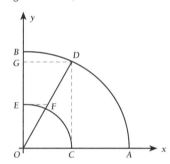

O volume do sólido que se obtém girando o triângulo OCD em torno da reta $\overline{OB}$ é:

a) $\frac{4\pi}{3}$ cm³

b) $\frac{2\pi}{3}$ cm³

c) $\frac{\pi}{3}$ cm³

d) π cm³

30. (UTFPR) Seja o sólido mostrado na figura a seguir, formado por um tronco de cone vazado por um cone invertido com vértice no centro da base maior do tronco de cone.

Se o volume do cone invertido é 12 cm³, então o volume deste sólido, em cm³, é igual a:

a) 24
b) 84
c) 96
d) 36
e) 72

121

31. (PUC-SP) Um artesão dispõe de um bloco maciço de resina, com a forma de um paralelepípedo retângulo de base quadrada e cuja altura mede 20 cm. Ele pretende usar toda a resina desse bloco para confeccionar contas esféricas que serão usadas na montagem de 180 colares. Se cada conta tiver 1 cm de diâmetro e na montagem de cada colar forem usadas 50 contas, então, considerando o volume do cordão utilizado desprezível e a aproximação $\pi = 3$, a área total da superfície do bloco de resina, em centímetros quadrados, é:

a) 1 250
b) 1 480
c) 1 650
d) 1 720
e) 1 850

32. (UEM-PR) Uma caixa com tampa possui a forma de um cilindro circular reto, com altura de 10 cm e a base com diâmetro medindo o triplo da altura. Essa caixa será preenchida com esferas idênticas que possuem o maior volume possível e de modo que uma das esferas tangencie o centro do disco que forma o fundo da caixa.

Com base nessas informações, assinale a(s) alternativa(s) correta(s).
[A resposta será a soma dos números associados às alternativas corretas.]

01. O volume da caixa é de $2\,250\pi$ cm³.
02. O volume de cada esfera é de $\dfrac{500}{3}\pi$ cm³.
04. A caixa conterá 13 esferas.
08. O volume livre restante na caixa, após a colocação das esferas, é de $\dfrac{3\,250}{3}\pi$ cm³.
16. Seja C a esfera no centro da caixa e C_1 uma esfera tangente a C, o volume da região interna da caixa determinada por dois planos, ambos tangentes a C_1, que contenham o eixo do cilindro (caixa), é de 750π cm³.

33. (Uern) A figura representa um sorvete de casquinha, no qual todo o volume interno está preenchido por sorvete e a parte externa apresenta um volume de meia bola de sorvete.

Considerando que o cone tem 12 cm de altura e raio 6 cm, então o volume total de sorvete é:

a) 216π cm³
b) 360π cm³
c) 288π cm³
d) 264π cm³

34. (Unisc-RS) Uma esfera de 60 cm de diâmetro está inserida em um aquário de base quadrada (60 cm × 60 cm) com 70 cm de altura. Este aquário está repleto de água até a borda.

Assinale a alternativa que informa a altura da coluna de água do aquário (em centímetros) quando a esfera for retirada.

Obs.: para os cálculos, utilize $\pi = 3{,}14$.

a) 10,0
b) 11,3
c) 31,4
d) 35,0
e) 38,6

35. (Fuvest-SP) A esfera e, de centro O e raio $r > 0$, é tangente ao plano α. O plano β é paralelo a α e contém O. Nessas condições, o volume da pirâmide que tem como base um hexágono regular inscrito na intersecção de e com β e, como vértice, um ponto em α, é igual a:

a) $\dfrac{\sqrt{3}r^3}{4}$

b) $\dfrac{5\sqrt{3}r^3}{16}$

c) $\dfrac{3\sqrt{3}r^3}{8}$

d) $\dfrac{7\sqrt{3}r^3}{16}$

e) $\dfrac{\sqrt{3}r^3}{2}$

36. (UPE) Quatro bolas de isopor estão perfeitamente acondicionadas em uma caixa cilíndrica, ou seja, as bolas tangenciam as paredes da caixa.

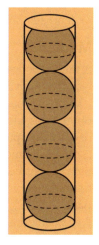

Se o diâmetro de cada bola mede 6 cm, que percentual aproximado do volume da caixa é ocupado pelas quatro bolas?

a) 78%
b) 72%
c) 67%
d) 62%
e) 58%

37. (UTFPR) Um plano secciona uma esfera, determinando um círculo de área igual a 64π cm². Se a altura da calota determinada por este círculo é igual a 4 cm, então pode-se afirmar que o volume da esfera, em cm³, é igual a:

a) $\dfrac{4\,000\pi}{3}$

b) $1\,000\pi$

c) $\dfrac{1\,000\pi}{3}$

d) $2\,000\pi$

e) $\dfrac{2\,000\pi}{3}$

38. (UEM-PR) Alguns tipos de embalagens de bolas de tênis têm a forma de um cilindro, onde as bolas são colocadas umas sobre as outras. Considere uma embalagem contendo 4 bolas de tênis, cada bola com diâmetro de 6,4 cm, e suponha que a embalagem fechada seja um cilindro circular reto com diâmetro da base igual ao das bolas e cuja altura seja a soma dos diâmetros das 4 bolas. Desprezando as espessuras das bolas e da embalagem, bem como quaisquer deformações nelas, e considerando $\pi = 3$, assinale o que for correto.
[A resposta será a soma dos números associados às alternativas corretas.]

01. O volume da embalagem é menor do que 800 cm³.
02. Cada bola ocupa um espaço com volume menor do que 130 cm³.
04. A área de superfície de cada uma das bolas é menor do que 120 cm².
08. O volume do espaço livre, entre as bolas e a embalagem, é menor do que 280 cm³.
16. A área lateral da embalagem é maior do que 520 cm².

Medidas de posição e de dispersão

Medidas de posição

Média aritmética

A **média aritmética** dos valores observados de uma variável quantitativa é o quociente entre a soma desses valores e a quantidade de valores observados.

Se $x_1, x_2, ..., x_n$ são os n valores observados de uma variável quantitativa, então a média aritmética $\bar{x}$ desses valores é dada pela fórmula abaixo.

$$\bar{x}_a = \frac{x_1 + x_2 + ... + x_n}{n}$$

Quando os valores observados de uma variável tiverem graus de importância distintos são atribuídos pesos a esses valores e sua média aritmética é calculada pela soma do produto de cada um dos valores pelo seu peso, dividida pela soma dos pesos. Essa é a **média aritmética ponderada**.

Se $x_1, x_2, ..., x_n$ são os valores de uma variável quantitativa e $p_1, p_2, ..., p_n$ são seus pesos, então a média aritmética $\bar{x}$ desses valores é dada pela fórmula abaixo.

$$\bar{x}_p = \frac{x_1 \cdot p_1 + x_2 \cdot p_2 + ... + x_n \cdot p_n}{p_1 + p_2 + ... + p_n}$$

Média geométrica

A **média geométrica** dos valores positivos observados de uma variável quantitativa é a raiz enésima do produto desses valores.

Se $x_1, x_2, ..., x_n$ são os valores de uma variável quantitativa, então a média geométrica $\bar{x}$ desses valores é dada pela seguinte fórmula.

$$\bar{x}_g = \sqrt[n]{x_1 \cdot x_2 \cdot ... \cdot x_n}$$

Média harmônica

A **média harmônica** dos valores não nulos observados de uma variável quantitativa é o quociente entre a quantidade de valores observados e a soma dos inversos desses valores.

Se $x_1, x_2, ..., x_n$ são os n valores observados de uma variável quantitativa, então a média harmônica $\bar{x}$ desses valores é dada pela seguinte fórmula.

$$\bar{x}_h = \frac{n}{\frac{1}{x_1} + \frac{1}{x_2} + ... + \frac{1}{x_n}}$$

Moda

A **moda** dos valores observados de uma variável quantitativa é o valor observado que aparece com maior frequência.

A moda dos valores observados de uma variável é denotada por Mo.

Mediana

A **mediana** dos valores observados de uma variável quantitativa é:

- o valor que ocupa a posição central dos dados observados ordenados, se essa quantidade de dados for **ímpar**;
- a média aritmética dos dois valores que ocupam as posições centrais dos dados observados ordenados, se essa quantidade de dados for **par**.

A mediana dos valores observados de uma variável é denotada por Me.

Medidas de dispersão

Variância

A **variância** é uma medida que quantifica a dispersão dos valores observados de uma variável quantitativa em relação à sua média aritmética.

A variância dos valores observados de uma variável é denotada por σ^2.

Se $x_1, x_2, ..., x_n$ são os n valores observados de uma variável quantitativa e $\bar{x}$ é a média aritmética desses valores, então a variância dos valores $x_1, x_2, ..., x_n$ é dada pela seguinte fórmula.

$$\sigma^2 = \frac{(x_1 - \bar{x})^2 + (x_2 - \bar{x})^2 + ... + (x_n - \bar{x})^2}{n}$$

Desvio-padrão

O **desvio-padrão** dos valores observados de uma variável quantitativa é a raiz quadrada da variância desses valores.

O desvio-padrão dos valores observados de uma variável é denotado por σ. Portanto, $\sigma = \sqrt{\sigma^2}$.

Esse desvio também é uma medida estatística de dispersão. Quanto mais próximo de zero estiver o desvio-padrão de uma variável observada, mais homogênea é a distribuição dos valores dessa variável.

Questões

1. **(Unimontes-MG)** Dada a função $f: [-1, 0] \to \mathbb{R}$ definida por $f(x) = -x^2 + 6x - 5$, a média aritmética entre o máximo e o mínimo de f é:
   a) 5,5
   b) −7,5
   c) −8,5
   d) 6,5

2. **(FGV-SP)** A média aritmética de 20 números reais é 30, e a média aritmética de 30 outros números reais é 20. A média aritmética desses 50 números é:
   a) 27
   b) 26
   c) 25
   d) 24
   e) 23

3. **(Unimontes-MG)** Em um conjunto de 10 números, se cada um deles for aumentado em 20 unidades, a média aritmética dos dez números originais:
   a) é aumentada em 200 unidades.
   b) permanece a mesma.
   c) é aumentada em 2 unidades.
   d) é aumentada em 20 unidades.

4. **(Unifor-CE)** O gráfico abaixo, publicado na *Folha de S.Paulo*, mostra os gastos (em bilhões de reais) do Governo Federal com os juros da dívida pública no período de 2004 a 2010.

   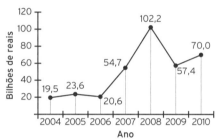
   Adaptado.

   Analisando o gráfico, podemos afirmar que o item correto é:
   a) em 2006, o gasto foi maior do que em 2005.
   b) o menor gasto foi em 2006.
   c) em 2006, houve redução de 20% nos gastos, em relação a 2005.
   d) a média dos gastos nos anos de 2009 e 2010 foi de R$ 63,7 bilhões.
   e) os gastos decresceram de 2006 a 2008.

5. **(Furb-SC)** O gráfico abaixo representa a quantidade de lixo reciclável (em toneladas) produzido pelos bairros A e B durante cinco meses.

   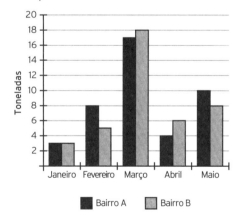

   Analisando o gráfico [...], é correto afirmar:
   a) o bairro A produziu duas toneladas a mais de lixo do que o bairro B nesses cinco meses.
   b) a maior diferença (em toneladas) entre os dois bairros ocorreu no mês de março.
   c) o bairro B produziu mais lixo que o bairro A durante todos os cinco meses.
   d) a média de produção de lixo foi de 5 t/mês para o bairro A e 7 t/mês para o bairro B.

6. **(UEL-PR)** A média aritmética dos números a e b é $\frac{a+b}{2}$ e a média geométrica de a e b é $\sqrt{(ab)}$. Dois números têm média aritmética 4,1 e média geométrica 4. A alternativa correta que apresenta o maior deles é:

a) 1
b) 4
c) 2
d) 8,2
e) 5

7. **(UFPR)** Um professor de estatística costuma fazer duas avaliações por semestre e calcular a nota final fazendo a média aritmética entre as notas dessas duas avaliações. Porém, devido a um problema de falta de energia elétrica, a segunda prova foi interrompida antes do tempo previsto e vários alunos não conseguiram terminá-la. Como não havia a possibilidade de refazer a avaliação, o professor decidiu alterar os pesos das provas para não prejudicar os alunos. Assim que Amanda e Débora souberam da notícia, correram até o mural para ver suas notas e encontraram os seguintes valores:

Nome	1ª prova	2ª prova	Nota final da disciplina
Amanda	82	52	72,1
Débora	90	40	73,5

Qual foi o peso atribuído à segunda prova?

a) 0,25
b) 0,30
c) 0,33
d) 0,35
e) 0,40

8. **(FGV-SP)** Quatro amigos calcularam a média e a mediana de suas alturas, tendo encontrado como resultado 1,72 m e 1,70 m, respectivamente. A média entre as alturas do mais alto e do mais baixo, em metros, é igual a:

a) 1,70
b) 1,71
c) 1,72
d) 1,73
e) 1,74

9. **(Ulbra-RS)** Preocupada com a sua locadora, Marla aplicou uma pesquisa com um grupo de 200 clientes escolhidos de forma aleatória, sobre a quantidade de filmes que esses locaram no primeiro semestre de 2011. Os dados coletados estão apresentados na tabela a seguir:

Número de filmes alugados	
Número de filmes	Frequência
0	25
1	30
2	55
3	90
Total	200

A média, a moda e a mediana destes dados são, respectivamente, as seguintes:

a) 2,05; 3; 2
b) 1,5; 2; 3
c) 1,5; 3; 3
d) 1,5; 3; 2
e) 2,05; 2; 3

10. **(FGV-SP)** Sejam os números 7, 8, 3, 5, 9 e 5 seis números de uma lista de nove números inteiros. O maior valor possível para a mediana dos nove números da lista é:

a) 5
b) 6
c) 7
d) 8
e) 9

11. (FGV-SP) O gráfico a seguir indica a massa de um grupo de objetos.

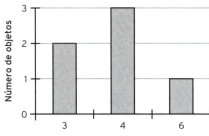

Acrescentando-se ao grupo n objetos de massa 4 kg cada, sabe-se que a média não se altera, mas o desvio-padrão se reduz à metade do que era. Assim, é correto afirmar que n é igual a:

a) 18   b) 15   c) 12   d) 9   e) 8

12. (UEFS-BA) Em estatística, as medidas de dispersão indicam o quão próximos ou afastados os valores (x_i) de um conjunto de dados estão em relação à média aritmética $(\bar{x})$ dos valores desse conjunto. Uma das medidas de dispersão é o desvio-padrão. Ela é definida como a raiz quadrada da média aritmética dos quadrados dos desvios $(x_i - \bar{x})^2$.

O gráfico representa o consumo de água em certa residência de Feira de Santana no primeiro semestre de 2011.

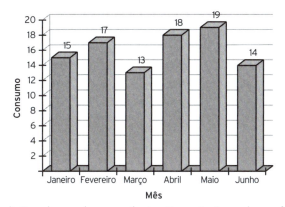

Nessas condições, de acordo com a ilustração e o texto, pode-se afirmar que:

a) houve uma regularidade no consumo dos dois trimestres, pois o desvio-padrão calculado para o 1º trimestre foi igual ao calculado para o 2º trimestre.
b) o consumo do 2º trimestre foi mais regular, pois o desvio-padrão calculado para o 2º trimestre foi maior que o calculado para o 1º trimestre.
c) o consumo do 2º trimestre foi mais regular, pois o desvio-padrão calculado para o 2º trimestre foi menor que o calculado para o 1º trimestre.
d) o consumo do 1º trimestre foi mais regular, pois o desvio-padrão calculado para o 1º trimestre foi maior que o calculado para o 2º trimestre.
e) o consumo do 1º trimestre foi mais regular, pois o desvio-padrão calculado para o 1º trimestre foi menor que o calculado para o 2º trimestre.

13. (UFPel-RS) Em um concurso, as notas finais dos candidatos foram as seguintes:

Número de candidatos	Nota final
7	6,0
2	7,0
1	9,0

Com base na tabela anterior, é correto afirmar que a variância das notas finais dos candidatos foi de:

a) 0,75   b) 0,65   c) $\sqrt{0,65}$ d) $\sqrt{0,85}$ e) 0,85

Análise combinatória

Problemas de contagem

Princípio multiplicativo

Se um acontecimento A pode ocorrer de m maneiras diferentes e se, para cada uma das m maneiras possíveis de ocorrências de A, um segundo acontecimento B pode ocorrer de n maneiras diferentes, então o número de maneiras de ocorrer o acontecimento A seguido do acontecimento B é $m \cdot n$.

Esse princípio é conhecido como **princípio multiplicativo** e pode ser estendido a mais do que dois acontecimentos.

Fatorial

Dado um número natural n, com $n \geq 2$, o **fatorial** de n é o produto dos números naturais de 1 a n.

O fatorial de n é denotado por n! (lê-se "n fatorial") e é calculado por: $n! = 1 \cdot 2 \cdot 3 \cdot \ldots \cdot (n-1) \cdot n$

Define-se também que $0! = 1$ e $1! = 1$.

Observação

Pela propriedade comutativa da multiplicação, também se pode escrever:
$n! = n \cdot (n-1) \cdot (n-2) \cdot (n-3) \cdot \ldots \cdot 3 \cdot 2 \cdot 1$

Permutações

Permutação simples é uma ordenação de n elementos distintos.

A permutação simples é denotada por P_n e é calculada por: $P_n = n!$

Permutação com repetição é uma ordenação de n elementos, em que alguns elementos se repetem.

Considerando n elementos, entre os quais há n_1 elementos iguais a a_1, n_2 elementos iguais a a_2, ..., n_k elementos iguais a a_k, a permutação de n elementos, com esses elementos repetidos, é denotada por $P_n^{n_1, n_2, \ldots, n_k}$ e é calculada por:

$$P_n^{n_1, n_2, \ldots, n_k} = \frac{n!}{n_1! \cdot n_2! \cdot n_3! \cdot \ldots \cdot n_k}$$

Observação

A permutação das letras de uma palavra é denominada **anagrama**, mesmo que as novas palavras não tenham significado.

Combinação

Combinação simples é um subconjunto de k elementos, escolhidos entre n elementos.

A combinação simples é denotada por $C_{n,k}$ e é calculada por: $C_{n,k} = \dfrac{n!}{k! \cdot (n-k)!}$

Observações

Para $k = 0$, $k = 1$ e $k = n$, têm-se $C_{n,0} = 1$, $C_{n,1} = n$ e $C_{n,n} = 1$.

Coeficiente binomial

Uma combinação simples, $C_{n,k}$, também pode ser indicada por $\binom{n}{k}$, denominado **coeficiente binomial**, em que n é o **numerador** e k é o **denominador**.

Binômio de Newton

O desenvolvimento do binômio $(x + a)^n$, em que $n \in \mathbb{R}$, $x \in \mathbb{R}$ e $a \in \mathbb{R}$, é dado por:

$$(x + a)^n = \sum_{k=0}^{n} \binom{n}{k} \cdot x^k a^{n-k}$$

Ou seja:

$$(x + a)^n = \binom{n}{0} \cdot x^0 a^{n-0} + \binom{n}{1} \cdot x^1 a^{n-1} + \binom{n}{2} \cdot x^2 a^{n-2} + \ldots + \binom{n}{n} \cdot x^n a^{n-n}$$

Características do binômio de Newton

- O desenvolvimento do binômio $(x + a)^n$ tem $n + 1$ termos.
- Se os termos do desenvolvimento do binômio $(x + a)^n$ forem escritos na ordem decrescente das potências de x, então um termo qualquer desse ordenamento é dado por:

$$T_{k+1} = \binom{n}{k} \cdot a^k x^{n-k}$$

- Os coeficientes do desenvolvimento do binômio $(x + a)^n$ são os elementos da linha n do triângulo de Pascal.
- A soma dos coeficientes numéricos do desenvolvimento do binômio $(x + a)^n$ é 2^n.

Questões

1. (PUC-PR) No jogo da Mega-Sena, um apostador pode assinalar entre 6 e 15 números, de um total de 60 opções disponíveis. O valor da aposta é igual a R$ 2,00 multiplicado pelo número de sequências de seis números que são possíveis, a partir daqueles números assinalados pelo apostador.

Por exemplo: se o apostador assinala 6 números, tem apenas uma sequência favorável e paga R$ 2,00 pela aposta. Se o apostador assinala 7 números, tem sete sequências favoráveis, ou seja, é possível formar sete sequências de seis números a partir dos sete números escolhidos. Neste caso, o valor da aposta é R$ 14,00.

Considerando que se trata de uma aplicação de matemática, sem apologia a qualquer tipo de jogo, assinale a única alternativa correta.

a) A aposta máxima custará R$ 5 005,00.
b) Uma aposta com 14 números assinalados custará entre R$ 3 000,00 e R$ 3 050,00.
c) O custo de uma aposta com 12 números assinalados será inferior a R$ 1 830,00.
d) Apostar um cartão com 13 números assinalados custará o dobro da aposta de um cartão com 12 números assinalados.
e) Apostar dois cartões com dez números assinalados, ou cinco cartões com nove números assinalados, são opções equivalentes em termos de custo e de chance de ser ganhador do prêmio máximo.

2. (Urca-CE) Seja $k = \dfrac{(n!+1)! - n!!}{n!!}$. Então, podemos afirmar que:

a) $k = n!!$
b) $k = n!$
c) $k = n - n!$
d) $k = n!! \cdot n!$
e) $k = (n-1)! - 1$

3. (Unesp) A figura mostra a planta de um bairro de uma cidade. Uma pessoa quer caminhar do ponto A ao ponto B por um dos percursos mais curtos. Assim, ela caminhará sempre nos sentidos "de baixo para cima" ou "da esquerda para a direita".

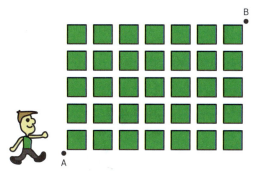

O número de percursos diferentes que essa pessoa poderá fazer de A até B é:
a) 95 040   b) 40 635   c) 924   d) 792   e) 35

4. (PUC-RS) O número de anagramas da palavra CONJUNTO que começam por C e terminam por T é:
a) 15   b) 30   c) 180   d) 360   e) 720

5. (UFSCar-SP) Em seu trabalho, João tem 5 amigos, sendo 3 homens e 2 mulheres. Já sua esposa Maria tem, em seu trabalho, 4 amigos (distintos dos de João), sendo 2 homens e 2 mulheres.

Para uma confraternização, João e Maria pretendem convidar 6 dessas pessoas, sendo exatamente 3 homens e 3 mulheres. Determine de quantas maneiras eles podem convidar essas pessoas:

a) dentre todos os seus amigos no trabalho.
b) de forma que cada um deles convide exatamente 3 pessoas, dentre seus respectivos amigos.

6. (Unicamp-SP) O grêmio estudantil do colégio Alvorada é composto por 6 alunos e 8 alunas. Na última reunião do grêmio, decidiu-se formar uma comissão de 3 rapazes e 5 moças para a organização das olimpíadas do colégio. De quantos modos diferentes pode-se formar essa comissão?

a) 6 720
b) 100 800
c) 806 400
d) 1 120

7. (Unesp) Em um jogo lotérico, com 40 dezenas distintas e possíveis de serem escolhidas para aposta, são sorteadas 4 dezenas e o ganhador do prêmio maior deve acertar todas elas. Se a aposta mínima, em 4 dezenas, custa R$ 2,00, uma aposta em 6 dezenas deve custar:

a) R$ 15,00
b) R$ 30,00
c) R$ 35,00
d) R$ 70,00
e) R$ 140,00

8. (FGV-SP) Um hospital dispõe de três médicos e de quatro enfermeiras para formar uma Comissão de Ética (CE) e uma Comissão de Controle de Infecções Hospitalares (CCIH). Cada comissão deve ser composta de um médico e duas enfermeiras e ninguém pode pertencer às duas comissões. Juntas, uma CE e uma CCIH constituem uma "formação". O número de "formações" distintas que podem ser constituídas é:

a) 36   b) 18   c) 324   d) 144   e) 6

9. (Uerj) Na ilustração abaixo, as 52 cartas de um baralho estão agrupadas em linhas com 13 cartas de mesmo naipe e colunas com 4 cartas de mesmo valor.

Denomina-se quadra a reunião de quatro cartas de mesmo valor. Observe, em um conjunto de cinco cartas, um exemplo de quadra:

O número total de conjuntos distintos de cinco cartas desse baralho que contêm uma quadra é igual a:

a) 624   b) 676   c) 715   d) 720

10. (Unifesp) Duzentos e cinquenta candidatos submeteram-se a uma prova com 5 questões de múltipla escolha, cada questão com 3 alternativas e uma única resposta correta. Admitindo-se que todos os candidatos assinalaram, para cada questão, uma única resposta, pode-se afirmar que pelo menos:

a) um candidato errou todas as respostas.
b) dois candidatos assinalaram exatamente as mesmas alternativas.
c) um candidato acertou todas as respostas.
d) a metade dos candidatos acertou mais de 50% das respostas.
e) a metade dos candidatos errou mais de 50% das respostas.

11. (UCS-RS) Em uma prova, as seis primeiras questões eram do tipo C/E, em que o candidato devia optar entre certo ou errado para sua resposta. Nas outras quatro questões, o candidato devia escolher, entre três alternativas, a verdadeira.

Quantas sequências de respostas são possíveis na resolução da prova?

a) $(6 \cdot 2)^2$
b) $(6 \cdot 2) + (4 \cdot 3)$
c) $6^2 \cdot 4^3$
d) 10^{2+3}
e) $2^6 \cdot 3^4$

12. (PUC-GO) [...] No quadro abaixo, de quantos modos é possível formar a palavra "MODERNIDADE", partindo de um M e indo sempre para a direita ou para baixo?

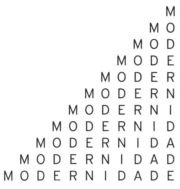

a) 11
b) 1 024
c) 22
d) 1 036

13. (UFRN) A figura [...] mostra um quadro com sete lâmpadas fluorescentes, as quais podem estar acesas ou apagadas, independentemente umas das outras. Cada uma das situações possíveis corresponde a um sinal de um código.

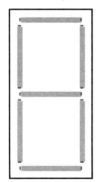

Nesse caso, o número total de sinais possíveis é:

a) 21
b) 42
c) 128
d) 256

14. (UFMG) Para montar a programação de uma emissora de rádio, o programador musical conta com 10 músicas distintas, de diferentes estilos, assim agrupadas: 4 de MPB, 3 de *Rock* e 3 de *Pop*.

Sem tempo para fazer essa programação, ele decide que, em cada um dos programas da emissora, serão tocadas, de forma aleatória, todas as 10 músicas.

Assim sendo, é correto afirmar que o número de programas distintos em que as músicas vão ser tocadas agrupadas por estilo é dado por:

a) $4! \cdot 3! \cdot 3! \cdot 3!$
b) $\dfrac{10!}{7!}$
c) $4! \cdot 3! \cdot 3!$
d) $\dfrac{10!}{7! \cdot 3!}$

15. (UEA-AM) Um determinado artesanato terá uma faixa colorida composta de três listas de cores distintas, uma lista abaixo da outra. As cores utilizadas serão azul, vermelha e laranja.

O número de maneiras distintas em que essas listas coloridas podem ser dispostas de forma que as cores azul e vermelha fiquem sempre juntas é:

a) 2
b) 4
c) 6
d) 8
e) 9

Probabilidade

Experimento aleatório

Experimento aleatório é todo experimento que, repetido em condições idênticas, apresenta resultados imprevisíveis entre os possíveis resultados.

Espaço amostral

O **espaço amostral** é o conjunto finito formado pelos possíveis resultados de um experimento aleatório. Esse espaço amostral é **equiprovável** quando todos os seus elementos têm chances iguais de ocorrer.

Evento

Evento é todo subconjunto do espaço amostral de um experimento aleatório.
- Dois eventos são **mutuamente exclusivos** se não têm elementos comuns.
- Dois eventos são **complementares** se a ocorrência de um deles acarreta a não ocorrência do outro.
- Dois eventos são **dependentes** se a ocorrência de um interfere na ocorrência do outro. Caso contrário, os eventos são **independentes**.
- Se A e B são dois eventos de um espaço amostral S, então $A \cap B$ também é um evento de S, denominado **evento intersecção** de A e B. Esse evento só acontece quando ocorrem os eventos A **e** B, simultaneamente. Diz-se então que esses eventos são **sucessivos**.
- Se A e B são dois eventos de um espaço amostral S, então $A \cup B$ também é um evento de S, denominado **evento união** de A e B. Esse evento só acontece quando ocorre o evento A **ou** o evento B (ou ambos).

Probabilidade

A **probabilidade** de ocorrência de um evento de espaço amostral equiprovável é a razão entre o número de elementos desse evento e o número de elementos do espaço amostral.

Sendo S um espaço amostral equiprovável e E um evento desse espaço, a probabilidade $P(E)$ de ocorrência do evento E é:

$$P(E) = \frac{n(E)}{n(S)}$$

Em que, $n(E)$ e $n(S)$ é o número de elementos de E e S.

Observações
- A probabilidade $P(E)$ de um evento E ocorrer é sempre um número entre 0 e 1:

$$0 \leq P(E) \leq 1$$

- Se $P(E) = 0$, então o evento é **impossível**.
- Se $P(E) = 1$, então o evento é **certo**.
- A probabilidade de ocorrência do evento intersecção $A \cap B$ é:

$$P(A \cap B) = \frac{n(A \cap B)}{n(S)}$$

- A probabilidade de ocorrência do evento união $A \cup B$ é:

$$P(A \cup B) = P(A) + P(B) - P(A \cap B)$$

Probabilidade condicional

Dados dois eventos A e B, com $P(B) > 0$, a **probabilidade condicional** de ocorrer o evento A, dado que o evento B já ocorreu, é a razão entre a probabilidade de ocorrer o evento intersecção $A \cap B$ e a probabilidade de ocorrer o evento B.

Indica-se por $P(A|B)$ a probabilidade condicional de ocorrer um evento A, dado que um evento B já ocorreu.

$$P(A|B) = \frac{P(A \cap B)}{P(B)}$$

Probabilidade de eventos sucessivos

Se A e B são dois eventos sucessivos e dependentes, então a probabilidade de ocorrer o evento intersecção $A \cap B$ é:

$$P(A \cap B) = P(B) \cdot P(A|B)$$

Se esses eventos forem sucessivos e independentes, então $P(A|B) = P(A)$, e a probabilidade de ocorrer o evento intersecção $A \cap B$ é:

$$P(A \cap B) = P(A) \cdot P(B)$$

Questões

1. **(EsPCEx-SP)** Se forem tomadas ao acaso duas arestas de um prisma reto de bases triangulares, a probabilidade de que elas estejam em retas-suporte reversas é:

   a) $\frac{1}{3}$ c) $\frac{1}{6}$ e) $\frac{1}{2}$

   b) $\frac{2}{3}$ d) $\frac{1}{4}$

2. **(Fatec-SP)** O Centro Paula Souza administra Escolas Técnicas (Etecs) e Faculdades de Tecnologia (Fatecs) estaduais em 149 municípios, no estado de São Paulo. Para participar de um simpósio sobre educação a distância, a Fatec São Paulo enviou cinco alunos, sendo dois homens; a Fatec Sorocaba enviou três alunos, sendo uma mulher; e a Fatec da Baixada Santista enviou quatro alunos, sendo dois homens. Para a abertura desse simpósio, será selecionada, ao acaso, uma dessas Fatecs e dela se escolherá, também ao acaso, um aluno para representar o Centro Paula Souza. A probabilidade de que o aluno escolhido seja uma mulher é:

   a) $\frac{16}{45}$ d) $\frac{43}{90}$

   b) $\frac{37}{90}$ e) $\frac{28}{45}$

   c) $\frac{19}{45}$

3. **(FGV-SP)** Em um grupo de 300 pessoas sabe-se que:
   - 50% aplicam dinheiro em caderneta de poupança;
   - 30% aplicam dinheiro em fundos de investimento;
   - 15% aplicam dinheiro em caderneta de poupança e fundos de investimento simultaneamente.

   Sorteando uma pessoa desse grupo, a probabilidade de que ela não aplique em caderneta de poupança nem em fundos de investimento é:

   a) 0,05   d) 0,50

   b) 0,20   e) 0,65

   c) 0,35

4. **(UFMG)** Dois jovens partiram do acampamento em que estavam em direção à Cachoeira Grande e à Cachoeira Pequena, localizadas na região, seguindo a trilha indicada neste esquema:

   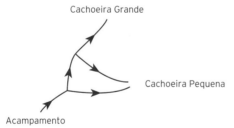

   Em cada bifurcação encontrada na trilha, eles escolhiam, com igual probabilidade, qualquer um dos caminhos e seguiam adiante. Então, é correto afirmar que a probabilidade de eles chegarem à Cachoeira Pequena é:

   a) $\frac{1}{2}$ c) $\frac{3}{4}$

   b) $\frac{2}{3}$ d) $\frac{5}{6}$

5. **(PUC-SP)** Considere uma urna contendo 10 bolas vermelhas e 6 bolas verdes. Retirando-se simultaneamente duas bolas da urna, qual é a probabilidade de que as duas bolas selecionadas sejam vermelhas?

   a) $\frac{1}{4}$ d) $\frac{2}{3}$

   b) $\frac{3}{8}$ e) 2

   c) $\frac{1}{2}$

6. (UPE) A figura a seguir mostra 12 soldados formados, cada um com um número de identificação.

O coronel vai sortear três desses soldados para carregar a bandeira na formatura. Qual a probabilidade de serem sorteados três soldados alinhados?

a) $\frac{1}{4}$

b) $\frac{1}{11}$

c) $\frac{1}{12}$

d) $\frac{3}{12}$

e) $\frac{3}{8}$

7. (PUC-PR) Ana e Helena, paranaenses, e Júlia e Mariana, paulistas, foram as quatro finalistas de um concurso de beleza promovido por uma rede de televisão. Destas, duas viajarão de graça para a Europa. A escolha das ganhadoras da viagem acontecerá mediante um sorteio realizado ao vivo durante um dos programas da referida emissora.

A probabilidade de as ganhadoras serem de estados diferentes é de:

a) 66,67%

b) 50,00%

c) 33,33%

d) 83,33%

e) 16,67%

8. (Uerj) Para a realização de uma partida de futebol são necessários três árbitros: um juiz principal, que apita o jogo, e seus dois auxiliares, que ficam nas laterais.

Suponha que esse trio de arbitragem seja escolhido aleatoriamente em um grupo composto de somente dez árbitros, sendo X um deles. Após essa escolha, um segundo sorteio aleatório é feito entre os três para determinar qual deles será o juiz principal. Calcule a probabilidade de X ser o juiz principal.

9. (Ufam) No ano de 2011, julho terá cinco sextas-feiras, cinco sábados e cinco domingos.

Julho						
DOM	SEG	TER	QUA	QUI	SEX	SAB
					1	2
3	4	5	6	7	8	9
10	11	12	13	14	15	16
17	18	19	20	21	22	23
24	25	26	27	28	29	30
31						

Se escolhermos ao acaso um dia do mês de julho de 2011, a probabilidade de este dia ser um domingo é aproximadamente:

a) 12,23%

b) 14,28%

c) 16,13%

d) 16,66%

e) 19,35%

10. (PUC-SP) Um baralho comum tem 26 cartas vermelhas e 26 cartas pretas.

a) Ana Lúcia retira uma carta do baralho completo, a examina e a devolve ao baralho. Depois de embaralhar novamente as cartas, ela volta a retirar uma carta.

Qual é a probabilidade de que, nas duas retiradas, a cor da carta tenha sido a mesma?

b) Ana Lúcia retira, simultaneamente, duas cartas de um baralho completo. Qual é a probabilidade de que as duas cartas sejam da mesma cor?

11. (Fuvest-SP) Considere todos os pares ordenados de números naturais (a, b), em que $11 \leq a \leq 22$ e $43 \leq b \leq 51$. Cada um desses pares ordenados está escrito em um cartão diferente. Sorteando-se um desses cartões ao acaso, qual é a probabilidade de que se obtenha um par ordenado (a, b) de tal forma que a fração $\frac{a}{b}$ seja irredutível e com denominador par?

a) $\frac{7}{27}$ 	d) $\frac{11}{54}$

b) $\frac{13}{54}$ 	e) $\frac{5}{27}$

c) $\frac{6}{27}$

12. (Unesp) O mercado automobilístico brasileiro possui várias marcas de automóveis disponíveis aos consumidores. Para cinco dessas marcas (A, B, C, D e E), a matriz fornece a probabilidade de um proprietário de um carro de marca da linha i trocar para o carro de marca da coluna j, quando da compra de um carro novo. Os termos da diagonal principal dessa matriz fornecem as probabilidades de um proprietário permanecer com a mesma marca de carro na compra de um novo.

	A	B	C	D	E
A	0,6	0,1	0,2	0,1	0,0
B	0,3	0,5	0,0	0,1	0,1
C	0,2	0,2	0,4	0,1	0,1
D	0,3	0,2	0,2	0,3	0,0
E	0,2	0,3	0,1	0,2	0,2

A probabilidade de um proprietário de um carro da marca B comprar um novo carro da marca C, após duas compras, é:

a) 0,25 	d) 0,09
b) 0,24 	e) 0,00
c) 0,20

13. (ITA-SP) Dois atiradores acertam o alvo uma vez a cada três disparos. Se os dois atiradores disparam simultaneamente, então a probabilidade de o alvo ser atingido pelo menos uma vez é igual a:

a) $\frac{2}{9}$ 	d) $\frac{5}{9}$

b) $\frac{1}{3}$ 	e) $\frac{2}{3}$

c) $\frac{4}{9}$

14. (ITA-SP) Numa caixa com 40 moedas, 5 apresentam duas caras, 10 são normais (cara e coroa) e as demais apresentam duas coroas. Uma moeda é retirada ao acaso e a face observada mostra uma coroa. A probabilidade de a outra face desta moeda também apresentar uma coroa é:

a) $\frac{7}{8}$ 	d) $\frac{3}{5}$

b) $\frac{5}{7}$ 	e) $\frac{3}{7}$

c) $\frac{5}{8}$

15. (Unicamp-SP) Uma empresa tem 5 000 funcionários. Desses, 48% têm mais de 30 anos e 36% são especializados. Entre os especializados, 1 400 têm mais de 30 anos.

a) Quantos funcionários têm até 30 anos e não são especializados?

b) Escolhendo um funcionário ao acaso, qual a probabilidade de ele ter até 30 anos e ser especializado?

Geometria analítica

Ponto

Distância entre dois pontos

Dados dois pontos $A(x_A, y_A)$ e $B(x_B, y_B)$, a **distância** $d(A, B)$ entre eles é dada por:

$$d(A, B) = \sqrt{(x_B - x_A)^2 + (y_B - y_A)^2}$$

Ponto médio de um segmento

Dados dois pontos $A(x_A, y_A)$ e $B(x_B, y_B)$, as coordenadas do **ponto médio** $M(x_M, y_M)$ do segmento AB são dadas por: $x_M = \dfrac{x_A + x_B}{2}$ e $y_M = \dfrac{y_A + y_B}{2}$

Condição de alinhamento de três pontos

Três pontos $A(x_A, y_A)$, $B(x_B, y_B)$ e $C(x_C, y_C)$ são **colineares** se, e somente se, $\begin{vmatrix} x_A & y_A & 1 \\ x_B & y_B & 1 \\ x_C & y_C & 1 \end{vmatrix} = 0$

Reta

Dados dois pontos $A(x_A, y_A)$ e $B(x_B, y_B)$, a **equação da reta** que passa por esses pontos é dada por:

$$\begin{vmatrix} x & y & 1 \\ x_A & y_A & 1 \\ x_B & y_B & 1 \end{vmatrix} = 0$$

Inclinação e coeficiente angular

A **inclinação** de uma reta é o ângulo que ela forma com o eixo das abscissas, medido no sentido positivo (anti-horário). O **coeficiente angular** de uma reta r é a tangente de sua inclinação.

Dada uma reta r, há quatro possibilidades para a inclinação θ e o coeficiente angular m dessa reta.

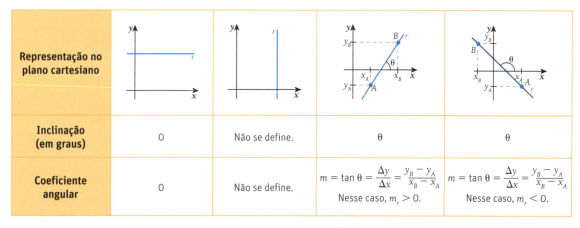

Conhecendo um ponto $A(x_A, y_A)$ de uma reta e seu coeficiente angular m, a equação dessa reta é dada por:

$$y - y_A = m(x - x_A)$$

Equações

Forma reduzida	Forma segmentária	Forma paramétrica
Dada uma reta de coeficiente angular m e que intersecta o eixo y no ponto de ordenada n, sua **equação na forma reduzida** é dada por: $$y = mx + n$$	Dada uma reta que intersecta o eixo x no ponto de abscissa q e o eixo y no ponto de ordenada n, sua **equação na forma reduzida** é dada por: $$\frac{x}{q} + \frac{y}{n} = 1$$	Dada uma reta de equação $y = mx + n$, sua **equação na forma paramétrica** é escrita utilizando funções f e g calculadas para um parâmetro t, $t \in \mathbb{R}$, da seguinte maneira: $$\begin{cases} x = f(t) \\ y = g(t) \end{cases}$$
Exemplo Dada a equação da reta $y = -2x + \sqrt{3}$, essa reta intersecta o eixo y no ponto $(0, \sqrt{3})$.	**Exemplo** Dada a equação da reta $\frac{x}{7} + \frac{y}{-5} = 1$, essa reta intersecta os eixos x e y nos pontos $(7, 0)$ e $(0, -5)$.	**Exemplo** Dada a equação da reta $\begin{cases} x = t + 1 \\ y = t - 2 \end{cases}$, $t \in \mathbb{R}$, quaisquer pontos da forma $(t + 1, t - 2)$ pertencem a essa reta. Isolando t na primeira equação ($t = x - 1$) e substituindo na segunda, obtém-se a equação dessa reta na forma reduzida: $$y = t - 2 = x - 1 - 2 = x - 3 \Rightarrow y = x - 3$$

Posição relativa de duas retas coplanares

Retas coincidentes

Retas coincidentes têm todos os pontos comuns; nesse caso, suas equações são iguais ou uma equação é igual à outra, multiplicada por uma constante real não nula.

Retas paralelas

Retas paralelas não têm ponto comum; nesse caso, ou as retas são paralelas ao eixo das abscissas ou seus coeficientes angulares são iguais.

Retas concorrentes

Retas concorrentes têm um ponto comum; nesse caso, o ponto de intersecção dessas retas é a solução do sistema formado pelas equações das retas.

Caso particular

Quando duas retas concorrentes são **perpendiculares**, seus coeficientes angulares são inversos e simétricos. Isto é,

se r e s são retas perpendiculares, com coeficientes angulares m_r e m_s, então: $\quad m_r = -\dfrac{1}{m_s}\quad$ ou $\quad m_r \cdot m_s = -1$

Ângulo entre duas retas concorrentes

Dadas duas retas concorrentes r e s de coeficientes angulares m_r e m_s, ambas oblíquas em relação aos eixos coordenados, o ângulo θ entre essas retas é dado por:

$$\tan \theta = \left| \frac{m_s - m_r}{1 + m_s \cdot m_r} \right|$$

Distância entre ponto e reta

Dado um ponto $A(x_A, y_A)$ e uma reta r: $ax + by + c = 0$, a **distância** $d(A, r)$ entre eles é dada por:

$$d(A, r) = \frac{|a \cdot x_A + b \cdot y_A + c|}{\sqrt{a^2 + b^2}}$$

Cálculo da área de um triângulo

Dados os vértices $A(x_A, y_A)$, $B(x_B, y_B)$ e $C(x_C, y_C)$ de um triângulo, a **área** S desse triângulo é dada por:

$$S = \frac{1}{2}|D|, \text{ em que } D = \begin{vmatrix} x_A & y_A & 1 \\ x_B & y_B & 1 \\ x_C & y_C & 1 \end{vmatrix}$$

Questões

1. **(UPE)** Robotina endoidou. Ela se desloca em espiral sobre um plano cartesiano, partindo da origem e indo de um ponto de coordenadas inteiras a outro, como mostra a figura abaixo, gastando um segundo para percorrer uma unidade de comprimento.

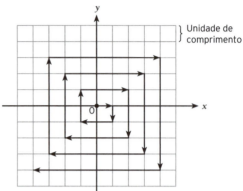

Após 6 minutos, em que ponto se encontrará Robotina?

a) $(-4, -4)$ d) $(8, 6)$
b) $(-6, 8)$ e) $(9, 9)$
c) $(8, -8)$

2. **(UCS-RS)** Conforme divulgado pela ONU (Organização das Nações Unidas), a população mundial atingiu, em outubro último, 7 bilhões de pessoas. Suponha que o modelo matemático que permita obter uma estimativa dessa população, no mês de outubro, daqui a t anos, seja a equação da reta do gráfico abaixo.

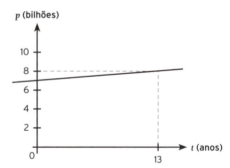

Assinale a alternativa em que constam, respectivamente, essa equação e o ano em que, de acordo com ela, a população mundial atingiria 10 bilhões de seres humanos.

a) $p = \frac{1}{8}t + 7$ 2050

b) $p = \frac{1}{7}t + 8$ 2039

c) $p = \frac{1}{13}t + 7$ 2050

d) $p = \frac{1}{13}t + 7$ 2100

e) $p = \frac{1}{8}t + 7$ 2013

3. **(Ibmec-RJ)** Considere o triângulo ABC, onde $A(2, 3)$, $B(10, 9)$ e $C(10, 3)$ representam as coordenadas dos seus vértices no plano cartesiano. Se M é o ponto médio do lado AB, então, a medida de MC vale:

a) $2\sqrt{3}$ d) $3\sqrt{2}$
b) 3 e) 6
c) 5

4. **(Unifacs-BA)** Considere uma matriz quadrada $A = (a_{ij})$, de ordem 2, cujos termos são definidos por $a_{ij} = 2i - j + 1$.

   Uma reta que passe pelo ponto $P = (a_{11}, a_{12})$ e tenha coeficiente angular igual ao determinante de A pode ser representada analiticamente, no sistema cartesiano, pela equação:

   01. $2x - y + 1 = 0$
   02. $2x - y - 3 = 0$
   03. $x - 2y = 0$
   04. $x - 2y + 2 = 0$
   05. $3x - 2y - 6 = 0$

5. **(UTFPR)** Duas retas r e s, distintas, formam, com os eixos coordenados, triângulos de 5 unidades de área. Se os coeficientes angulares dessas retas são iguais a $\frac{2}{5}$, então pode-se afirmar que a equação geral dessas retas é:

   a) $5x - 2y + 5 = 0$ e $5x - 2y - 5 = 0$
   b) $2x - 5y + 10 = 0$ e $2x - 5y - 10 = 0$
   c) $2x - 5y + 5 = 0$ e $2x - 5y - 5 = 0$
   d) $5x - 2y + 5 = 0$ e $5x + 2y + 5 = 0$

6. **(ESPM-SP)** Sobre um segmento de reta de extremidades $A(-9, 1)$ e $B(6, -9)$ são marcados alguns pontos que o dividem em n partes iguais. Um desses pontos pertence ao eixo das ordenadas.

   O número n pode ser igual a:

   a) 4
   b) 6
   c) 8
   d) 10
   e) 12

7. **(Unicamp-SP)** A área do triângulo OAB esboçado na figura abaixo é:

   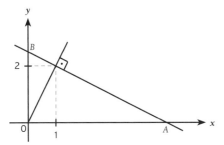

   a) $\frac{21}{4}$
   b) $\frac{23}{4}$
   c) $\frac{25}{4}$
   d) $\frac{10}{3}$

8. **(ITA-SP)** Sejam $A = (0, 0)$, $B = (0, 6)$ e $C = (4, 3)$ vértices de um triângulo. A distância do baricentro deste triângulo ao vértice A, em unidades de distância, é igual a:

   a) $\frac{5}{3}$
   b) $\frac{\sqrt{97}}{3}$
   c) $\frac{\sqrt{109}}{3}$
   d) $\frac{\sqrt{5}}{3}$
   e) $\frac{10}{3}$

9. **(UFRN)** A cada equação do tipo $ax + by = c$, com a, b e c reais, sendo a ou b não nulos, corresponde uma única reta no plano xy. Se o sistema $\begin{cases} a_1x + b_1x = c_1 \\ a_2x + b_2x = c_2 \end{cases}$, com a_i, b_i e c_i nas condições acima, tiver uma única solução, as respectivas retas:

   a) se interceptarão em um só ponto.
   b) se interceptarão em dois pontos.
   c) não se interceptarão.
   d) serão coincidentes.

10. (Insper-SP) A figura, feita fora de escala, mostra o gráfico da função $f(x) = \log_n x$, em que n é um número inteiro maior do que 1. Dado um número real k, $k > 1$, são traçadas as retas r e s, que passam pela origem e interceptam o gráfico de $f(x)$ em pontos de abscissas $\frac{1}{k}$ e k, respectivamente.

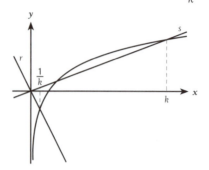

Se as retas r e s são perpendiculares, então:

a) $k = \sqrt[n]{n}$
b) $k = \sqrt{n}$
c) $k = n$
d) $k = n^2$
e) $k = n^n$

11. (Unimontes-MG) Um raio luminoso, emitido por uma lanterna localizada no ponto $M(4, 8)$, reflete-se em $N(6, 0)$.

A equação da semirreta r, trajetória do raio refletido, é:

a) $y + 4x - 24 = 0$
b) $y - 4x - 24 = 0$
c) $y - 4x + 24 = 0$
d) $y + 4x + 24 = 0$

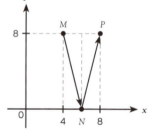

12. (IFSP) Considere duas retas, r e s, passando pelo ponto $(3, 1)$ e equidistantes da origem do plano cartesiano. Se a equação da reta r é $y = 1$, então a equação da reta s é:

a) $x + 3y + 2 = 0$
b) $3x + y + 2 = 0$
c) $3x - y - 2 = 0$
d) $3x - 4y - 5 = 0$
e) $3x - 4y + 1 = 0$

13. (UFMG) Nesta figura, está representada a região T, do plano cartesiano, limitada pelo eixo y e pelas retas $y = x + 1$ e $y = 3x$:

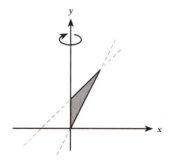

Seja S o sólido obtido pela rotação da região T em torno do eixo y. Então, é correto afirmar que o volume de S é:

a) $\frac{\pi}{24}$
b) $\frac{\pi}{12}$
c) $\frac{\pi}{8}$
d) $\frac{\pi}{4}$

14. (UFPR) Calcule a área do quadrilátero $P_1P_2P_3P_4$, cujas coordenadas cartesianas são dadas na figura abaixo.

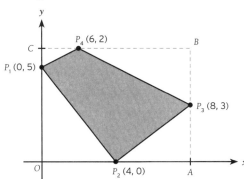

15. (Udesc) A região sombreada na figura tem como limitantes as retas $y = 0$, $y = 2x$, $y = x + 2$, $y = 7$ e $y = 25 - 3x$.

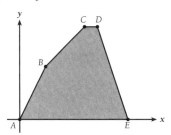

A área da região sombreada é:

a) $\dfrac{152}{3}$

b) $\dfrac{319}{6}$

c) $\dfrac{107}{3}$

d) $\dfrac{241}{3}$

e) $\dfrac{86}{3}$

16. (ITA-SP) A área do quadrilátero definido pelos eixos coordenados e as retas r: $x - 3y + 3 = 0$ e s: $3x + y - 21 = 0$, em unidades de área, é igual a:

a) $\dfrac{19}{2}$

b) 10

c) $\dfrac{25}{2}$

d) $\dfrac{27}{2}$

e) $\dfrac{29}{2}$

17. (Unifesp) Num sistema cartesiano ortogonal, são dados os pontos $A(1, 1)$, $B(5, 1)$, $C(6, 3)$ e $D(2, 3)$, vértices de um paralelogramo, e a reta r, de equação $r: 3x - 5y - 11 = 0$.

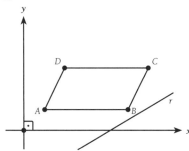

A reta s, paralela à reta r, que divide o paralelogramo $ABCD$ em dois polígonos de mesma área terá por equação:

a) $3x - 5y - 5 = 0$

b) $3x - 5y = 0$

c) $6x - 10y - 1 = 0$

d) $9x - 15y - 2 = 0$

e) $12x - 20y - 1 = 0$

Circunferência

Circunferência

Lugar geométrico é o conjunto de pontos do espaço que atendem a uma mesma propriedade.
Dados um ponto C e uma distância r, define-se:
A **circunferência** de centro C e raio r é o lugar geométrico dos pontos do plano cuja distância entre eles e o centro C é igual a r.

Equação na forma reduzida	Equação na forma geral
Dada uma circunferência de centro $C(a, b)$ e raio r, sua **equação na forma reduzida** é dada por: $$(x-a)^2 + (y-b)^2 = r^2$$	Dada uma circunferência de centro $C(a, b)$ e raio r, sua **equação na forma geral** é dada por: $x^2 + y^2 - 2ax - 2by + a^2 + b^2 - r^2 = 0$ Fazendo $M = -2a$, $N = -2b$ e $P = a^2 + b^2 - r^2$, também se pode escrever a equação geral da seguinte maneira: $x^2 + y^2 + Mx + Ny + P = 0$
Exemplo Dada a equação da circunferência $(x-2)^2 + (y+\sqrt{3})^2 = 9$, essa circunferência tem centro $C(2, -\sqrt{3})$ e raio $r = 3$.	**Exemplo** Dada a equação da circunferência $x^2 + y^2 + 4x - 1y = \frac{47}{4}$, essa circunferência tem centro $C\left(-2, \frac{1}{2}\right)$ e raio $r = 4$.

Posição relativa de elementos do espaço

Posição relativa de um ponto e uma circunferência

Dados um ponto e uma circunferência, há três possibilidades para a posição relativa desses entes geométricos: ou o ponto é exterior à circunferência, ou o ponto é interior a ela, ou o ponto pertence a ela.

Se a distância entre o ponto e o centro da circunferência é maior do que o raio da circunferência, então o ponto é **exterior** à circunferência.	Se a distância entre o ponto e o centro da circunferência é menor do que o raio da circunferência, então o ponto é **interior** à circunferência.	Se a distância entre o ponto e o centro da circunferência é igual ao raio da circunferência, então o ponto **pertence** à circunferência.
$d(P, C) > r \Leftrightarrow (x_0 - a)^2 + (y_0 - b)^2 > r^2$	$d(P, C) < r \Leftrightarrow (x_0 - a)^2 + (y_0 - b)^2 < r^2$	$d(P, C) = r \Leftrightarrow (x_0 - a)^2 + (y_0 - b)^2 = r^2$

Posição relativa de uma reta e uma circunferência

Dadas uma reta e uma circunferência, há três possibilidades para a posição relativa desses entes geométricos: ou a reta é exterior à circunferência, ou a reta é secante a ela ou a reta é tangente a ela.

Se a distância entre a reta e o centro da circunferência é maior do que o raio da circunferência, então a reta é **exterior** à circunferência.	Se a distância entre a reta e o centro da circunferência é menor do que o raio da circunferência, então a reta é **secante** à circunferência.	Se a distância entre a reta e o centro da circunferência é igual ao raio da circunferência, então a reta é **tangente** à circunferência.
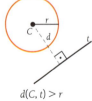		
$d(C, t) > r$	$d(C, t) < r$	$d(C, t) = r$

Posição relativa de duas circunferências

Dadas duas circunferências, há seis possibilidades para a posição relativa desses entes geométricos: ou as circunferências são coincidentes, ou as circunferências são externas uma à outra, ou uma das circunferências é interna à outra, ou as circunferências são secantes, ou as circunferências são tangentes externamente, ou as circunferências são tangentes internamente.

Se a distância entre os centros das circunferências é igual a zero e os raios têm medidas iguais, então elas são **coincidentes**.

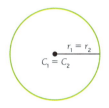

$d(C_1, C_2) = 0 \text{ e } r_1 = r_2$

Se a distância entre os centros das circunferências é maior do que a soma dos raios, então as circunferências são **externas** uma à outra.

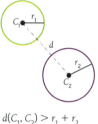

$d(C_1, C_2) > r_1 + r_2$

Se a distância entre os centros das circunferências é menor do que o módulo da diferença dos raios, então uma circunferência é **interna** à outra.

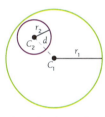

$d(C_1, C_2) < |r_1 - r_2|$

Se a distância entre os centros das circunferências é maior do que o módulo da diferença dos raios e menor do que a soma dos raios, então as circunferências são **secantes**.

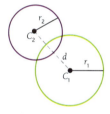

$|r_1 - r_2| < d(C_1, C_2) < r_1 + r_2$

Se a distância entre os centros das circunferências é igual à soma dos raios, então as circunferências são **tangentes externamente**.

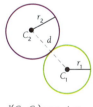

$d(C_1, C_2) = r_1 + r_2$

Se a distância entre os centros das circunferências é igual ao módulo da diferença dos raios, então as circunferências são **tangentes internamente**.

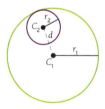

$d(C_1, C_2) = r_1 - r_2$

Observação

Se a distância entre os centros das circunferências é menor do que o módulo da diferença dos raios e esses centros são coincidentes, então essas circunferências são **concêntricas**, uma interna à outra.

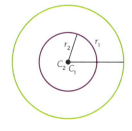

Questões

1. **(Unisc-RS)** A equação $x^2 + Ay^2 + Bxy + 2x - 4y + C = 0$ representa uma circunferência cujo diâmetro mede 10 unidades de distância. Esta afirmação nos permite determinar o valor dos coeficientes reais A, B e C e também garantir que a expressão $A - B - C$ é igual a:

a) -20

b) -10

c) 11

d) 21

e) 30

2. **(UPE)** Em um sistema de coordenadas cartesianas ortogonais, os pontos $A(-2, 4)$, $B(6, -2)$ e $C(-2, -2)$ são os vértices do triângulo ABC. Qual a equação da circunferência circunscrita a esse triângulo?

a) $x^2 - 12x + y^2 - 16y + 100 = 0$

b) $x^2 - 4x + y^2 - 2y - 95 = 0$

c) $x^2 - 4x + y^2 - 4y - 92 = 0$

d) $x^2 - 4x + y^2 - 4y - 17 = 0$

e) $x^2 - 4x + y^2 - 2y - 20 = 0$

3. **(UCPel-RS)** O centro e o raio da circunferência $x^2 + y^2 - 10y - 24 = 0$ são, respectivamente:

a) $C(0, 5)$ e $r = 7$

b) $C(5, 0)$ e $r = 7$

c) $C(0, 7)$ e $r = 5$

d) $C(7, 0)$ e $r = 5$

e) $C(5, 5)$ e $r = 7$

4. **(Urca-CE)** Sabe-se que a circunferência de equação $x^2 + y^2 - 4x - 6y + 11 = 0$ está inscrita no quadrado $ABCD$. Calcule a medida da diagonal desse quadrado.

a) 1 u.c.

b) 2 u.c.

c) 3 u.c.

d) 4 u.c.

e) 5 u.c

5. **(UCS-RS)** Uma partícula move-se ao longo de uma trajetória circular de raio 1,0 cm. O movimento é referenciado por um sistema de eixos cartesianos, cuja origem coincide com o centro do círculo. Quando a partícula passa pelo ponto (x, y) do primeiro quadrante, em que $x = 0,6$, o valor de y é:

a) 0,4

b) 0,3

c) 0,6

d) 0,2

e) 0,8

6. **(PUC-RS)** O comprimento da curva de equação $(x - 1)^2 + (y + 1)^2 - 9 = 0$ é:

a) -1

b) 3

c) π

d) 3π

e) 6π

Todas as questões foram reproduzidas das provas originais de que fazem parte. Algumas das imagens estão fora de escala.

7. (UEA-AM) Na figura, tem-se que o segmento AB é um diâmetro da circunferência de centro O, r é a reta que contém esse diâmetro e s é uma reta paralela a r e tangente à circunferência em P.

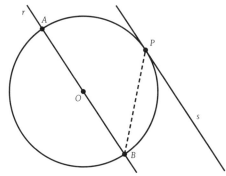

(figura fora de escala)

Dado que AB mede 6 cm, a medida do segmento PB, em centímetros, é:
a) $\sqrt{3}$ c) 3 e) $3\sqrt{2}$
b) 6 d) $2\sqrt{3}$

8. (ESPM-SP) A circunferência de equação $(x+1)^2 + (y-1)^2 = 1$ tangencia os eixos coordenados nos pontos A e B. A circunferência λ, de centro C, passa pelo ponto B e tangencia o eixo das abscissas no ponto D.

Se os pontos A, B e C estão alinhados, podemos concluir que a abscissa do centro C é igual a:
a) $2 + \sqrt{2}$ d) $2\sqrt{2} + 1$
b) $1 + \sqrt{2}$ e) $2\sqrt{2}$
c) $2\sqrt{2} - 1$

9. (Fuvest-SP) Considere, no plano cartesiano Oxy, a circunferência C de equação $(x-2)^2 + (y-2)^2 = 4$ e sejam P e Q os pontos nos quais C tangencia os eixos Ox e Oy, respectivamente. Seja PQR o triângulo isósceles inscrito em C, de base PQ, e com o maior perímetro possível.

Então, a área de PQR é igual a:
a) $2\sqrt{2} - 2$ d) $2\sqrt{2} + 2$
b) $2\sqrt{2} - 1$ e) $2\sqrt{2} + 4$
c) $2\sqrt{2}$

10. (FGV-SP) Uma circunferência de raio 3, situada no 1º quadrante do plano cartesiano, é tangente ao eixo y e à reta de equação $y = x$. Então, a ordenada do centro dessa circunferência vale:
a) $3\sqrt{2} - 1$ d) $2\sqrt{3} + 3$
b) $2\sqrt{3} + 1$ e) $3\sqrt{2} + 3$
c) $3\sqrt{2} + 2$

11. (Fuvest-SP) A circunferência dada pela equação $x^2 + y^2 - 4x - 4y + 4 = 0$ é tangente aos eixos coordenados x e y nos pontos A e B, conforme a figura.

O segmento MN é paralelo ao segmento AB e contém o centro C da circunferência. É correto afirmar que a área da região hachurada vale:
a) $\pi - 2$ d) $\pi + 6$
b) $\pi + 2$ e) $\pi + 8$
c) $\pi + 4$

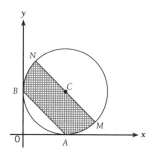

12. (UEA-AM) Na figura, o segmento $\overline{AB}$, que mede $12\sqrt{3}$ cm, tangencia os círculos de centros O e O', cujas áreas são, respectivamente, 64π cm² e 16π cm², e o círculo β, cujo centro pertence ao segmento $\overline{OO'}$, tangencia os círculos de centro O e O'.

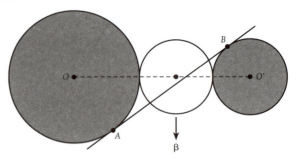

O comprimento do círculo β, em cm, é:

a) 8π d) 16π
b) 12π e) 20π
c) 14π

13. (Fuvest-SP) No plano cartesiano Oxy, a circunferência C é tangente ao eixo Ox no ponto de abscissa 5 e contém o ponto $(1, 2)$.

Nessas condições, o raio de C vale:

a) $\sqrt{5}$ d) $3\sqrt{5}$
b) $2\sqrt{5}$ e) 10
c) 5

14. (Unicamp-SP) No desenho abaixo, que não está em escala, a reta $y = 3x$ é perpendicular à reta que passa pelo ponto $(2, 0)$. O ponto de interseção dessas retas é A.

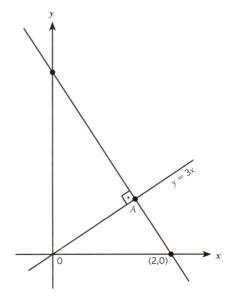

A equação da circunferência com centro em A e tangente ao eixo x é dada por:

a) $\left(x - \dfrac{1}{5}\right)^2 + \left(y - \dfrac{3}{5}\right)^2 = \dfrac{3}{5}$

b) $\left(x - \dfrac{3}{5}\right)^2 + \left(y - \dfrac{1}{5}\right)^2 = \dfrac{1}{5}$

c) $\left(x - \dfrac{1}{5}\right)^2 + \left(y - \dfrac{3}{5}\right)^2 = \dfrac{9}{25}$

d) $\left(x - \dfrac{3}{5}\right)^2 + \left(y - \dfrac{1}{5}\right)^2 = \dfrac{1}{25}$

15. (Uece) Uma circunferência, cujo centro está localizado no semieixo positivo dos x, é tangente à reta $x + y = 1$ e ao eixo dos y.

A equação desta circunferência é:

a) $x^2 + y^2 - \dfrac{2x}{\sqrt{2} + 1} = 0$

b) $x^2 + y^2 - \dfrac{x}{\sqrt{2} + 1} = 0$

c) $x^2 + y^2 - \dfrac{2x}{\sqrt{2} - 1} = 0$

d) $x^2 + y^2 - \dfrac{x}{\sqrt{2} - 1} = 0$

16. (Uece) Se c é um número real positivo, a equação $|x| + |y| = c\sqrt{2}$ é representada no sistema cartesiano usual por um quadrado Q.

Se Q é circunscrito à circunferência $x^2 + y^2 = r^2$, então a relação $\dfrac{c}{r}$ é igual a:

a) 0,5 b) 2,0 c) 1,5 d) 1,0

17. (UEM-PR) Dados números inteiros p e q de forma que a fração $\dfrac{p}{q}$ seja irredutível, e considerando um sistema de coordenadas cartesianas xOy, o círculo de centro no ponto $\left(\dfrac{p}{q}, \dfrac{1}{2q^2}\right)$ e raio $\dfrac{1}{2q^2}$ é chamado de círculo de Ford e é representado por $C[p, q]$.

Com base no exposto, assinale o que for correto.

[A resposta será a soma dos números associados às alternativas corretas.]

01. A área de $C[p, q]$ é $\dfrac{1}{16q^4}$.

02. Nenhum círculo de Ford tangencia o eixo das abscissas.

04. A equação cartesiana da circunferência que delimita $C[1, 2]$ pode ser escrita como $x^2 + y^2 - x - \dfrac{y}{4} = -\dfrac{1}{4}$.

08. Se dois círculos de Ford, com centros nos pontos M e N, com $M \neq N$, são tangentes no ponto T, então, os pontos M, N e T são colineares.

16. Os círculos $C[1, 2]$ e $C[1, 3]$ são tangentes entre si.

18. (UPE) Sejam dois números reais x e y que satisfazem a relação $x^2 + y^2 = 16$. Sobre isso, analise os itens a seguir.

I. Existem apenas dois pares de números reais x e y, tais que $x + y = 4$.

II. Existem infinitos pares de números reais x e y, tais que $x - y = 4$.

III. Existem apenas três pares de números reais x e y, tais que $x + y = 4$ e $x - y = 4$.

Somente está correto o que se afirma em:

a) I
b) II
c) III
d) I e II
e) I e III

19. (Fuvest-SP) As circunferências C_1 e C_2 estão centradas em O_1 e O_2, têm raios $r_1 = 3$ e $r_2 = 12$, respectivamente, e tangenciam-se externamente. Uma reta t é tangente a C_1 no ponto P_1, tangente a C_2 no ponto P_2 e intercepta a reta $\overleftrightarrow{O_1O_2}$ no ponto Q.

Sendo assim, determine:

a) o comprimento P_1P_2;

b) a área do quadrilátero $O_1O_2P_2P_1$;

c) a área do triângulo QO_2P_2.

Cônicas

Elipse

Dados dois pontos $F1$ e $F2$ no plano, cuja distância entre eles é $2c$, e um número real a, tal que $2a > 2c$, define-se:

A **elipse** de **focos** F_1 e F_2 é o lugar geométrico dos pontos P do plano, tais que:

$$d(P, F_1) + d(P, F_2) = 2a$$

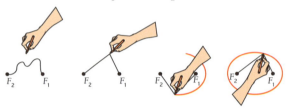

Elementos

- **Focos**: são os pontos F_1 e F_2 considerados na definição de elipse.
- **Distância focal**: é a distância $2c$ entre os focos.
- **Vértices**: são os pontos A_1 e A_2 da elipse que pertencem à reta determinada por F_1 e F_2.
- **Centro**: é o ponto médio C de F_1 e F_2.
- **Eixo maior**: é o segmento cujas extremidades são os vértices A_1 e A_2; por construção, o comprimento desse eixo é $2a$.
- **Eixo menor**: é o segmento cujas extremidades são os pontos B_1 e B_2, intersecções da elipse com a mediatriz do segmento F_1F_2; por construção, o comprimento desse eixo é $2b$.
- **Excentricidade**: é a razão $e = \dfrac{a}{b}$.

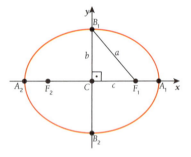

Equação

A equação de uma elipse depende da posição do centro e do eixo maior no plano cartesiano.

Centro na origem e eixo maior sobre o eixo das abscissas	Centro na origem e eixo maior sobre o eixo das ordenadas
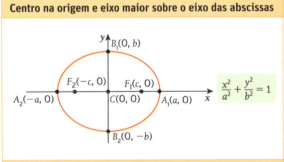 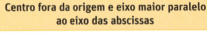	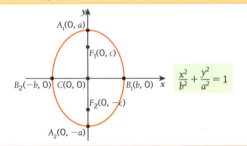
Centro fora da origem e eixo maior paralelo ao eixo das abscissas	Centro fora da origem e eixo maior paralelo ao eixo das ordenadas
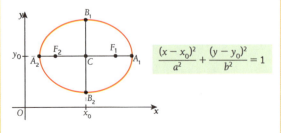	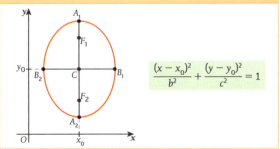

Hipérbole

Dados dois pontos F_1 e F_2 no plano, cuja distância entre eles é $2c$, e um número real a, tal que $2a < 2c$, define-se:
A **hipérbole** de focos F_1 e F_2 é o lugar geométrico dos pontos P do plano, tais que:

$$|d(P, F_1) - d(P, F_2)| = 2a$$

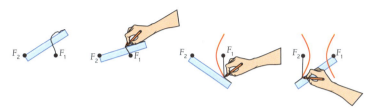

Elementos

- **Focos**: são os pontos F_1 e F_2 considerados na definição de hipérbole.
- **Distância focal**: é a distância $2c$ entre os focos.
- **Vértices**: são os pontos A_1 e A_2 da hipérbole que pertencem à reta determinada por F_1 e F_2.
- **Centro**: é o ponto médio C de F_1 e F_2.
- **Eixo real**: é o segmento cujas extremidades são os vértices A_1 e A_2; por construção, o comprimento desse eixo é $2a$.
- **Eixo imaginário**: é o segmento cujas extremidades são os pontos B_1 e B_2, intersecções da hipérbole com a mediatriz do segmento F_1F_2; por construção, o comprimento desse eixo é $2b$.
- **Excentricidade**: é a razão $e = \dfrac{c}{a}$.

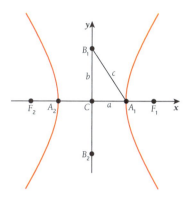

Equação

A equação de uma hipérbole depende da posição do centro e do eixo real no plano cartesiano.

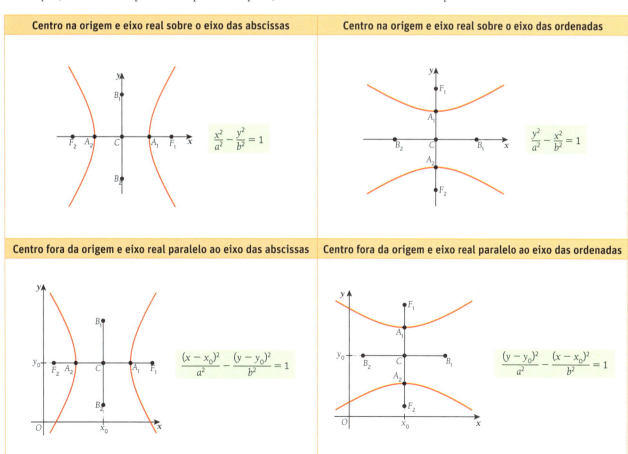

Parábola

Dado um ponto F e uma reta r no plano, define-se:
A **parábola** de foco F é o lugar geométrico dos pontos P do plano, tais que:

$$d(P, F) = d(P, r)$$

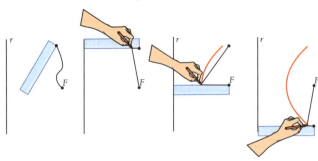

Elementos

- **Foco**: é o ponto F considerado na definição de parábola.
- **Diretriz**: é a reta r considerada na definição de parábola.
- **Eixo de simetria**: é a reta e que passa pelo foco F e é perpendicular à diretriz r; a intersecção do eixo de simetria e a diretriz determinam um ponto A.
- **Vértice**: é o ponto V da parábola que pertence ao eixo de simetria; esse ponto é também ponto médio do segmento AF.
- **Parâmetro**: é a distância p entre o foco F e o vértice V.

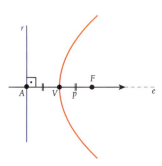

Equação

A equação de uma parábola depende da posição do vértice, da diretriz e do foco no plano cartesiano.

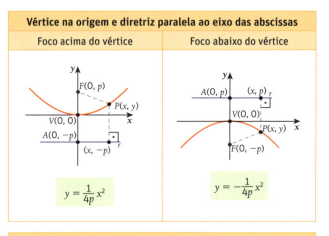

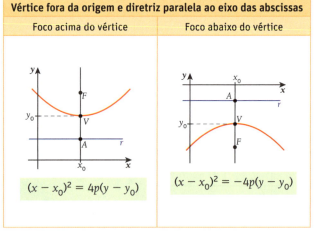

Questões

1. **(UFPB)** A secretaria de infraestrutura de um município contratou um arquiteto para fazer o projeto de uma praça. Na figura a seguir, está o esboço do projeto proposto pelo arquiteto: uma praça em formato retangular medindo 80 m × 120 m, onde deverá ser construído um jardim em forma de elipse na parte central.

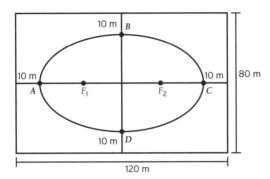

Estão destacados na figura os segmentos AC e BD que são, respectivamente, o eixo maior e o menor da elipse, bem como os pontos F_1 e F_2, que são os focos da elipse onde deverão ser colocados dois postes de iluminação.

Com base nessas informações, conclui-se que a distância entre os postes de iluminação será, aproximadamente, de:

a) 68 m
b) 72 m
c) 76 m
d) 80 m
e) 84 m

2. **(Unesp)** A figura mostra a representação de algumas das ruas de nossas cidades. Essas ruas possuem calçadas de 1,5 m de largura, separadas por uma pista de 7 m de largura.

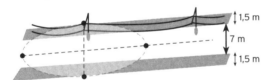

Vamos admitir que:

I. os postes de iluminação projetam sobre a rua uma área iluminada na forma de uma elipse de excentricidade 0,943.
II. o centro dessa elipse encontra-se verticalmente abaixo da lâmpada, no meio da rua.
III. o eixo menor da elipse, perpendicular à calçada, tem exatamente a largura da rua (calçadas e pista).

Se desejarmos que as elipses de luz se tangenciem nas extremidades dos eixos maiores, a distância, em metros, entre dois postes consecutivos deverá ser de aproximadamente:

Dado: $0,943^2 \cong 0,889$ e $\sqrt{0,111} \cong 0,333$

a) 35
b) 30
c) 25
d) 20
e) 15

3. **(UFT-TO)** Considere $\mathbb{R}$ o conjunto dos números reais e $b \in \mathbb{R}$. Encontre os valores de b, tais que, no plano cartesiano xy, a reta $y = x + b$ intercepta a elipse $\frac{x^2}{4} + y^2 = 1$ em um único ponto.

A soma dos valores de b é:

a) 0
b) 2
c) $2\sqrt{5}$
d) $\sqrt{5}$
e) $-2\sqrt{5}$

4. (UCB-DF) Considere as figuras dadas no plano cartesiano pelas equações $e_1: x = y$; $e_2: x^2 + y^2 = 25$; e $e_3: x + y - 5\sqrt{2} = 0$.

Em relação às figuras representadas por essas equações no plano cartesiano, julgue os itens a seguir, assinalando (V) para os verdadeiros e (F) para os falsos.

a) e_1 representa uma hipérbole no plano cartesiano.

b) A equação e_2 representa, no plano cartesiano, uma circunferência cujo raio vale 5.

c) Não há ponto de interseção entre as figuras dadas por e_1 e e_2.

d) As figuras dadas por e_1 e e_3 são paralelas.

e) Há pelo menos dois pontos distintos de interseção entre as figuras dadas por e_2 e e_3.

5. (UEL-PR) O vértice, o foco e a reta diretriz da parábola de equação $y = x^2$ são dados por:

a) vértice: (0, 0); foco: $\left(0, \dfrac{1}{4}\right)$; reta diretriz $y = -\dfrac{1}{4}$.

b) vértice: (0, 0); foco: $\left(0, \dfrac{1}{2}\right)$; reta diretriz $y = -\dfrac{1}{2}$.

c) vértice: (0, 0); foco: (0, 1); reta diretriz $y = -1$.

d) vértice: (0, 0); foco: (0, −1); reta diretriz $y = 1$.

e) vértice: (0, 0); foco: (0, 2); reta diretriz $y = -2$.

6. (UCB-DF) A área interna de uma elipse de semieixos a e b é dada por $A = \pi ab$. Considere as duas curvas dadas pelas equações $(e)\ x^2 + 4y^2 - 36 = 0$ e $(q)\ 3x^2 + 3y^2 + 12x - 11 = 0$, adote $\pi = 3$ e calcule a área que é interna a uma delas e externa à outra [...], desprezando, se houver, a parte decimal do resultado final.

7. (ITA-SP) Dada a cônica $\lambda: x^2 - y^2 = 1$, qual das retas abaixo é perpendicular à λ no ponto $P = (2, \sqrt{3})$?

a) $y = \sqrt{3}x - 1$

b) $y = \dfrac{\sqrt{3}}{2}x$

c) $y = \dfrac{\sqrt{3}}{3}x + 1$

d) $y = -\dfrac{\sqrt{3}}{5}x - 7$

e) $y = -\dfrac{\sqrt{3}}{2}x - 4$

8. (Urca-CE) [...] O lugar geométrico de um ponto que se move no plano de modo que o quadrado de sua distância ao ponto (1, 4) é igual a sua distância ao eixo das abscissas é:

a) uma elipse.

b) uma parábola.

c) uma hipérbole.

d) uma circunferência.

e) uma reta.

9. (Uece) Se a reta r, tangente à circunferência $x^2 + y^2 = 1$ no ponto $\left(\dfrac{\sqrt{2}}{2}, \dfrac{\sqrt{2}}{2}\right)$, intercepta a parábola $y = x^2 + 1$ nos pontos (x_1, y_1) e (x_2, y_2), então $x_1 + x_2$ é igual a:

a) -2

b) -1

c) $-1 - \sqrt{2}$

d) $1 - \sqrt{2}$

10. (UEL-PR) Existem pessoas que nascem com problemas de saúde relacionados ao consumo de leite de vaca. A pequena Laura, filha do Sr. Antônio, nasceu com este problema. Para solucioná-lo, o Sr. Antônio adquiriu uma cabra que pasta em um campo retangular medindo 20 m de comprimento e 16 m de largura. Acontece que as cabras comem tudo o que aparece à sua frente, invadindo hortas, jardins e chácaras vizinhas. O Sr. Antônio resolveu amarrar a cabra em uma corda presa pelas extremidades nos pontos A e B que estão 12 m afastados um do outro. A cabra tem uma argola na coleira por onde é passada a corda, de tal modo que ela possa deslizar livremente por toda a extensão da corda. [...]

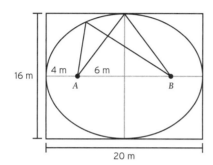

Qual deve ser o comprimento da corda para que a cabra possa pastar na maior área possível, dentro do campo retangular?

a) 10 m
b) 15 m
c) 20 m
d) 25 m
e) 30 m

11. (Unesp) Suponha que um planeta P descreva uma órbita elíptica em torno de uma estrela O, de modo que, considerando um sistema de coordenadas cartesianas ortogonais, sendo a estrela O a origem do sistema, a órbita possa ser descrita aproximadamente pela equação $\left(\frac{x^2}{100}\right) + \left(\frac{y^2}{25}\right) = 1$, com x e y em milhões de quilômetros.

A figura representa a estrela O, a órbita descrita pelo planeta e sua posição no instante em que o ângulo $P\hat{O}A$ mede $\frac{\pi}{4}$.

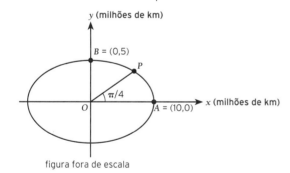

figura fora de escala

A distância, em milhões de km, do planeta P à estrela O, no instante representado na figura, é:

a) $2\sqrt{5}$
b) $2\sqrt{10}$
c) $5\sqrt{2}$
d) $10\sqrt{2}$
e) $5\sqrt{10}$

12. (Unimontes-MG) O gráfico da equação $x^2 - 4y^2 = 0$ é:
a) um par de retas.
b) uma hipérbole que corta o eixo dos x.
c) uma hipérbole que corta o eixo dos y.
d) uma hipérbole que não corta nenhum dos eixos.

Números complexos

O **conjunto dos números complexos** é o conjunto de todos os pares ordenados de coordenadas reais. O conjunto dos números complexos é denotado por $\mathbb{C}$ e seus pares ordenados por $z = (a, b)$.

Unidade imaginária

O número complexo $(0, 1)$ é representado pelo símbolo i, a **unidade imaginária**. Utilizando a **propriedade fundamental dos números complexos**, verifica-se que: $i^2 = -1$

Representação algébrica

O número $z = (a, b)$ é um número complexo que pode ser dado na **forma algébrica** $z = a + bi$, com $a \in \mathbb{R}$ e $b \in \mathbb{R}$; a é a **parte real** de z, denotada por $Re(z)$; b é a **parte imaginária** de z, denotada por $Im(z)$.

Igualdade de números complexos

Dois números complexos são **iguais** se suas partes reais são iguais e se suas partes imaginárias também são iguais.

Dados os números complexos $z = a + bi$ e $w = c + di$, z e w são iguais se, e somente se, $a = c$ e $b = d$.

Conjugado de um número complexo

O **conjugado** de um número complexo $z = a + bi$ é o número complexo $\bar{z} = a - bi$.

Operações com números complexos

Sendo $z = a + bi$ e $w = c + di$ números complexos escritos na forma algébrica, têm-se o seguinte.

- *Adição:* $z + w = (a + bi) + (c + di) = (a + c) + (b + d)i$
- *Subtração:* $z + w = (a + bi) + (c + di) = (a + c) + (b + d)i$
- *Multiplicação:* $z \cdot w = (a + bi) \cdot (c + di) = ac + adi + bci + bdi^2 = (ac - bd) + (ad + bc)i$
- *Divisão:* $\dfrac{z}{w} = \dfrac{a + bi}{c + di} = \dfrac{a + bi}{c + di} \cdot \dfrac{c - di}{c - di} = \dfrac{(ac + bd) + (bc - ad)i}{c^2 + d^2} = \dfrac{ac + bd}{c^2 + d^2} + \dfrac{(bc - ad)i}{c^2 + d^2}$

Potências de i

Sobre potências no conjunto dos números reais, temos estas potências da unidade imaginária:

$$i^0 = 1 \quad i^1 = i \quad i^2 = -1$$

$$i^3 = i^2 \cdot i = -i \quad i^4 = i^3 \cdot i = -i \cdot i = -i^2 = -(-1) = 1$$

Observação

As potências da unidade imaginária, iniciando pelo expoente 0 (zero), alternam-se assim: $1, i, -1, -i, 1, i, -1, -i, \ldots$ O valor de uma potência de i, por exemplo i^{123}, é dado pelo resto do expoente por 4. Por exemplo: $i^{123} = i^3 = -i$.

Representação geométrica

Como todo número complexo é um par ordenado de números reais, é possível representá-los em um sistema de coordenadas cartesianas denominado, nesse caso, **plano complexo** ou **plano de Argand-Gauss**. Nesse sistema têm-se:

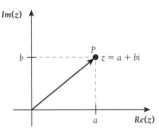

- **Eixo real** $Re(z)$: eixo horizontal.
- **Eixo imaginário** $Im(z)$: eixo vertical.
- **Ponto P**: imagem do número complexo $z = a + bi$.
- **Número complexo** $z = a + bi$: afixo do ponto P.

Módulo de um número complexo

O **módulo** de um número complexo é a distância entre a imagem desse número e a origem do plano de Argand-Gauss. O módulo de um número complexo z é representado por $|z|$ e algebricamente é calculado por:

$$|z| = \sqrt{a^2 + b^2}$$

Argumento de um número complexo

O **argumento** de um número complexo é o ângulo que o segmento com extremidades na imagem desse número e na origem do plano de Argand-Gauss forma com o eixo real, no sentido anti-horário.

O argumento de um número complexo $z = a + bi$ é representado por θ, tal que $\cos \theta = \dfrac{a}{|z|}$ e $\operatorname{sen} \theta = \dfrac{b}{|z|}$.

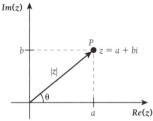

Observação

Todo número complexo tem infinitos argumentos, que diferem por um múltiplo de 2π. Considera-se como **argumento principal** do número complexo o argumento que pertença ao intervalo $[0, 2\pi[$.

Representação trigonométrica

Dado um número complexo $z = a + bi$, como $\cos \theta = \dfrac{a}{|z|}$ e $\operatorname{sen} \theta = \dfrac{b}{|z|}$, podem-se escrever a e b da seguinte maneira.

$$a = |z| \cdot \cos \theta \qquad\qquad b = |z| \cdot \operatorname{sen} \theta$$

Assim:

$$z = a + bi = |z| \cdot \cos \theta + (|z| \cdot \operatorname{sen} \theta) \cdot i \Leftrightarrow \boxed{z = |z| \cdot (\cos \theta + i \cdot \operatorname{sen} \theta)}$$

Operações com números complexos

Sendo $z = |z| \cdot (\cos \theta_1 + i \cdot \operatorname{sen} \theta_1)$ e $w = |w| \cdot (\cos \theta_2 + i \cdot \operatorname{sen} \theta_2)$ números complexos escritos na forma trigonométrica, têm-se as seguintes operações no conjunto dos números complexos.

Operação	Representação algébrica
Multiplicação	$z \cdot w = |z| \cdot |w| \cdot [\cos(\theta_1 + \theta_2) + i \cdot \operatorname{sen}(\theta_1 + \theta_2)]$
Divisão	$z : w = |z| : |w| \cdot [\cos(\theta_1 - \theta_2) + i \cdot \operatorname{sen}(\theta_1 - \theta_2)]$
Potenciação	$z^n = |z|^n \cdot [\cos(n\theta_1) + i \cdot \operatorname{sen}(n\theta_1)]$ 1ª fórmula de De Moivre
Radiciação	$\sqrt[n]{z} = z_k = \sqrt[n]{|z|} \cdot \left[\cos\left(\dfrac{\theta}{n} + \dfrac{2k\pi}{n}\right)\right]$, em que $k = 0, 1, 2, ..., n - 1$ 2ª fórmula de De Moivre

Questões

1. **(FGV-SP)** Ao tentar encontrar a intersecção do gráfico de uma função quadrática com o eixo x, um aluno encontrou as soluções $2 + i$ e $2 - i$. Quais são as coordenadas do vértice da parábola? Sabe-se que a curva intercepta o eixo y no ponto (0, 5).

2. **(Uerj)** Considere a equação a seguir, que se reduz a uma equação do terceiro grau:
$$(x + 2)^4 = x^4$$
Uma de suas raízes é real e as outras são imaginárias. Determine as três raízes dessa equação.

3. **(FGV-SP)** Sendo i a unidade imaginária, então $(1 + i)^{20} - (1 - i)^{20}$ é igual a:
   a) $-1\,024$
   b) $-1\,024i$
   c) 0
   d) $1\,024$
   e) $1\,024i$

4. **(UTFPR)** O valor de $\left(\dfrac{1-i}{1+i}\right)^{2009}$ é:
   a) $-i$
   b) i
   c) 1
   d) -1
   e) indeterminado

5. **(Ufam)** Simplificando o número complexo $\left(\dfrac{\sqrt{2}}{2} - \dfrac{\sqrt{2}}{2}i\right)^{2010}$, obtemos:
   a) $2i$
   b) i
   c) $-i$
   d) 1
   e) -1

6. **(Mackenzie-SP)** Se $y = 2x$, sendo $x = \dfrac{1+i}{1-i}$ e $i = \sqrt{-1}$, o valor de $(x + y)^2$ é:
   a) $9i$
   b) $-9 + i$
   c) -9
   d) 9
   e) $9 - i$

7. **(UEA-AM)** Dados $z_1 = \sqrt{3} + i\sqrt{2}$ e $z_2 = \sqrt{2} + i\sqrt{3}$, pode-se afirmar que:
   a) $\overline{z_1 \cdot z_2} = z_1 \cdot z_2$
   b) $\overline{z_1 \cdot z_2} = -5i$
   c) $\overline{z_1 \cdot z_2} = 5i$
   d) $z_1 \cdot z_2 = \sqrt{6} + i\sqrt{6}$
   e) $z_1 \cdot z_2 = \sqrt{6} - i\sqrt{6}$

8. **(Unifacs-BA)** A parte imaginária do número complexo $z = (1 + i)^{10}$ é igual a:
   a) 1
   b) 10
   c) 18
   d) 20
   e) 32

9. **(Unicap-PE)** [Considere as alternativas como verdadeiras (V) ou falsas (F).]
   a) (   ) O trinômio $y = (x!)^2 - 5(x!) + 6$ tem duas raízes inteiras distintas.
   b) (   ) O logaritmo decimal do resto da divisão do número 85 430 451 237 por 9 é igual ao logaritmo decimal de 2 mais o logaritmo decimal de 3.
   c) (   ) Se x e y são números reais, então $\sqrt{x^2} = x$.
   d) (   ) O logaritmo decimal de $|x - 1|$ sempre existirá, se $x \in \mathbb{R}$.
   e) (   ) Sejam $z_1 = 2 - i$ e $z_2 = 1 - i$ dois números complexos; então, $\dfrac{z_1}{z_2} = 3 - 2i$.

10. **(Ufam)** Sejam os números complexos $z = \dfrac{5 - 12i}{5 + 12i}$ e $w = 1 - i$. Então o valor da expressão $|z| + w^8$ será:
    a) 13
    b) 15
    c) 17
    d) 19
    e) 21

11. (Unimontes-MG) Na figura abaixo, o ponto M representa a imagem geométrica de $z = a + bi$.

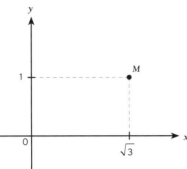

A forma trigonométrica de z é:

a) $2\left(\cos \dfrac{\pi}{3} + i\sin \dfrac{\pi}{3}\right)$

b) $\sqrt{3}\left(\cos \dfrac{\pi}{6} - i\sin \dfrac{\pi}{6}\right)$

c) $\dfrac{\sqrt{3}}{2}\left(\cos \dfrac{\pi}{3} + i\sin \dfrac{\pi}{3}\right)$

d) $2\left(\cos \dfrac{\pi}{6} + i\sin \dfrac{\pi}{6}\right)$

12. (Unesp) Considere os números complexos $w = 4 + 2i$ e $z = 3a + 4ai$, onde a é um número real positivo e i indica a unidade imaginária. Se, em centímetros, a altura de um triângulo é $|z|$ e a base é a parte real de $z \cdot w$, determine a de modo que a área do triângulo seja 90 cm².

13. (UFMG)
a) Escreva na forma trigonométrica os números complexos $(\sqrt{3} + i)$ e $2\sqrt{2}(1 + i)$, em que $i^2 = -1$.
b) Calcule os menores inteiros positivos m e n tais que
$(\sqrt{3} + i)^m = [2\sqrt{2}\,(1 + i)]^n$.

14. (Uece) Um octógono regular está inscrito na circunferência representada no sistema cartesiano usual pela equação $x^2 + y^2 = 16$. Se quatro dos vértices do octógono estão sobre os eixos coordenados, então o produto dos dois números complexos que geometricamente representam os vértices do octógono que estão respectivamente no primeiro e no terceiro quadrantes (não pertencentes aos eixos coordenados) é: [...]
a) $16i$
b) $-16i$
c) $16 + 16i$
d) $16 - 16i$

15. (PUC-RS) A superfície e os parafusos de afinação de um tímpano da orquestra da PUC-RS estão representados no plano complexo Argand-Gauss por um disco de raio 1, centrado na origem, e por oito pontos uniformemente distribuídos, respectivamente, como mostra a figura:

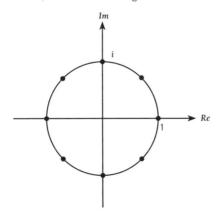

Nessa representação, os parafusos de afinação ocupam os lugares dos números complexos z que satisfazem a equação:
a) $z^8 = i$
b) $z^8 = -i$
c) $z^8 = 1$
d) $z^8 = -1$
e) $z^8 = 1 + i$

Polinômios e equações polinomiais

Função polinomial ou polinômio

Função polinomial é toda função $p: \mathbb{C} \to \mathbb{C}$ escrita na forma $p(x) = a_n \cdot x^n + a_{n-1} \cdot x^{n-1} + \ldots + a_1 \cdot x + a_0$, em que $a_n, a_{n-1}, \ldots, a_1$ e a_0 são números complexos e n é um número natural.

A expressão $p(x) = a_n \cdot x^n + a_{n-1} \cdot x^{n-1} + \ldots + a_1 \cdot x + a_0$ é o **polinômio** associado à função polinomial, em que os números complexos $a_n, a_{n-1}, \ldots, a_1$ e a_0 são os **coeficientes** e $a_n \cdot x^n, a_{n-1} \cdot x^{n-1}, \ldots, a_1 \cdot x$ e a_0 são os **termos**.

Grau

O **grau** de um polinômio $p(x)$ é o maior expoente de x entre os termos cujos coeficientes não são nulos.

Valor numérico

O **valor numérico** de um polinômio $p(x)$ para $x = z$, $z \in \mathbb{C}$ é o valor que se obtém ao substituir x por z na expressão do polinômio e efetuar as operações indicadas.

Igualdade

Dois polinômios são **iguais** ou **idênticos** se, e somente se, assumem valores numéricos iguais para todo número complexo.

Sendo $p(x)$ e $q(x)$ dois polinômios, tem-se: $p(x) = q(x) \Leftrightarrow p(z) = q(z)$, para todo $z \in \mathbb{C}$.

Teorema

Sendo $p(x) = a_n x^n + a_{n-1} x^{n-1} + \ldots + a_2 x^2 + a_1 x + a_0$ e $q(x) = b_n x^n + b_{n-1} x^{n-1} + \ldots + b_2 x^2 + b_1 x + b_0$ polinômios de mesmo grau, tem-se que:

$$p(x) = q(x) \Leftrightarrow a_n = b_n, a_{n-1} = b_{n-1}, \ldots, a_2 = b_2, a_1 = b_1 \text{ e } a_0 = b_0$$

Logo, pelo teorema enunciado, dois polinômios são iguais se, e somente se, os coeficientes dos termos de mesmo grau são iguais.

Raiz de um polinômio

Um número complexo α é **raiz** do polinômio $p(x)$ se $p(\alpha) = 0$.

Operações com polinômios

Adição e subtração

A soma ou a diferença de dois polinômios é obtida adicionando-se ou subtraindo-se os coeficientes dos termos de mesmo grau e mantendo-se a parte literal.

Multiplicação

O produto de dois polinômios é obtido multiplicando-se cada termo do primeiro polinômio por todos os termos do segundo. Em seguida adicionam-se os termos semelhantes (que têm partes literais iguais).

Divisão

Dividir um polinômio $p(x)$ por um polinômio $d(x)$, com $d(x)$ não nulo, é determinar os polinômios $q(x)$ e $r(x)$, tais que o grau de $r(x)$ seja menor do que o grau de $d(x)$ e $p(x) = q(x) \cdot d(x) + r(x)$.

Nesse caso, $p(x)$ é o **dividendo**, $d(x)$ é o **divisor**, $q(x)$ é o **quociente** e $r(x)$ é o **resto**.

Observação

Se $r(x)$ é o polinômio nulo, significa que o polinômio $p(x)$ é divisível pelo polinômio $q(x)$.

A seguir são apresentados dois procedimentos para efetuar a divisão de um polinômio por outro.

Método da chave
Esse método assemelha-se à divisão de dois números naturais.
Dividir os polinômios $p(x) = 2x^3 + 4x^2 + 6$ e $d(x) = x^2 - 1$ pelo método da chave.

$$
\begin{array}{rrrr|l}
2x^3 + & 4x^2 + & 0x + & 6 & \,x^2 - 0x - 1 \\
-2x^3 + & 0x^2 + & 2x & & \,2x + 4 \\ \hline
& 4x^2 & +2x & +6 & \\
& -4x^2 & +0x & +4 & \\ \hline
& & 2x & +10 &
\end{array}
$$

Logo, $q(x) = 2x + 4$ e $r(x) = 2x + 10$.

Dispositivo de Briot-Ruffini
Esse dispositivo é utilizado quando o divisor é um binômio do primeiro grau, ou seja, da forma $x - a$.
Dividir os polinômios $p(x) = 5x^3 + 3x - 6$ por $d(x) = x + 2$ pelo dispositivo de Briot-Ruffini.

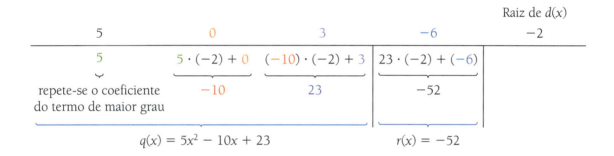

Logo, $q(x) = 5x^2 - 10x + 23$ e $r(x) = -52$.

Teorema do resto
Sendo $p(x)$ um polinômio de grau maior do que ou igual a 1, o resto da divisão de $p(x)$ por $x - a$ é $p(a)$.

Teorema de D'Alembert
Um polinômio $p(x)$ é divisível por $x - a$ se, e somente se, a é raiz de $p(x)$.

Teorema do fator
Se a é raiz de um polinômio $p(x)$ de grau maior do que ou igual a 1, então $x - a$ é um fator de $p(x)$.
A seguinte proposição decorre do **teorema do fator**.
Um polinômio $p(x)$ é divisível por $(x - a)$ e por $(x - b)$, com $a \neq b$ se, e somente se, $p(x)$ é divisível pelo produto $(x - a) \cdot (x - b)$.

Teorema fundamental da álgebra
Todo polinômio de grau n, com $n \geq 1$, admite pelo menos uma raiz complexa.

Teorema da decomposição
Todo polinômio $p(x) = a_n x^n + a_{n-1} x^{n-1} + \ldots + a_2 x^2 + a_1 x + a_0$, de grau n, com $a_n \neq 0$, $n \geq 1$, pode ser decomposto na forma $p(x) = a_n \cdot (x - \alpha_1) \cdot (x - \alpha_2) \cdot \ldots \cdot (x - \alpha_n)$, ou seja, como produto de uma constante a_n e n fatores de primeiro grau, em que a_n é o coeficiente do termo de maior grau e $\alpha_1, \alpha_2, \ldots, \alpha_n$ são as raízes complexas de $p(x)$.

Equação algébrica

Equação polinomial ou **equação algébrica** é toda equação redutível à forma $p(x) = 0$, em que $p(x)$ é um polinômio de grau n.

Raiz

Um número complexo α é **raiz** da equação polinomial $p(x) = 0$ se, e somente se, $p(\alpha) = 0$.

A fatoração é um recurso que pode ser utilizado para determinar as raízes de uma equação algébrica. Por exemplo, para determinar o conjunto solução da equação algébrica $x^3 - 8x^2 + 15x = 0$, é possível reescrevê-la na forma $x(x^2 - 8x + 15) = 0$.

O trinômio que aparece entre parênteses na última equação pode ser fatorado por soma e produto: $x(x^2 - 8x + 15) = 0 \Leftrightarrow x \cdot (x - 3) \cdot (x - 5) = 0$.

O produto de três termos só pode ser igual a zero se pelo menos um deles for igual a zero. Ou seja, deve-se ter, obrigatoriamente, $x = 0$ ou $x = 3$ ou $x = 5$.

Portanto, $S = \{0, 3, 5\}$.

Quantidade de raízes

Toda equação polinomial de grau n, com $n \geqslant 1$, admite exatamente n raízes complexas, que não são necessariamente distintas.

Multiplicidade da raiz

Na equação polinomial $p(x) = 0$, em que $p(x)$ é um polinômio de grau n, diz-se que uma raiz α é de multiplicidade m, $m \in \mathbb{N}^*$ e $m \leqslant n$, quando $p(x) = (x - \alpha)^m \cdot q(x)$, com $q(\alpha) \neq 0$.

Equações algébricas com coeficientes reais

Para resolver uma equação algébrica $p(x) = 0$, de grau maior do que 2, pode-se determinar uma (ou mais) raízes e, por meio de divisões, utilizar a forma fatorada do polinômio $p(x)$.

A seguir são enunciados três teoremas.

Se um número complexo não real é raiz de uma equação algébrica com coeficientes reais, então o seu conjugado também é raiz dessa equação.

Se $p(x)$ é um polinômio de coeficientes reais e grau n, com n ímpar, então a equação algébrica $p(x) = 0$ tem pelo menos uma raiz real.

Se o número racional $\dfrac{p}{q}$, com p e q primos entre si e $q \neq 0$, é raiz da equação algébrica de coeficientes inteiros $a_n \cdot x^n + a_{n-1} \cdot x^{n-1} + \ldots + a_1 \cdot x + a_0$, $a_n \neq 0$, então p é divisor de a_0 e q é divisor de a_n.

Relações de Girard

As relações de Girard são relações entre os coeficientes de equações algébricas e suas raízes. Elas podem ser utilizadas na resolução dessas equações. A seguir são enunciadas algumas proposições.

Equação de 2º grau	Equação de 3º grau
Se x_1 e x_2 são raízes da equação $ax^2 + bx + c = 0$, em que $a \neq 0$, então: • $x_1 + x_2 = -\dfrac{b}{a}$ • $x_1 \cdot x_2 = \dfrac{c}{a}$	Se x_1, x_2 e x_3 são raízes da equação $ax^3 + bx^2 + cx + d = 0$, em que $a \neq 0$, então: • $x_1 + x_2 + x_3 = -\dfrac{b}{a}$ • $x_1 \cdot x_2 + x_1 \cdot x_3 + x_2 \cdot x_3 = \dfrac{c}{a}$ • $x_1 \cdot x_2 \cdot x_3 = -\dfrac{d}{a}$

Equação de grau n
Se $x_1, x_2, x_3, \ldots, x_n$ são raízes da equação $a_n \cdot x^n + a_{n-1} \cdot x^{n-1} + \ldots + a_1 \cdot x + a_0 = 0$, então: • $x_1 + x_2 + x_3 + \ldots + x_n = -\dfrac{a_{n-1}}{a_n}$ • $x_1 \cdot x_2 + x_1 \cdot x_3 + \ldots + x_1 \cdot x_n + x_2 \cdot x_3 + x_2 \cdot x_4 + \ldots + x_{n-1} \cdot x_n = \dfrac{a_{n-2}}{a_n}$ • $x_1 \cdot x_2 \cdot x_3 + x_1 \cdot x_2 \cdot x_4 + \ldots + x_2 \cdot x_3 \cdot x_4 + x_2 \cdot x_3 \cdot x_5 + \ldots + x_{n-2} \cdot x_{n-1} \cdot x_n = -\dfrac{a_{n-3}}{a_n}$ • $x_1 \cdot x_2 \cdot x_3 \cdot \ldots \cdot x_{n-2} \cdot x_{n-1} \cdot x_n = (-1)^n \cdot \dfrac{a_0}{a_n}$

Questões

1. **(UEL-PR)** Seja A uma matriz quadrada 2×2 de números reais dada por:
$$A = \begin{bmatrix} 1 & 2 \\ 3 & 4 \end{bmatrix}$$
O polinômio característico de A é definido por $c(t) = \det(A - t \cdot I)$, onde I é a matriz identidade 2×2. Nessas condições, o polinômio característico da matriz A é:
a) $t^2 - 4$
b) $-2t - 1$
c) $t^2 + t + 1$
d) $t^3 + 2t^2 + 3t + 4$
e) $t^2 - 5t - 2$

2. **(Fuvest-SP)** O polinômio $p(x) = x^3 + ax^2 + bx$, em que a e b são números reais, tem restos 2 e 4 quando dividido por $x - 2$ e $x - 1$, respectivamente. Assim, o valor de a é:
a) -6
b) -7
c) -8
d) -9
e) -10

3. **(Unifor-CE)** N e P são números naturais constituídos pelos algarismos a e b de acordo com os seguintes formatos: $N = ab$ e $P = ba$. No quadro abaixo, temos o algoritmo da divisão aplicado às divisões de N por $a + b$ e de P por $a - b$, respectivamente.

$$\begin{array}{c|c} N & \underline{a+b} \\ 6 & 7 \end{array} \qquad \begin{array}{c|c} P & \underline{a-b} \\ 2 & 6 \end{array}$$

Então, podemos afirmar que $N - 2P$ é igual a:
a) 8
b) 10
c) 15
d) 22
e) 25

4. **(Unifacs-BA)** O Sistema de Posicionamento Global ou GPS é formado a partir de uma constelação de satélites e suas estações na Terra e já começa a fazer parte do cotidiano da vida das pessoas. Dentre outras informações relativas ao seu deslocamento, o portador de um receptor GPS padrão pode ser situado no mapa em um determinado local, como também ter seu caminho traçado por um mapa à medida que se move.

A trilha, mostrando no mapa o caminho percorrido por determinada pessoa que se deslocou de um ponto A até um ponto B, quando representada no sistema de coordenadas cartesianas, corresponde à parte da curva definida pela expressão algébrica $P(x) = ax^3 - x^2 + bx + c$ representada no gráfico.

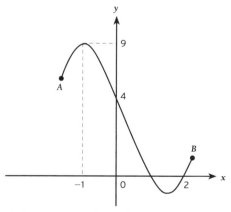

Com base nessas informações, pode-se afirmar que o resto na divisão de $P(x)$ por $Q(x) = 2x^2 + 3x - 2$ é:
a) $x - 2$
b) $x + 2$
c) -2
d) 0
e) 3

5. (Unicap-PE) [Classifique as alternativas em verdadeiras ou falsas.]
 a) O polinômio $(x^2 - 5x + 6)^{10}$ é divisível por $(x - 2)(x - 3)^2$.
 b) O volume de uma esfera é 12π cm³; o seu raio mede $\sqrt{3}$ cm.
 c) O quociente entre cada lado de um triângulo e o seno do ângulo oposto é constante.
 d) A idade de Pedro está para a de João na razão de 16 para 3 e ambas as idades somam 38 anos. A idade de Pedro é 30 anos.
 e) No plano cartesiano ortogonal, as retas de equações $x + y - 5 = 0$ e $2x + y - 1 = 0$ são concorrentes no ponto $(4, 9)$.

6. (UEFS-BA) O dispositivo de Briot-Ruffini recebeu este nome em homenagem ao matemático francês Charles A. A. Briot (1817-1882) e ao matemático italiano Paolo Ruffini (1765-1822).

O esquema a seguir representa a divisão de um polinômio $P(x)$ por outro do tipo $D(x) = (x - 1)(x - c)$ pelo método de Briot-Ruffini, com a, b, c e d constantes reais, $d \neq 0$.

	1	a	-7	b
1	1	1	d	0
c	1	$-\dfrac{d}{2}$	0	

Nessas condições, pode-se afirmar que, sendo i a unidade imaginária dos números complexos, o valor de $(a + bi)(c - di)$ é:
 a) $-36 + 12i$ d) $12 + 36i$
 b) $-12 - 36i$ e) $36 - 12i$
 c) $12 - 36i$

7. (ITA-SP) Se 1 é uma raiz de multiplicidade 2 da equação $x^4 + x^2 + ax + b = 0$, com $a, b \in \mathbb{R}$, então $a^2 - b^3$ é igual a:
 a) -64 d) 18
 b) -36 e) 27
 c) -28

8. (FGV-SP) O polinômio $P(x) = x^4 - 5x^3 + 3x^2 + 5x - 4$ tem o número 1 como raiz dupla. O valor absoluto da diferença entre as outras raízes é igual a:
 a) 5 d) 2
 b) 4 e) 1
 c) 3

9. (FGV-SP) Os vértices do quadrado na figura a seguir representam, no plano de Argand-Gauss (plano complexo), todas as raízes de um polinômio $p(x)$ cujo coeficiente do termo de maior grau é 1.

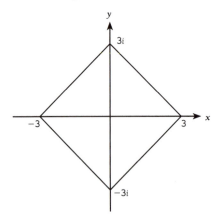

 a) Determine a expressão do polinômio $p(x)$.
 b) Calcule o resto da divisão de $p(x)$ pelo polinômio $q(x) = x^3 - 2x^2 + 4x - 8$.

10. **(Unioeste-PR)** O sistema de controle de uma empresa que vende um determinado produto agrícola pela internet considera que o estoque deste produto, em toneladas, em um dado momento t, t em dias, é positivo se a quantidade totalizada pelos pedidos existentes neste momento for menor que a quantidade existente em seu depósito, negativo se o total dos pedidos for maior que a quantidade disponível e nulo se o total dos pedidos for igual ao total disponível. O polinômio $P(t) = (t - 10)(a_2 t^2 + a_1 t + a_0)$, $a_2 \neq 0$, dá uma aproximação para o estoque em um período de 12 dias consecutivos observados. A parte do gráfico deste polinômio que corresponde aos valores de t tais que $0 \leq t \leq 7$ está esboçado na figura a seguir.

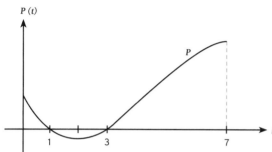

Com base nas informações dadas, para o período de 12 dias considerados, pode-se afirmar que:

a) o estoque ficou sempre positivo para $t > 3$.
b) a empresa ficou exatamente dois momentos com estoque nulo.
c) a empresa permaneceu apenas 3 dias com estoque negativo.
d) em dois períodos distintos, totalizando 4 dias, o estoque ficou negativo.
e) o estoque permaneceu positivo durante 6 dias.

11. **(FGV-SP)** Sendo m um número inteiro, considere a equação polinomial $3x^4 + 2x^3 + mx^2 - 4x = 0$, na incógnita x, que possui uma raiz racional entre $-\frac{4}{5}$ e $-\frac{1}{2}$.
Nessas condições, a menor raiz irracional da equação é igual a:
a) $-\sqrt{3}$
b) $-\sqrt{2}$
c) $-\frac{\sqrt{2}}{\sqrt{2}}$
d) $\sqrt{2}$
e) $\sqrt{3}$

12. **(Mackenzie-SP)** Se a, b e c são as raízes do polinômio $p(x) = x^3 - 5x^2 + 2x + 8$, tais que $a = -2bc$, o valor de $\frac{a}{b} + \frac{a}{c}$ é:
a) 2
b) $\frac{1}{2}$
c) -2
d) 3
e) $-\frac{1}{4}$

13. **(Urca-CE)** Sejam $A = (a_{ij})$ uma matriz $n \times n$ e $p(x) = a_n x^n + a_{n-1} x^{n-1} + \ldots + a_1 x + a_0$ um polinômio na indeterminada x com coeficientes reais. Dizemos que A é um zero de $p(x)$ se $p(A) = O$, onde O é a matriz nula $n \times n$, isto é, $p(A) = a_n A^n + a_{n-1} A^{n-1} + \ldots + a_1 A + a_0 I = O$, onde I é a matriz identidade $n \times n$. Considere $A = \begin{pmatrix} 4 & 5 \\ k & 1 \end{pmatrix}$ e $p(x) = x^2 - 5x - 6$.
O valor de k para que A seja um zero de $p(x)$ é:
a) 0
b) 2
c) 1
d) 3
e) 5

14. (Unifesp) Considere o polinômio $p(x) = x^3 + ax^2 + bx + c$, sabendo que a, b e c são números reais e que o número 1 e o número complexo $1 + 2i$ são raízes de p, isto é, que $p(1) = p(1 + 2i) = 0$. Nestas condições existe um polinômio $q(x)$ para o qual $p(x) = (1 - x) \cdot q(x)$.

Uma possível configuração para o gráfico de $y = q(x)$ é:

a)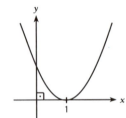

d)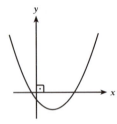

b)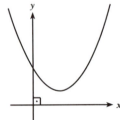

e)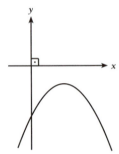

c)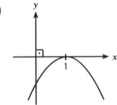

15. (UEM-PR) Dado um número natural $n \geq 1$ e considerando que as raízes n-ésimas da unidade são as raízes complexas do polinômio $x^n - 1$ assinale a(s) alternativa(s) correta(s).

[A resposta será a soma dos números associados às alternativas corretas.]

01. O módulo de qualquer raiz n-ésima da unidade é igual a 1.
02. Todas as raízes de $x^5 + x^4 + x^3 + x^2 + x + 1$ são também raízes sextas (6-ésimas) da unidade.
04. Se z_1 e z_2 são raízes n-ésimas da unidade, ambas distintas de 1, então $z_1 z_2$ também é uma raiz n-ésima da unidade.
08. Se z_1 é uma raiz quinta da unidade e z_2 é uma raiz sétima da unidade, então $\dfrac{z_2}{z_1}$ é uma raiz quinta da unidade.
16. $x = -1$ é sempre raiz da unidade para $n \geq 2$.

16. (UTFPR) Se 2 e $2 - 3i$ são raízes da equação $ax^3 + bx^2 + cx + d = 0$, então a soma $c + d$ é igual a:

a) 5
b) -4
c) 4
d) -3
e) -5

17. (Uece) Se os números x_1, x_2, x_3 e x_4 são as soluções da equação $x^4 - 4x^3 - 2x^2 + 12x + 9 = 0$, então o valor da soma $\log_3 |x_1| + \log_3 |x_2| + \log_3 |x_3| + \log_3 |x_4|$ é:

a) 0
b) 1
c) 2
d) 3

18. (UFSC) Assinale a(s) proposição(ões) correta(s).
[A resposta será a soma dos números associados às alternativas corretas.]

01. Se $3^n = 5$, então $\log_5 225 = \dfrac{2 + 2n}{n}$.

02. Os valores reais de x que satisfazem a equação $4^x + 4 = 5 \cdot 2^x$ pertencem ao intervalo $(2, 4]$.

04. Suponha que "Chevalier de Mére", um jogador francês do século XVII, que ganhava a vida apostando seu dinheiro em jogos de dados, decidiu apostar que vai sair um "3" no lançamento de um dado perfeito de seis faces numeradas de 1 a 6. Com relação a esse experimento, há dois resultados possíveis: ou sai "3" e Chevalier ganha, ou não sai "3" e ele perde. Cada um destes resultados – "sai um 3" ou "não sai um 3" – tem a mesma probabilidade de ocorrer.

08. Para que a função $P(x) = x^2 + px$ seja divisível por $4x - 1$, é necessário que p seja igual a $\dfrac{1}{4}$.

16. Se a, b e c são raízes reais da equação $x^3 - 20x^2 + 125x - 250 = 0$, então o valor de $\log\left(\dfrac{1}{a} + \dfrac{1}{b} + \dfrac{1}{c}\right)$ é nulo.

32. Se A é o número de arranjos de 6 elementos tomados 2 a 2; B é o número de permutações de 5 elementos e C é o número de combinações de 5 elementos tomados 3 a 3, então $A + B - C = 140$.

19. (PUC-RS) Ao visitar a Faculdade de Matemática em Coimbra, Tales fez amizade com um estudante, que lhe propôs a seguinte questão:

Um polinômio tem tantas raízes imaginárias quantas são as consoantes da palavra Coimbra, e o número de raízes reais é no máximo igual ao número de vogais.

Então, o grau deste polinômio é um número n tal que:

a) $4 \leq n < 7$
b) $4 \leq n \leq 7$
c) $4 < n \leq 7$
d) $4 < n < 7$
e) $n \leq 7$

20. (Unioeste-PR) Considere o polinômio $p(x) = \det A$, onde $A = \begin{bmatrix} x & 2x & -x \\ -13 & 2x^2 & 15 \\ 0 & 2x & \dfrac{1}{2} \end{bmatrix}$.

Se x_1, x_2 e x_3 são as raízes de $p(x)$ e $a = x_1 + x_2 + x_3$, então é correto afirmar que a é igual a:

a) 4
b) 0
c) $2 + 3i$
d) $2 + 6i$
e) -13

21. (UCPel-RS) As raízes da equação $x^3 - 13x^2 + 39x - 27 = 0$ são reais e estão em progressão geométrica. Então, a solução dessa equação é o conjunto:

a) $\{1, 3, 9\}$
b) $\{2, 4, 8\}$
c) $\{-1, -2, -4\}$
d) $\left\{6, 3, \dfrac{3}{2}\right\}$
e) $\left\{1, \dfrac{1}{2}, \dfrac{1}{4}\right\}$

22. (Uece) Se x, y, z e w são as raízes da equação $x^4 + 2x^2 + 1 = 0$, então $\log_2 |x| + \log_2 |y| + \log_2 |z| + \log_2 |w|$ é igual a:

a) 0
b) 1
c) -1
d) 2

Introdução ao cálculo

Limite de uma sequência

O **limite de uma sequência** $(a_1, a_2, a_3, \ldots, a_n, \ldots)$ – quando a quantidade n de termos aumenta indefinidamente – é L se os termos a_n dessa sequência tornam-se arbitrariamente próximos de L.

Denota-se esse limite por: $\lim\limits_{n \to \infty} a_n = L$

> Quando a quantidade n de termos de uma sequência aumenta indefinidamente, diz-se que ela **tende a infinito**.

Limite de uma função

O **limite de uma função** f quando x tende a um número a é L se os limites laterais dessa função existem e também são iguais a L.

Denota-se esse limite por: $\lim\limits_{x \to a} f(x) = L \Leftrightarrow \lim\limits_{x \to a^-} f(x) = \lim\limits_{x \to a^+} f(x) = L$

Propriedades

Considere um número a, uma constante $k \in \mathbb{R}$ e as funções f e g, tais que existam os limites $\lim\limits_{x \to a} f(x) = L$ e $\lim\limits_{x \to a} g(x) = M$. Nessas condições são válidas as seguintes propriedades.

Propriedade	Representação algébrica
O limite da soma de duas funções é a soma dos limites dessas funções.	$\lim\limits_{x \to a} \left[f(x) + g(x) \right] = \lim\limits_{x \to a} f(x) + \lim\limits_{x \to a} g(x) = L + M$
O limite do produto de uma constante por uma função é o produto da constante pelo limite dessa função.	$\lim\limits_{x \to a} \left[k \cdot f(x) \right] = k \cdot \lim\limits_{x \to a} f(x)$
O limite do produto de duas funções é o produto dos limites dessas funções.	$\lim\limits_{x \to a} \left[f(x) \cdot g(x) \right] = \lim\limits_{x \to a} f(x) \cdot \lim\limits_{x \to a} g(x) = L \cdot M$
O limite do quociente de duas funções é o quociente dos limites dessas funções.	$\lim\limits_{x \to a} \left[\dfrac{f(x)}{g(x)} \right] = \dfrac{\lim\limits_{x \to a} f(x)}{\lim\limits_{x \to a} g(x)} = \dfrac{L}{M}$

Limites infinitos

Dados os números a e L e uma função f, têm-se os seguintes limites infinitos:

Limites infinitos		Representação algébrica
O limite de $f(x)$ quando x tende ao valor a é mais infinito (os valores de $f(x)$ aumentam indefinidamente).		$\lim\limits_{x \to a} f(x) = +\infty$
O limite de $f(x)$ quando x tende ao valor a é menos infinito (os valores de $f(x)$ diminuem indefinidamente).		$\lim\limits_{x \to a} f(x) = -\infty$
O limite de $f(x)$ quando x tende a mais infinito é L.		$\lim\limits_{x \to -\infty} f(x) = L$
O limite de $f(x)$ quando x tende a menos infinito é L.		$\lim\limits_{x \to -\infty} f(x) = L$
O limite de $|f(x)|$ quando x tende a mais infinito ou a menos infinito é infinito.	Se $f(x)$ é positivo e x é positivo, então o limite de $f(x)$ quando x tende a mais infinito é mais infinito.	$\lim\limits_{x \to +\infty} f(x) = +\infty$
	Se $f(x)$ é negativo e x é positivo, então o limite de $f(x)$ quando x tende a mais infinito é menos infinito.	$\lim\limits_{x \to +\infty} f(x) = -\infty$
	Se $f(x)$ é positivo e x é negativo, então o limite de $f(x)$ quando x tende a menos infinito é mais infinito.	$\lim\limits_{x \to -\infty} f(x) = +\infty$
	Se $f(x)$ é negativo e x é negativo, então o limite de $f(x)$ quando x tende a menos infinito é menos infinito.	$\lim\limits_{x \to -\infty} f(x) = -\infty$

Limite de uma função polinomial

Dadas as funções polinomiais f e g definidas por $f(x) = a_n x^n + a_{n-1} x^{n-1} + ... + a_1 x + a_0$ e $g(x) = b_m x^m + b_{m-1} x^{m-1} + ... + b_1 x + b_0$ têm-se os seguintes limites:

$$\lim_{x \to +\infty} f(x) = \lim_{x \to +\infty} (a_n \cdot x^n) \qquad \lim_{x \to -\infty} f(x) = \lim_{x \to -\infty} (a_n \cdot x^n)$$

$$\lim_{x \to +\infty} \left[\frac{f(x)}{g(x)}\right] = \lim_{x \to +\infty} \left[\frac{a_n \cdot x^n}{a_m \cdot x^m}\right] \qquad \lim_{x \to -\infty} \left[\frac{f(x)}{g(x)}\right] = \lim_{x \to -\infty} \left[\frac{a_n \cdot x^n}{a_m \cdot x^m}\right]$$

Derivada

A **taxa média de variação** de uma função f no intervalo $[x_0, x_0 + h]$ é o quociente $\frac{f(x_0 + h) - f(x_0)}{h}$, em que $h \neq 0$. Essa taxa é, geometricamente, o coeficiente angular da reta secante ao gráfico de f nos pontos $A(x_0, f(x_0))$ e $B(x_0 + h, f(x_0 + h))$.

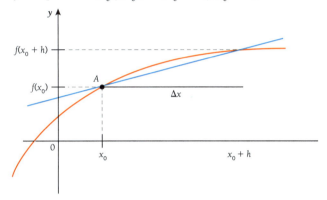

A **taxa de variação instantânea** de uma função f no ponto x_0 é $\lim_{h \to 0} \left(\frac{f(x_0 + h) - f(x_0)}{h}\right)$, quando esse limite existe. Essa taxa é, geometricamente, o coeficiente angular m_t da reta tangente ao gráfico de f no ponto de abscissa x_0. Ou seja, $m_t = \lim_{h \to 0} \left[\frac{f(x_0 + h) - f(x_0)}{h}\right]$, quando o limite existe.

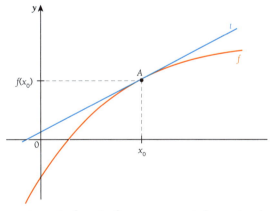

A taxa de variação instantânea da função f no ponto x_0 é denominada **derivada** da função f nesse ponto e é indicada por $f'(x)$.

$$f'(x_0) = \lim_{h \to 0} \left[\frac{f(x_0 + h) - f(x_0)}{h}\right], \text{ quando o limite existe.}$$

Assim, o coeficiente angular da reta tangente ao gráfico da função f no ponto de abscissa x_0 é igual à derivada da função f nesse ponto.

Função derivada

Sendo I um intervalo contido no domínio de uma função f, que possui derivadas em todos os pontos de seu domínio, define-se:

A **função derivada** de f é a função que associa cada $x \in I$ à sua derivada $f'(x)$.

Para simplificar, denomina-se a função derivada de f apenas por **derivada** de f. A seguir têm-se as derivadas de algumas funções:

- Função constante: $f(x) = k, k \in \mathbb{R} \Rightarrow f'(x) = 0$

- Função potência: $f(x) = x^n \Rightarrow f'(x) = n \cdot x^{n-1}$

- Produto de uma constante por uma função: $f(x) = k \cdot g(x) \Rightarrow f'(x) = k \cdot g'(x)$

Propriedades

Dadas as funções f e g deriváveis, são válidas as seguintes propriedades.

- Derivada da soma de duas funções.

$$h(x) = f(x) + g(x) \Rightarrow h'(x) = f'(x) + g'(x)$$

- Derivada da diferença de duas funções.

$$h(x) = f(x) - g(x) \Rightarrow h'(x) = f'(x) - g'(x)$$

- Derivada do produto de duas funções.

$$h(x) = f(x) \cdot g(x) \Rightarrow h'(x) = f'(x) \cdot g(x) + f(x) \cdot g'(x)$$

- Derivada do quociente de duas funções.

$$h(x) = \frac{f(x)}{g(x)}, \text{ com } g(x) \cdot 0 \Rightarrow h(x) = \frac{f'(x) \cdot g(x) - f(x) \cdot g'(x)}{[g(x)]^2}$$

- Derivada da função composta (regra da cadeia).

$$h(x) = f(g(x)) \Rightarrow h'(x) = f'(g(x)) \cdot g'(x)$$

Derivada de segunda ordem

Seja f uma função derivável. A função f', derivada de f, também pode admitir uma função derivada, que é denotada por f''. Essa função é denominada **derivada de segunda ordem** da função f ou, simplesmente, **segunda derivada** de f.

Problemas de cinemática

Seja s a função que relaciona a posição $s(t)$ de um objeto em movimento em função do tempo t.

A **velocidade média** v_m desse objeto no intervalo de tempo $[t_0, t_0 + h]$ é igual à taxa média de variação da função s nesse intervalo.

$$v_m = \frac{s(t_0 + h) - s(t_0)}{h}$$

A **velocidade instantânea** em t_0 é igual à taxa de variação instantânea da função s no instante t_0, ou seja, é a derivada da função s nesse ponto.

$$v(t_0) = \lim_{h \to 0} = \frac{s(t_0 + h) - s(t_0)}{h}$$

A **aceleração instantânea** em t_0 é igual à taxa de variação instantânea da função velocidade v no instante t_0, ou seja, é a derivada da função v nesse ponto. Portanto, a aceleração desse objeto no instante t_0 é igual à segunda derivada de s no ponto t_0.

$$a(t_0) = \lim_{h \to 0} = \frac{v(t_0 + h) - v(t_0)}{h}$$

Questões

1. **(UFRJ)** Para cada número natural $n \geq 1$, seja F_n a figura plana composta de quadradinhos de lados iguais a $\frac{1}{n}$, dispostos da seguinte forma:

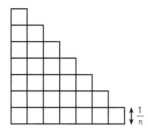

$\updownarrow \frac{1}{n}$

F_n é formada por uma fila de n quadradinhos, mais uma fila de $(n-1)$ quadradinhos, mais uma fila de $(n-2)$ quadradinhos e assim sucessivamente, sendo a última fila composta de um só quadradinho (a figura ilustra o caso $n = 7$). Calcule o limite da área de F_n quando n tende a infinito.

2. **(UEL-PR)** Considere a função real com domínio $\mathbb{R} - \{2\}$, dada por $f(x) = \frac{1}{x-2}$. É verdade que:

   a) se x tende para $+\infty$, $f(x)$ tende para zero.
   b) se x tende para $+\infty$, $f(x)$ tende para $-\infty$.
   c) para qualquer valor de x, $f(x)$ é um número negativo.
   d) se x é um número muito próximo de 2, $f(x)$ é um número muito próximo de $\frac{1}{2}$.
   e) $f(2) = 0$

3. **(Unimontes-MG)** Considere a soma $A_n = \frac{1}{n^2} + \frac{2}{n^2} + \ldots + \frac{n-1}{n^2} + \frac{n}{n^2}$, em que n é um número inteiro positivo. Então, para valores de n suficientemente grandes, é correto afirmar que A_n possui valores convenientemente próximos de:

   a) $\frac{1}{2}$ c) 1
   b) 0   d) $\frac{3}{2}$

4. **(PUC-MG)** O valor da derivada da função $f(x) = \sqrt{(7-x)}$ no ponto $(-2, 3)$ é:

   a) $-\frac{1}{2}$ d) 2
   b) $-\frac{1}{6}$ e) 3
   c) $\frac{1}{6}$

5. **(Cesgranrio-RJ)** A tangente à curva $y = x^3$ no ponto $(1, 1)$ tem coeficiente angular igual a:

   a) 1   d) 4
   b) 2   e) 5
   c) 3

6. **(UEL-PR)** A derivada da função f, de $\mathbb{R}$ em $\mathbb{R}$, definida por $f(x) = -2x^5 + 4x^3 + 3x - 6$, no ponto de abscissa $x_0 = -1$, é igual a:

   a) 25   d) 5
   b) 19   e) 3
   c) 9

7. **(ITA-SP)** Os valores de α, $0 < \alpha < \pi$ e $\alpha \neq \frac{\pi}{2}$, para os quais a função $f: R \to R$ dada por $f(x) = 4x^2 - 4x - \text{tg}^2\, \alpha$ assume seu valor mínimo igual a -4, são:

   a) $\frac{\pi}{4}$ e $\frac{3\pi}{4}$ d) $\frac{\pi}{7}$ e $\frac{3\pi}{7}$
   b) $\frac{\pi}{5}$ e $\frac{2\pi}{5}$ e) $\frac{2\pi}{5}$ e $\frac{3\pi}{5}$
   c) $\frac{\pi}{3}$ e $\frac{2\pi}{3}$

8. (IFMG) O valor de $\lim\limits_{x \to 3} \left(\dfrac{x^2 + 2x - 15}{\sqrt{3x - 6} - \sqrt{x}} \right)$ é:

a) $2\sqrt{3}$
b) $4\sqrt{3}$
c) $6\sqrt{3}$
d) $8\sqrt{3}$

9. (Cesgranrio-RJ) Na poligonal da figura [ao lado], de lados P_0P_1, P_1P_2, P_2P_3, ... cada lado é perpendicular ao anterior e tem comprimento igual à metade do comprimento do lado anterior.

Se $P_0P_1 = 1$, então, quando n tende para infinito, o limite da distância entre os vértices P_0 e P_n vale:

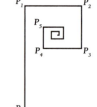

a) 1
b) $2\dfrac{\sqrt{5}}{3}$
c) $2\dfrac{\sqrt{3}}{5}$
d) $\dfrac{4}{5}$
e) $\dfrac{2\sqrt{5}}{5}$

10. (UTFPR) Uma progressão geométrica de razão $\dfrac{1}{2}$ tem seu primeiro termo igual a 2. Seja uma progressão aritmética com primeiro termo também igual a 2 e razão igual ao limite da soma dos termos da progressão geométrica.

Então, o décimo termo da progressão aritmética é igual a:

a) 36
b) 37
c) 38
d) 39
e) 40

11. (IFMG) A derivada da função $f(x) = \text{sen } x + \cos x + \text{tg } x$, no ponto $x = \pi$, é:

a) 22
b) 21
c) 0
d) 1

12. (UEL-PR) A equação da reta tangente à curva de equação $y = x^3 + 2x - 1$, no ponto em que $x = -1$, é:

a) $y = 5x + 1$
b) $y = 4x + 1$
c) $y = 3x - 1$
d) $y = -3x + 1$
e) $y = -4x + 1$

13. (UEL-PR) A equação horária de um móvel é $y = \dfrac{t^3}{3} + 2t$, sendo y sua altura em relação ao solo, medida em metros, e t o número de segundos transcorridos após sua partida. Sabe-se que a velocidade do móvel no instante $t = 3$ s é dada por $y'(3)$, ou seja, é a derivada de y calculada em 3.

Essa velocidade é igual a:

a) 6 m/s
b) 11 m/s
c) 15 m/s
d) 27 m/s
e) 29 m/s

Gabarito

Revisão

página 7

1. a
2. $n = 125$
3. b
4. b
5. e
6. b
7. b
8. d
9. e
10. d
11. c
12. a
13. b
14. c
15. d
16. c
17. e
18. d
19. d
20. c
21. d
22. d
23. d
24. a
25. d
26. $01 + 08 = 09$
27. b
28. d
29. e
30. b
31. a
32. c
33. d
34. c
35. b
36. d
37. d
38. d
39. e
40. c
41. c
42. a
43. c
44. b
45. d
46. a
47. b
48. a) O retalho semicircular pode ser usado para obtenção da tira.
    b) Não é possível obter a tira a partir do retalho triangular.
49. $\frac{6}{17}$ m
50. 90 dm ou 9 m
51. a
52. 3 m
53. e
54. b
55. 32 m

Conjuntos

página 26

1. d
2. a
3. e
4. a
5. c
6. c
7. c
8. e
9. c
10. c
11. d
12. c
13. d
14. b
15. c
16. d
17. d
18. 02
19. c
20. d

Introdução às funções

página 31

1. b
2. a) $x \geqslant 0$
   b) $x = 0$ temos $\sqrt[3]{2}$, $x = 4$ temos $\sqrt[3]{6}$ e $x = 9$ temos $\frac{2}{81}$
3. $v = \frac{4c}{5}$
4. a) $f(1) = 2$
   b) $f(5) = 14$
5. e
6. a
7. e
8. c
9. d
10. c
11. b
12. a
13. a) IV
    b) $f(x) = x^2$ e $g(x) = x$
14. b
15. d
16. d
17. b

Função afim

página 37

1. a) 2
   b) 9
2. e
3. e
4. b
5. c
6. e
7. a) 10 litros
   b) 25 litros
   c) 22,73 litros
8. a
9. vela A: 8 cm; vela B: 6 cm
10. e
11. a) lâmpada incandescente: R\$ 37,50; lâmpada fluorescente: R\$ 9,00
    b) mais que 100 dias
12. a) 8 kg
    b) entre 10 e 34 meses

Função quadrática

página 41

1. b
2. 143,88 kg/hectare
3. d
4. d
5. d

171

Gabarito

6. a) $f(x_v) = \dfrac{8 - m^2}{4}$

   b) $m \leq -2$ ou $m \geq 2$

   c) $m = 2$

   d) $x = \sqrt{y - 1} - 1$

7. c

8. a) $a = -0{,}1$, $b = 1$ e $c = 1{,}1$

   b) 11 metros

9. c

10. c

11. c

12. $02 + 04 + 08 = 14$

13. b

Função modular

página 45

1. a

2. a

3. b

4. a

5. b

Função exponencial e função logarítmica

página 48

1. a

2. a) $a = \dfrac{3}{2}$ e $k = 2$

   b) $f(0) = 2$ e $f(3) = \dfrac{27}{4}$

3. a

4. b

5. c

6. 16 200

7. $01 + 04 = 05$

8. c

9. e

10. e

11. a

12. b

13. b

14. d

15. e

16. c

17. d

18. A função f é sobrejetora e, portanto, bijetora. Logo, a função inversa de f é $f^{-1}(x) = \log_3(x + \sqrt{x^2 + 1})$.

19. a

20. a

21. a) em 20 anos

    b) $-0{,}019$ aproximadamente

22. a) 202 °C

    b) 4,3 h

23. em 1960

24. c

25. b

26. d

27. a

28. b

Noções de estatística e Matemática financeira

página 56

1. d

2. b

3. d

4. c

5. b

6. a) 30 kg de músculos

   b) 37,5% de ossos e gordura

7. R$ 5,00

8. a

9. b

10. b

11. b

12. a) F

    b) F

    c) F

    d) V

    e) F

13. c

14. d

15. e

16. b

17. b

18. a

19. d

20. a) R$ 7,50

    b) 8,3%

    c) $a = \dfrac{7}{30}$

21. a) 20

    b) 81,5%

22. a) aproximadamente R$ 398,00

b) A loja deve dar um desconto de aproximadamente 1,5% para que seja vantajoso para o cliente a compra a vista.

23. d

24. c

25. a

26. a) o plano 1.

    b) R$ 12 500,00

27. $01 + 02 + 08 = 11$

28. d

29. b

Progressões

página 66

1. c

2. b

3. a

4. b

5. d

6. e

7. b

8. d

9. a

10. e

11. a

12. $14 - 6\sqrt{2}$

13. a) Daqui a 6 semanas o *site A* pretende adquirir 3 200 membros e obter, ao todo, 6 450 membros.

    b) O *site B* espera obter 10 000 membros em 12 semanas.

14. d

15. e

16. a

17. c

Trigonometria no triângulo retângulo

página 71

1. b

2. a

3. e

4. a

5. a

6. a

7. b

8. b

9. a) $\alpha = 30°$

b) $AC = \sqrt{7}$

c) 2

d) $\dfrac{\sqrt{3}}{2}$

10. a

11. d

Circunferência trigonométrica

página 76

1. c

2. b

3. e

4. c

5. b

6. 2 902,76 km

7. e

8. d

9. a

10. d

11. a

12. d

13. b

14. e

15. c

16. c

17. b

18. d

19. c

20. a

21. b

22. 0

23. b

24. c

25. d

Funções trigonométricas

página 81

1. $P = \left(\dfrac{4}{3}, 0\right)$, $Q = (2, 0)$,

$R = \left(\dfrac{8}{3}, 0\right)$ e $S = \left(\dfrac{10}{3}, 0\right)$

2. a) -1

b) $\left\{\dfrac{5\pi}{12}, \dfrac{13\pi}{12}\right\}$

c) Como $\dfrac{\sqrt{3}}{\sqrt{2}} > 1$, a equação não apresenta solução.

3. a) F

b) V

c) F

d) V

e) V

4. b

5. a

6. c

7. 02 + 04 + 08 = 14

8. d

9. a

10. e

11. b

Relações e transformações trigonométricas

página 85

1. d

2. a) 6 400 km

b) $\dfrac{3}{8}$

3. e

4. b

5. b

6. a

7. b

8. a) 12 h 48 min

b) 181 dias

9. b

10. a

11. d

12. d

13. e

14. e

15. e

16. c

17. b

18. d

Matriz

página 90

1. c

2. d

3. a

4. a) B é o horário vencedor, com 30% dos votos.

b) $P = \begin{bmatrix} 4 & 3 & 2 & 1 \\ 4 & 3 & 1 & 2 \\ 4 & 2 & 3 & 1 \\ 1 & 4 & 3 & 2 \\ 3 & 4 & 2 & 1 \\ 2 & 4 & 3 & 1 \\ 1 & 2 & 4 & 3 \\ 3 & 1 & 4 & 2 \\ 2 & 1 & 3 & 4 \end{bmatrix}$; C, B, A, D

5. a) $a = \dfrac{2}{3}$ e $b = -\dfrac{1}{3}$

b) $x = \begin{bmatrix} 1 \\ 1 \\ -4 \end{bmatrix}$

Determinante

página 93

1. c

2. e

3. b

4. d

5. d

6. $Det_A = 0$

Sistema linear

página 97

1. a

2. d

3. e

4. c

5. c

6. e

7. a

8. d

9. b

10. a

11. e

12. c

13. c

Áreas de figuras planas

página 101

1. e

2. a

3. e

4. c

5. c

6. e

7. 11 cm²

Gabarito

8. a
9. c
10. c
11. a
12. e
13. 02 + 16 = 18

Geometria espacial de posição

página 107

1. 02 + 16 = 18
2. b, c, e
3. c
4. b
5. e
6. e
7. c
8. b
9. b
10. b
11. d
12. c

Sólidos

página 115

1. 02 + 16 = 18
2. e
3. d
4. e
5. a) F
   b) V
   c) V
   d) F
   e) V
6. a
7. e
8. a
9. a) 1,2 m
   b) 1 468,8 litros
10. a
11. c
12. a
13. d
14. e
15. c
16. e
17. d

18. a
19. a
20. a
21. b
22. a
23. a
24. a) $\dfrac{20\sqrt{6}}{3}$

   b) $\dfrac{100\sqrt{3}}{3}\left(\sqrt{10}-2\right)$ m²
25. c
26. e
27. c
28. $\dfrac{13l\sqrt{2}}{4}$
29. a
30. e
31. c
32. 01 + 02 + 04 = 07
33. c
34. e
35. e
36. c
37. a
38. 01 + 08 = 09

Medidas de posição e de dispersão

página 125

1. c
2. d
3. d
4. d
5. a
6. e
7. c
8. e
9. a
10. d
11. a
12. e
13. e

Análise combinatória

página 129

1. e
2. b
3. d

4. c
5. a) 40 maneiras distintas
   b) 18 maneiras distintas
6. d
7. b
8. a
9. a
10. b
11. e
12. b
13. c
14. a
15. b

Probabilidade

página 133

1. a
2. d
3. c
4. c
5. b
6. b
7. a
8. 10%
9. c
10. a) $\dfrac{1}{2}$

    b) $\dfrac{25}{51}$
11. e
12. d
13. d
14. b
15. a) 2 200
    b) 8%

Geometria analítica

página 138

1. e
2. c
3. c
4. 02
5. b
6. d
7. c
8. b
9. a
10. c
11. c
12. d
13. b
14. 22

15. c
16. d
17. c

Circunferência

página 144

1. d
2. e
3. a
4. d
5. e
6. e
7. e
8. b
9. d
10. e
11. b
12. b
13. c
14. c
15. a
16. d
17. $02 + 04 + 08 + 16 = 30$
18. e
19. a) $P_1P_2 = 12$
    b) 90
    c) 96

Cônicas

página 151

1. d
2. b
3. a
4. a) F
   b) V
   c) F
   d) V
   e) V
5. a
6. $\dfrac{31\pi}{3}$

---

7. e
8. d
9. b
10. c
11. b
12. a

Números complexos

página 156

1. $(2, 1)$
2. $S = \{-1; -1 + i; -1 - i\}$
3. c
4. a
5. c
6. c
7. b
8. e
9. a) V
   b) V
   c) F
   d) F
   e) F
10. c
11. d
12. $a = 3$
13. a) $Z_1 = 2 \cdot \left(\cos \dfrac{\pi}{6} + i \cdot \text{sen} \dfrac{\pi}{6}\right)$ e
    $Z_2 = 4 \cdot \left(\cos \dfrac{\pi}{4} + i \cdot \text{sen} \dfrac{\pi}{4}\right)$
    b) $n = 24$ e $m = 48$
14. b
15. c

Polinômios e equações polinomiais

página 161

1. e
2. a
3. b
4. d

---

5. a) V
   b) F
   c) V
   d) F
   e) F
6. a
7. c
8. a
9. a) $P(x) = x^4 - 81$
   b) $Q(x) = x + 2$ e $R(x) = -65$
10. d
11. b
12. c
13. b
14. b
15. $01 + 02 + 04 = 07$
16. d
17. c
18. $01 + 32 = 33$
19. b
20. a
21. a
22. a

Introdução ao cálculo

página 169

1. $\dfrac{1}{2}$
2. a
3. a
4. b
5. c
6. d
7. c
8. d
9. e
10. c
11. c
12. b
13. b

175